KB264974

중국 근대사상과 불교

중국 근대사상과 불교

중국 근대사상과 불교

초판 1쇄 인쇄 _ 2007년 5월 15일
초판 1쇄 발행 _ 2007년 5월 21일

지은이 _ 김영진

펴낸이 _ 유재건
주   간 _ 김현경
편집장 _ 이재원
편   집 _ 박순기, 주승일, 홍원기
마케팅 _ 김하늘
영업관리 _ 노수준
경영지원 _ 인현주
유통지원 _ 고균석

펴낸곳 _ 도서출판 그린비 · 등록번호 제10-425호
주   소 _ 서울시 마포구 신수동 115-10
전   화 _ 702-2717 · 702-4791
팩   스 _ 703-0272
E-mail _ editor@greenbee.co.kr

중국 근대사상과 불교

김영진 지음

머리말

옛날엔 학문 있는 어르신이나 덕 높은 고승이 세상을 떠나면 동료나 제
자가 그의 행장(行狀)을 썼다. 태어남이 어떠했고, 자람이 어떠했고, 공
부가 어떠했고, 죽음이 어떠했다고 담담하게 기술한다. 절간을 올라가
다 보이는 부도 탑비의 뒷면에 빼곡히 박힌 글자가 이런 거다. 거기에
무슨 철학이 있는 것도 아니고, 그렇다고 문학이 있는 것도 아니다. 얼
른 보기에 딱딱한 정보만 나열되어 있다. 하지만 그 글을 가만히 따져
읽으면 많은 일과 만난다. 불교 술어를 빌리자면 생(生)·주(住)·이
(異)·멸(滅)을 다 보여 준다. 난해한 책을 들출 필요도 없이 한 인물의
걸음만 따라가 봐도 이 도리를 알 수 있다. 소설가의 삶이 그이의 소설
보다 더 소설 같은 경우가 있다. 카메라를 뒤로 물리면 이런 것까지 볼
수 있다.

행장을 요즘 말로 고치면 평전 정도 될 것이다. 물론 평전이 행장
보다 말이 많다. 이 글은 평전의 집합이다. 그 사이에 근대 중국과 불교
라는 두 기둥을 세웠다. 여러 주인공은 비슷한 시기를 앞서거니 뒤서거
니 했다. 더구나 불교라는 교차로를 연신 오갔다. 그래서 그들은 낱낱
떨어져 있지 않다. 남의 살림에 많이들 관여했다. 결국 한 삶이 여러 삶
에 걸쳐 있다. 이런 이유로 열아홉 개 평전으로 한 덩이의 근대 불교를

이야기할 수 있다고 생각한다. 이게 연기법(緣起)이다. 열아홉을 넷으로 나눴다. 중국 근대 불교의 몇 가지 특징을 보이기 위해서다. 물론 한 인물이 이곳 저곳 여러 무대에 등장한다. 당연하다. 배역 하나만으로 평생 먹고사는 배우는 없다. 한 인물이 다양한 반사각을 갖게 마련이다. 그래야 빛난다.

첫번째 이야기는 '근대 불교의 형성과 유식학'이라는 이름을 달았다. 청나라 말기 남루하기 짝이 없던 불교가 어떻게 중앙 무대로 뛰쳐나갔는지 알아본다. 아편전쟁 이후 지식인 사회에 일기 시작한 동요는 새로운 앎을 요구했다. 그것은 방법론의 요구이기도 하다. 이때 불교가 새로운 앎으로 등장했다. 그것이 앎이 되기까지 양런산이라는 인물이 노력했다. 그리고 '금릉각경처'라는 공간이 불교 지식을 축적하고 유통시키는 역할을 했다. 금릉각경처는 곧 지나내학원이라는 학술 공동체를 출산했다. 불학대사 어우양징우는 이곳에서 불교 지식을 확장하고 심화했다. 아울러 숱한 제자를 길렀다. 뤼청, 왕언양, 슝스리 등이 그에게 배웠다. 저들은 대승불교의 주요 교리 중 하나인 유식학을 기반으로 했다. 유식학은 다른 사상으로 번졌다. 근대사상사에서 지나내학원은 뜨거운 심장이었다. 아울러 금릉각경처 출신은 아니지만 한칭징은 유식학 연구 자체를 새로운 경지로 끌어올렸다. 유식학 문헌인 『유가사지론』(瑜伽師地論)을 해부해 그 속을 낱낱이 보여 줬다. 중국 근대사상사에서 보면 유식학을 통해서 전통 사유는 철학이 될 수 있었다.

두번째 이야기는 '세간과 출세간의 간극'이라고 했는데 불교와 현실 문제를 다뤘다. 지식인은 늘 조바심이 있다. 세상이 이러면 안 되는데 하는. 근대 중국의 지식인도 마찬가지다. 다양한 방식으로 현실에 참여했다. 반대로 그런 현실에서 벗어나기도 했다. 탄쓰퉁은 불교 화엄

학이나 유식학 등의 이론을 이용해서 세계 전복을 시도했다. 량치차오
는 탄쓰퉁의 사유를 응용불학이라고 했다. 장타이옌은 유식학을 기반
으로 혁명 종교를 만들었고 혁명 도덕을 외쳤다. 정치가 양두는 선사로
자처하며 무아교를 주장했다. 저들에게 불교는 깃발이었다. 세간의 모
든 아름다움을 향유하던 예술 귀재 리수퉁은 출가를 통해서 세간의 모
든 것을 놓았다. 엄격하게 계율을 지키며 전혀 다른 아름다움을 추구했
다. 쑤만수는 출가했으면서도 속세의 힘든 모든 것을 짊어졌다. 비승비
속의 삶이었다. 이들에게서 세간과 출세간 사이의 긴장을 본다.

　　세번째 이야기는 '불교와 유교'라는 조금 상투적인 제목을 달았
다. 중국 근대에 불교와 유교 양쪽을 오간 인물이 많다. 굳이 불교에 적
대적이던 조선의 유학자를 떠올릴 필요가 없다. 캉유웨이는 젊은 날 참
선을 통해서 신비 체험을 했다. 그의 유토피아론인 『대동서』에는 불교
적 상상이 많이 보인다. 마이푸, 량수밍, 슝스리 세 사람은 사상사에서
흔히 현대 신유가로 분류된다. 그중에서 마이푸가 우리에게 가장 낯설
다. 그는 항저우에 은거하면서 이학가로, 또 불학가로 향기를 냈다. 량
수밍은 인생이 고통임을 철저히 자각한 인물이다. 하지만 그는 양명학
을 통해서 욕망의 긍정을 배웠다. 결국 유교의 현실주의를 수용하고 향
촌 운동을 통해서 유교 공동체를 실험하기도 했다. 그래서 그는 마지막
유학자로 불린다. 슝스리는 『신유식론』이라는 독특한 저술을 내놓음으
로써 일약 유가의 대표 주자가 되었다. 그는 지나내학원에서 불교 유식
학을 공부하고서 불교에서 강하게 이탈했다. 결국 『주역』으로 귀결했
다. 이렇게 현대 신유가의 전통은 불교를 뚫고 나왔다.

　　네번째 이야기는 '불교 계몽과 학의 탄생'이라고 이름을 붙였다.
여기서 학은 '불교학'을 말한다. 진리를 말하는 불교도 늘 시대라는 옷

을 입는다. 근대라는 시공을 지나면서 불교는 지속적으로 자기 형성을 시도했다. 이것은 계몽이라는 형태로 진행됐다. 량치차오나 타이쉬 같은 경우 근대적인 불교를 기획했다. 구습을 타파하고 시대가 원하는 불교로 자기 변화를 시도했다. 아울러 이 시기 전통적인 불교 학습과는 전혀 다른 불교 공부의 방법이 출현했다. 그것은 다분히 근대적 학문틀이다. 근대적인 것이라고 해서 미워할 필요도 없고, 대단하다고 치켜세울 일도 아니다. 그것의 가치만 정당하게 평가하면 된다. 근대적 불교학은 량치차오에게서 발아했다고 할 수 있다. 학승 인순은 불교가 시대의 산물임을 인정했다. 바로 이런 것이 제행무상이나 제법무아라는 불교 원리에 맞다고 생각했다. 탕융퉁은 『한위양진남북조불교사』(漢魏兩晉南北朝佛敎史)로 철학과 역사가 결합된 불교사 연구의 전형을 보였다. 천위안은 『사고전서』를 통독한 힘으로 청대 고증학 전통을 불교사 연구와 결합했다. 근대 중국에서 불교학은 단순한 점령군이 아니다. 거기에는 전통과 근대가 겹쳐 있다.

적어도 중국 근대사상사에서 불교는 매우 특수한 지위를 점한다. 전통의 것이지만 정통에서 튕겨나간 불교. 그런 불교가 절간에서 향 사르고 기복하는 전통적 방식과 너무도 다른 방법으로 자신을 드러냈다. 청말 중국의 위기는 정통 사유의 붕괴를 초래했다. 변방에 있던 이단의 사유는 빈 중심으로 진격했다. 그것은 봉건을 뒤엎었고, 이성을 촉진했으며, 근대에 반항했다. 불교는 이렇게 하나가 아니라 여럿이었다. 탄쓰퉁의 불교가 다르고, 량치차오의 불교가 다르고, 장타이옌의 불교가 달랐다. 많은 지식인이 불교를 통해서 사유를 실험했고 현실에 개입했다. 기력 없는 자의 안식처가 아니라 넘치는 열정을 다루는 기술이었다. 불교계 내부에서도 자기 부정을 통해서 자기를 형성했다. 많은 승려가 산에서 내려와 마을로 들어갔다. 저들의 입세주의는 타락이 아니라 자기 정화였다. 혁명, 계몽, 학술. 중국 근대 불교가 붙든 화두였다.

이 책은 사실 꽤 유명한 사람으로 이야기를 꾸렸다. 그래서 근대 불교 내부에 있던 변화나 사건을 자세히 다루지 못했다. 더구나 근대에 활동한 많은 고승의 일화는 거의 빠졌다. 뿐만 아니라 불교의 중요한 요소인 '수행'과 관련된 분야도 모른 체했다. 아쉬운 점이다. 이 부분은 『고승전』의 형식을 빌려서 따로 작업을 하고 싶다.

이제 이 글의 내력을 밝혀야겠다. 몇 년 전 한 선배님 소개로 『불교신문』에 1년간 매주 한 명씩 중국 근대 불교 인물을 소개했다. 이게 일종의 종자 글이 된 셈이다. 이 자리를 빌려서 차석 선배님과 불교신문사에 감사드린다. 제일 고마운 사람은 부모님과 형제들이다. 그리고 내가 불교를 배운 여러 선생님, 함께 공부한 친구, 연구실 식구들, 그린비출판사에게도 감사한다. 간혹 전생에 선업을 충분히 지은 것 같다는 생각이 들곤 한다. 이렇게 주위에 좋은 사람이 많으니 말이다. 그래서 그냥 내 몫이거니 하고 누리며 살려고 한다.

2007년 5월

김영진

2부 세간과 출세간의 간극

4부 불교 계몽과 '학'의 탄생

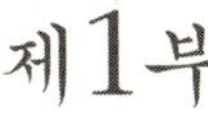

근대 불교의 형성과 유식학

항저우 서호(西湖) 주변을 배회하던 양런산은 『대승기신론』을 만나고 불교에 귀의했다. 더 이상 방황하지 않았다. 이제 늠름했다. 갈 길이 멀었기 때문이다. 중국 불교의 근대 부흥은 그의 발걸음에서 시작했다.

1_기원의 곡절, 양런산

주변을 배회하다

한 사건이나 인물을 대할 때면 쉽게 그것의 기원을 찾는다. 그 일의 출처를 묻고 인물의 족적을 따지기 일쑤다. 이렇게 하면 그런 사건이나 인물이 있게 된 맥락을 짚을 수 있기 때문이다. 그래서 기원을 찾는 방식은 어떤 일을 이해할 때 꽤나 유용하다. 하지만 기원이 모든 것을 결정하지는 않는다. 이 점만 주의한다면 기원을 찾는 방식도 그리 나쁘지 않다.

그렇다면 중국 근대 불교의 기원은 과연 어디에 있을까. 답은 양런산(楊仁山, 1837~1911)이다. 1차 아편전쟁(1840) 몇 해 전에 태어나서 신해혁명(1911) 발발 이틀 전에 사망한 그의 생애를 보더라도 그가 청나라 말기를 고스란히 산 인물임을 눈치 챌 수 있다. 그래서 그의 활동을 추스를 수 있다면 근대 불교의 출발과 방향을 포착할 수 있다.

양런산의 본명은 원후이(文會)고, 런산(仁山)은 그의 자(字)다. 그의 이름은 『논어』의 "글로써 친구를 만난다"(以文會友)는 구절과 관계가 있다. 그의 이름에서 집안 분위기를 대강 짐작할 수 있다. 고향은 안후이(安徽) 스리(石隸)인데, 지금 안후이 성 스타이 현(石台縣)에 해당한다. 안후이 성의 성도(省都)가 허페이(合肥)다. 허페이는 유비가 활동한 곳으로 유명하다. 중국에서 가장 아름답다는 황산(黃山)이나 신라 승려 지장보살 김교각(金僑覺) 화상이 활동한 주화 산(九華山)도 안후이에 있다.

그렇다고 안후이가 옛 이야기만으로 사는 곳은 아니다. 청나라 중기 정치와 학술, 문학을 장악한 동성파(桐城派)가 바로 안후이 퉁청(桐城, 동성)을 중심으로 형성됐기 때문이다. 이 학파를 구축한 방포(方苞), 유대괴(劉大櫆), 요내(姚鼐)가 모두 퉁청 출신이기 때문에 동성파로 명명됐다. 그들은 북송의 정이천(程伊川)과 정명도(程明道), 남송의 주희(朱熹, 주자)가 구축한 유학의 한 흐름인 정주이학(程朱理學)을 숭상했다. 당연히 '의'(義)를 중시했다. 그럼에도 불구하고 명나라가 무너지자 가장 먼저 청나라 정권에 귀순한 한족 지식인이었다. 청나라의 한족 출신 대관료 가운데 상당수가 이 동성파와 직간접으로 연관되어 있었다. 청나라 말기까지 그들의 영향력은 엄청났고, 특히 문학에서 그러했다. 그리고 아편전쟁 이후 청나라의 권력을 장악한 쩡궈판(曾國藩, 1811~1872)은 후난(湖南) 출신이지만 동성파와 관련되어 있었고, 청일전쟁(1894~1895) 당시 북양 함대(北洋艦隊)를 이끈 리훙장(李鴻章)도 안후이 출신으로 동성파의 입장을 반영했다. 그들의 영향력은 1919년 신문화운동을 맞이하고 나서야 종결됐다. 양런산은 안후이의 이러한 분위기 속에서 자랐다.

양런산의 부친은 전형적인 독서인이었다. 그는 쩡궈판과 같은 해 진사 시험에 합격했다. 거의 마흔이 되어서 과거에 합격한 것이다. 기쁨이 컸지만, 관직에 오래 머물지 못했다. 10대 후반에 시작한 과거라는 꿈은 20년이 훨씬 지나서야 끝맺을 수 있었다. 그것은 결실이 아니라 철 지난 통과의례였다. 이 때문에 모든 힘이 다 빠져 버렸다. 하지만 양런산은 부친과 달랐다. 그는 정주이학을 수용하지 않았다. 과거를 치르기 위해 틀에 박힌 팔고문(八股文)을 외우기도 싫고, 입신양명을 위해 성인의 말씀을 핑계 대기도 싫었다. 그래서 그는 애초부터 과거를 포기했다. 하기야 포기라는 표현이 틀릴 수도 있다. 거부라고 해야 옳을 것이다. 청말 상당수 지식인은 청조가 요구하는 과거시험 답안지 작성 요령인 팔고문을 대단히 혐오했다. 팔고문은 억지로 네 개 대구를 만들어야 했는데, 문장은 '여덟 개의 기둥'(八股)을 세운 듯 억지스러웠다. 양런산은 일찌감치 이런 것을 모른 척했다. 그는 말 타기나 검술을 좋아했다. 수십 년 후에 양런산의 입실 제자가 된 탄쓰퉁(譚嗣同, 1865~1898)도 이런 점에서는 스승을 많이 닮았다. 양런산은 음운학이나 수학, 천문학, 지리학뿐만 아니라 정통 유학에서는 이단이라고 물리치던 황노학(黃老學)까지 관심을 가지고 읽었다. 사대부들의 딱딱한 글 읽기와 글쓰기가 싫었다. 그의 글 읽기는 저들에 대한 도전이라기보다는 오히려 무시에 가까웠다.

닥친 인연이 불교가 되다

1851년 1월 14일 지금 홍콩 근처인 광시(廣西) 진톈(金田)에서 태평군이 봉기했다. 봉건 중국을 송두리째 흔들어 놓을 태평천국운동의 시작이었다. 운동은 알지 못하는 곳에서 끝 모를 힘이 솟구쳤다. 봉기 2년 만에 난징(南京)을 함락시켰다. 난징은 삼국시대 오나라의 거점이 된 이후 남부 중국의 중심이었고, 남송 이후로는 한족 문화의 고향 같은 곳이었다. 북방에서 이민족 국가가 흥망성쇠할 때 양쯔 강 이남 지역은 한족 문화의 순수성을 지켰다. 물론 이 순수성이라는 말이 턱없이 불안한 개념이지만, 적어도 한족 지식인들은 그렇게 생각했다. 그런 곳이 이젠 예수의 동생으로 자처하는 천왕(天王) 홍슈취안(洪秀全, 1814~1864)의 태평군 수중에 떨어졌다. 그들은 전통 지식과 습속에 분노했다. 태평군은 강남 지역을 휩쓸면서 수많은 서원과 사원을 파괴했다. 지식인들은 장서각에 보관된 수많은 고서가 불길 속에 사라지는 것을 지켜봐야 했다.

당시 한족 지식인의 동요는 엄청났다. 철선을 몰고 당도한 서양 귀신이 아니라 중국 말을 하고 중국 옷을 입은 중국인에 의해 수천 년의 기억이 무너지고 있었다. 내부에 있는 외부가 작동하여 중국을 뒤흔들었다. 지식인들은 전통 문화가 어쩌면 완벽하게 소멸될지도 모른다는 불안에 휩싸였다. 바로 이런 불안 때문에 강남의 한족 지식인은 태평군에 대항하기 시작했다. 청나라 정부를 호위하기 위해서가 아니라 한족 문화를 보존하기 위해서 그들은 의용군에 참여했다. 이런 분위기에서 쩡궈판은 후난에서 상군(湘軍)을 조직했고, 리훙장은 안후이에서 회군(淮軍)을 이끌었다.

1853년 양런산도 지역 조직에 참여했지만 오래지 않아 고향은 태평군에게 함락됐다. 양런산의 가족은 전쟁터가 된 고향에서 피난했다. 10여 년을 떠돌았다. 1861년 그는 가족들과 함께 저장 성(浙江省) 항저우(杭州)에 도착했다. 저장은 청대 학술의 근거지 같은 곳으로 많은 문인과 학술가를 배출했다. 항저우는 그런 저장을 대표했다.

이런 항저우에서 특별한 일이 있었다. 당시 스물서너 살의 나이로 집안을 돌보던 청년 양런산에게 일이 닥쳤다. '사랑'이라는 사건이었다. 주인공은 이웃에 피난 온 처녀였다. 양런산은 처음으로 누군가를 사랑했고 그런 감정으로 충만했다. 하지만 양런산은 정혼한 처자가 있었다. 출생 사흘 만에 부모님이 맺어 준 여인이었다. 더더구나 임신 중이었다. 당시 봉건적 인습으로는 첩뿐만 아니라 두 부인을 한꺼번에 맞을 수도 있었다. 그래선지 주위에선 혼사를 권했다. 실은 그도 그러고 싶었다. 사랑을 놓치긴 싫었다. 하지만 어머니는 며느리의 출산을 기다리자고 했다. 얼마 후 양런산은 첫아들을 보았다. 어머니는 며느리가 아들을 낳자 혼사를 없던 일로 했다. 결국 현실은 소중한 감정을 산산이 조각냈다. 그의 영혼은 하염없이 흩어졌다. 태평천국 봉기의 어수선함도 더 이상 심중으로 파고들지 못했다. 그는 감당하기 힘든 슬픔으로 항저우의 서호(西湖) 주변을 종일토록 거닐었다. 저 옛날 소동파(蘇東坡)처럼 배 띄우고 술잔 기울이며 서호의 풍광을 아름답다 노래할 수 없었다. 양런산의 심정은 호수의 파도보다 더 많이 일렁였다.

　정처 없이 떠돌던 어느 날 양런산은 서호 근처 서점에서 『대승기신론』(大乘起信論)을 발견했다. 책을 펴서 몇 줄 읽자 그는 마치 불구덩이에 뛰어든 듯했다. 기나긴 슬픔을 태워 버릴 정도로 뜨거웠다. 그는 밤낮으로 손에서 놓지 않고 읽었다. 『대승기신론』은 무너져 내리던 양런산을 온통 바꿔 버렸다. 이렇게 언제나 하나의 인연은 또 다른 인연을 물고 온다. 서점에서 발견한 그 『대승기신론』은 전날에도 무심히 한 모퉁이에 놓여 있었겠지. 하지만 그날 양런산을 만나자 하나의 기원이 되었다. 그야말로 사건이 되었다. 『대승기신론』은 '대승에 대한 바른 믿음을' 일으키는 글'이라는 뜻이다. 대승불교의 교과서라고 일컬어질 정도로 매우 단정한 철학 체계를 갖추고 있다. 저자인 마명(馬鳴) 보살은 이야기한다.

중생들이 일체 고통을 여의고 궁극적인 기쁨을 누리게 하고자 해서이
지, 세간의 명예나 이익 또는 공경을 구해서가 아니다. 방편을 보여
업장(業障)을 말끔히 태우고 마음을 바르게 지키며, 어리석음과 교만
을 팽개치고 그물처럼 얽힌 잘못된 관계에서 빼내려 이 글을 짓는다.
— 『기신론』

삶은 실타래처럼 꼬여 있고, 그 속에서 그물에 걸린 고기마냥 자
신은 자꾸만 상처 난다. 여기서 빠져나오는 몸짓. 양런산은 마명 보살
의 바람대로 이 일을 해냈다. 양런산은 젊은 날 사무침을 딛고 일어섰
다. 양런산과 『기신론』의 인연은 이렇게 시작됐다.

『기신론』은 동아시아 불교에서 가장 유명한 불교 텍스트 가운데
하나다. 또한 지금까지 수많은 주석서가 나왔다. 양런산은 1894년 영
국 침례교 선교사인 티모시 리처드(Timothy Richard, 1845~1919)와
『대승기신론』을 영역하기도 했다. 이것이 최초의 영어 번역본이다. 영
어명은 'The Awakening of Faith in the Mahayana Doctrine' 이다.
1920년대 일본의 스즈키 다이세츠(鈴木大拙, 1870~1966)도 미국에서
동일한 제목으로 『대승기신론』을 영역했다. 서방세계에 알려진 것은
주로 스즈키의 번역이다. 『기신론』은 이렇게 양런산을 새로운 세계로
떠밀었다.

각경처 설립과 앎의 유통

불교를 만난 이후 양런산은 하루 종일 방안에 틀어박혀 불전을 탐독했
다. 붙잡은 책을 끝내면 불서를 구하러 나서기도 했다. 목마른 자가 물

을 찾듯, 배고픈 자가 먹을 것을 찾듯 그렇게 다녔다. 불법에 대한 갈구에도 손에 넣을 수 있는 불서는 극히 드물었다. 오랜 무관심과 전란 등으로 중요한 불서가 대부분 사라졌고, 전통 종교에 적대적이던 태평천국운동이 강남을 쓸고 갔기 때문에 사정은 더욱 심각했다. 당시 많은 승려가 글을 몰랐다. 앵무새처럼 염불만 할 뿐이었다. 나중 일이지만, 1912년 당시 타이쉬(太虛, 1889~1947)와 불교 개혁을 이끌던 승려 런산(仁山, 1887~1951)은 장쑤 성의 대찰 금산사(金山寺)에서 이런 상황을 정면으로 비판했다. "금산사에 주석하는 승려 가운데 누구라도 300자로 편지를 쓸 수 있는 자가 있다면 나 런산의 목을 쳐도 좋다."

얼마나 심한 말인가. 금산사는 당시 중국에서 가장 큰 총림 가운데 하나였다. 그런데도 상황이 이러했다. 이보다 수십 년 앞서 양런산이 불교 공부를 시작할 때 절간은 더욱 빈곤했다. 양런산은 어떤 식으로든 불교에 대한 앎을 확대하고 싶었다. 또한 그것을 나누고 싶었다. 가족과 함께 난징으로 이사한 양런산은 뜻을 함께하는 친구와 불교 연구를 본격적으로 시작했다. 그들은 함께 경전 유포를 서원하였고, 그 결과 각경처(刻經處) 설립을 추진했다. 이것은 매우 중요한 사건이다. 불교에서는 출가자가 아니라 세속적인 삶 속에서 불교 공부 하는 사람을 거사(居士)라고 한다. 양런산과 친구들의 발원은 거사 불교의 발동이었다. 사원이 아니라 거사 몇 명이 모여 이런 불사를 도모하는 일은 쉽지 않다. 이들은 1866년 난징에서 '금릉각경처'(金陵刻經處)를 설립했다. 각경처 설립은 불교 부흥의 가장 중요한 계기였다.

금릉은 난징의 옛 이름이다. 난징은 수나라가 중국을 통일하기 이전 남조 불교의 중심이었다. 이곳에서 숱한 사건이 있었다. 중국 역대 선사의 선문답을 기록한 공안집(公案集) 가운데 가장 유명한 것이 『벽

암록』(碧巖錄)이다. 설두중현(雪竇重顯)이 편집한 것에 원오극근(圓悟克勤)이 자신의 언어로 대꾸한 것이다. 이 100칙의 공안 가운데 제1칙이 양(梁)나라 무제(武帝)와 달마 대사의 이야기다. 독실한 불교도로서 불교를 적극적으로 지원한 양(梁) 무제는 달마 대사를 만나자 "나의 공덕이 어느 정도일까요?"라고 물었다. 달마 대사는 그냥 "무"라고 한마디 날렸다. 양 무제는 대단히 당황했다. 만약 이 이야기가 사실이라면 저들이 대화를 나눈 곳도 아마 난징 어디쯤일 것이다. 양런산의 각경처 설립으로 이제 그곳은 근대 불교 부흥의 발원지가 된 셈이다. 난징은 우리와도 무관하지 않다. 고구려 출신 고승인 승랑(僧郎)이 이곳 섭산(攝山)에서 중국 삼론종(三論宗)의 기틀을 다졌다. 삼론종은 공(空)에 대한 중국적 이해를 바탕으로 성립된 종파다. 결국 난징은 중국 불교의 한 역사다.

양런산이 금릉각경처 설립 이후 가장 먼저 판각 유통시킨 불전은 『정토사경』(淨土四經)이다. 『정토사경』은 청말 유명한 개혁가이자 불교인인 웨이위안(魏源)이 편집한 경전이다. 이른바 정토삼경으로 불리는 『아미타경』, 『무량수경』, 『관무량수경』에 『화엄경』의 「보현행원품」을 추가해서 4경으로 구성한 것이다. 1866년 양런산은 동료인 왕메이수(王梅叔)의 집에서 『정토사경』을 발견하고 기쁨을 금치 못했다. 그해 음력 12월 초파일에 『정토사경』을 다시 간행하면서 그는 발문(跋文)을 작성한다.

처음 불교를 접했을 때 오직 선종만 숭상했다. 정토 경론을 보고서 별 생각 없이 형상에만 집착하지 진실한 가르침은 아니라고 생각했다. 하지만 운서주굉(雲棲株宏) 스님의 여러 글에서 핵심을 설파하는 것을 보고 비로소 정토법문이야말로 중생의 온갖 상황과 능력에 맞춰 말법의 시대에 널리 유통되면 진정 고해의 바다를 건너는 배이고, 깨달음으로 들어서는 사다리임 알았다.

—「정토사경을 다시 간행하면서 부친 발문」(重刊淨土四經發跋)

지식인으로서 양런산은 처음엔 다분히 이성적인 불교를 선호했다. 어떤 곳에 왕생한다는 식의 믿음은 어쩐지 불편했다. 하지만 명대의 고승 운서주굉의 글을 만나고 이런 생각은 달라졌다. 명대 불교를 대표하는 운서주굉은 선종과 정토종의 결합을 시도한 인물이다. 선종은 불교 내에서 흔히 '자력교'라고 불린다. 다시 말하면 선종에서는 일체의 권위를 파괴하고 철저하게 자신이 선 자리에서 출발한다. 또 무시무시한 말을 일삼는다. 심지어 "부처를 만나면 부처를 죽이고 조사(祖師)를 만나면 조사를 죽인다"(殺佛殺祖)고 말한다. 이런 선종에 비해 정토종은 전혀 다른 세계를 상상한다. 대표적인 정토계 경전인 『아미타경』에서 부처님은 제자 사리불에게 이렇게 일러준다.

여기서 서쪽으로 10만억 불국토를 지나서 한 세계가 있는데 그 이름을 극락이라고 한다. 그 불국토에 부처님이 계시는데 아미타불이라고 부르며 지금도 설법하고 계신다. 사리불이여! 그 불국토는 무슨 까닭으로 극락이라고 이름하겠는가? 그 나라의 중생은 아무런 괴로움이 없고 다만 모든 즐거움만을 누리므로 극락이라고 이름한다.

—『아미타경』

극락(極樂)은 안양(安養)이라고도 한다. 아미타불은 무량수불을 가리킨다. 경북 영주 부석사에 있는 안양루를 통과하면 무량수불이 설법하는 무량수전을 만난다. 극락세계에 접어들면 무량수불의 설법이 들릴 것이다. 부석사는 바로 『아미타경』의 상황을 소백산 기슭에 형상화한 셈이다.

정토 경전은 마치 신화 같은 이야기를 자주 들려준다. 그런 세계는 어떻게 자신에게 현실이 되는가? 정토 경전은 조금도 흔들림 없는 믿음을 요구한다. 믿음은 무엇인가? 아미타불을 전념으로 염송하고 그것이 수정구처럼 영롱해질 때 비로소 의식이 맑아진다. 염불삼매라는 말이 있다. 삼매는 일종의 정신 집중이다. 염불을 통해서 의식이 극히 안정되는 것을 말한다. 믿음이 강조되기 때문에 정토신앙을 흔히 타력교라고 부른다. 그러나 정토신앙이 자력교일 필요는 없다. 선종이 투철함을 요구한다면 정토종은 간절함을 주문한다. 믿음이라는 가장 순수한 마음 상태까지 도달하기 위해서는 적잖은 노력이 필요하다. 적어도 그것은 누가 대신해 주지 않는다. 바로 이 점에서 선종과 정토종은 만날 수 있다. 그래선지 청대 불교의 가장 커다란 흐름은 정토신앙이었다. 단지 일반 불교도들에게만 통용되는 것이 아니었다. 지식인이나 출가자들도 마찬가지로 정토신앙과 선 수행을 병행했다. 양런산의 정토교 귀의도 사실은 이런 맥락에서 이해할 수 있다. 이런 점에서 본다면 금릉각경처의 첫 작품이 『정토사경』인 것은 어쩌면 매우 당연하다.

불교 문헌의 귀향

태평천국 봉기 때부터 쩡궈판은 양런산에게 여러 차례 함께 일하자고 요청했다. 쩡궈판은 양런산이 자신의 막부(幕府)로 근무하길 바랐다.

난징의 금릉각경처 정문이다. 불교의 부흥은 불교 지식의 유통에서 시작됐다. 양런산은 1866년 난징에 금릉각경처를 설립했다. 불교 텍스트를 수집하고 그것을 판각하여 유포했다. 사진의 '금릉각경처' 현판은 양런산의 제자 어우양징우가 쓴 글씨다.

하지만 양런산은 한사코 거절했다. 그는 일찌감치 관직 생활을 단념했고, 불교에 귀의한 뒤로는 더욱 그랬다. 결국 그는 토목·건축 분야에 진출했다. 쩡궈판의 지원으로 그는 당시 곳곳에서 큰 공사를 지휘했다. 오늘날 말로는 토목 기사였던 셈이다. 10여 년의 전쟁이 지난 후였고 국가적으로 자강운동이 벌어지고 있었기 때문에 각종 공사가 많았다. 그는 자연스럽게 이 방면의 전문가가 되었다. 그의 제자이자 무술변법을 이끈 혁명가 탄쓰퉁과 측량회(測量會)를 조직해서 활동하기도 했다. 그의 아들 양쯔차오(楊自超)는 탄쓰퉁이 참여한 시무학당(時務學堂)에서 측량을 가르치기까지 했다. 양런산은 이런 와중에서도 사회 변화를 강하게 요구했다. 제자 탄쓰퉁은 스승에게서 단지 불교만을 배

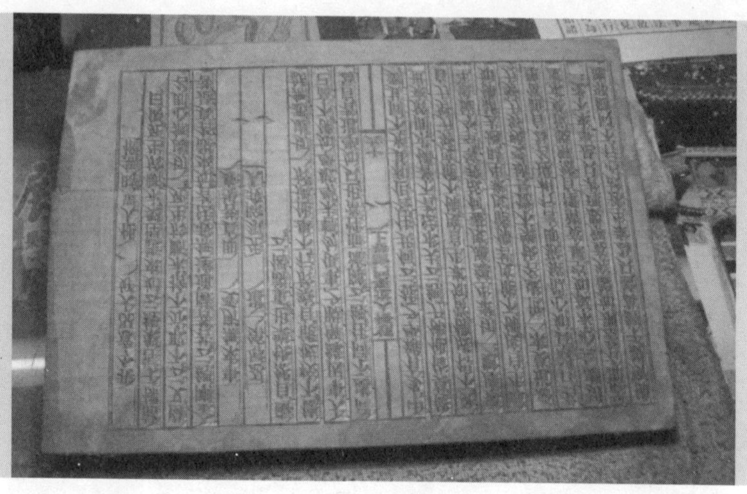

금릉각경처는 과거가 아니라 현재다. 건물이 존재하기 때문이 아니라 여전히 판각하고 인쇄하고 유포하기 때문이
다. 여러 번 인쇄해서 닳은 목판은 다시 판각한다. 앎은 끊임없는 노력으로 지속된다. 사진은 금릉각경처에서 이
뤄지는 판각 작업이다. 거꾸로 놓고 작업을 하는 게 신기하다.

운 게 아니었다.

1878년 양런산은 쩡궈판의 장자(長子)인 쩡지쩌(曾紀澤)를 수행
해서 유럽을 방문했다. 쩡지쩌는 프랑스와 영국 흠차대신으로 임명됐
다. 흠차대신은 요즘 말로는 전권대사에 해당한다. 청나라와 관련된 업
무를 직접 판단하고 집행했다. 일행은 1878년 말 프랑스에 도착했고,
이듬해인 1879년 초 영국 런던에 도착했다. 양런산은 1882년까지 3년
간 런던에 머물렀다.

그는 런던에 거주하면서 일본 불교계 인사와 교류했다. 특히 그는
당시 옥스퍼드 대학에서 유학하고 있던 일본 승려 난조 분유(南条文雄,
1849~1927)와 가사하라 겐주(笠原研壽, 1852~1883)를 만났다. 이들
은 1876년 8월 영국에 왔다. 난조 분유는 일본 근대 불교학의 형성에
매우 중요한 역할을 한 인물이다. 그는 옥스퍼드 대학에서 『동방성서』

(*Sacred Books of the East*)의 번역자로 잘 알려진 막스 뮐러(Max Müller)에게 산스크리트(범어)를 배우고 있었다. 난조 분유는 '불교' 라는 아시아 종교를 배우기 위해서 유럽으로 떠난 최초의 아시아 승려 가운데 한 명이었다. 그들은 불교를 신앙하지 않는 이교도에게 불교를 배우러 떠난 것이다. 근대 시기 불교가 처한 모습이 정확히 이러했다. 양런산과 난조 분유의 만남은 중국 불교에 많은 영향을 미쳤다. 둘의 만남은 일본에 보존되어 있던 수많은 불교 전적이 중국으로 유입되는 계기가 되었다. 특히 당나라 이후 중국에서 사라진 경론의 주소(注疏)가 대량으로 유입됐다. 이것은 불교 부흥의 중요한 계기였다.

특히 주목해야 할 사실은 유식학(唯識學) 문헌이 대거 유입됐다는 것이다. 유식학은 우리의 인식 활동뿐만 아니라 대상이나 인식 주체도 근본적으로 의식에 의해 조작된다는 사실을 밝히는 대승불교의 한 유파다. '자아'의 기만을 폭로하고 자유를 획득한다는 가르침이다. 유식학은 남북조 시대에 최초로 소개됐는데, 당나라 현장(玄奘)의 번역과 소개로 한때 동아시아 불교를 완전히 석권했다. 현장을 위시해서 신라 출신 승려인 원측(圓測)이나 그의 라이벌 규기(窺基)의 주석서는 철학성이 매우 강했다. 이런 전통은 화엄 철학이나 선종 등 새로운 전통으로 대체됐고, 당나라 말기 전란을 겪으면서 쇠퇴했다가 송대(宋代) 들어 문헌마저 중국에서 증발해 버렸다.

난조 분유의 도움으로 일본에 보존되어 있던 중국 유식학의 주요 전적들이 속속 고향으로 돌아왔다. 중국 유식학의 대표적인 문헌인 규기의 『성유식론술기』(成唯識論述記)도 그중 하나다. 규기가 당시 장안(長安)의 대자은사(大慈恩寺)에 머물렀기 때문에 그의 철학 전통은 자은종(慈恩宗)이라고 불렸다. 또한 중국 유식학과 동격으로 취급됐다.

일본에서 들어온 『술기』 같은 전적은 금릉각경처에서 다시 목판으로 판각되고 인쇄되어 유통되었다.

유식학 관련 주석서의 유포는 당시 지식인 사회에 새로운 바람을 일으켰다. 유식학은 근대라는 분위기와 어울려 중국 근대 불교를 이끈 주요한 이론이 되었다. 양런산의 제자 어우양징우(歐陽竟無)나 신해혁명을 이끈 정치가이자 유명한 국학자 장타이옌(章太炎)도 직접적으로 이런 영향 아래서 유식학을 공부했다. 유식학은 조금씩 지식인들을 유혹하다 결국에는 그들을 압도했다.

1900년 양런산은 제자 구이보화(桂伯華, 1861~1915)에게 보내는 편지에서 이렇게 말한다. "나는 불교 공부를 권하지 출가를 권하지는 않는다. 왜냐하면 출가자는 많지만 불교를 배우는 사람은 적기 때문이다." 이른바 불교 공부〔學佛〕는 참 여러 가지 의미가 있다. 절에 있으면서 예불 드리고 부처님 말씀을 사람들에게 옮기고 하는 것도 불교 공부일 테지만, 양런산이 말하는 학불은 결코 그런 것이 아니다. 그는 불교가 가진 가치를 드러내고 아울러 불교의 세계관을 제대로 이해하기를 바랐다. 이것은 출가자나 재가자 구분 없이 통용된다. 경전을 읽어야 했다. 이런 바람 때문에 양런산은 각경 사업뿐만 아니라 교육 사업까지 관심을 확장했다. 열심히 불교를 가르쳤다. 그래서 그에게는 많은 제자가 있다. 초기 제자 가운데 아무래도 탄쓰퉁이 가장 돋보인다. 1896년 탄쓰퉁은 양런산의 거처에 머물면서 본격적으로 불교를 학습했다. 특히 그는 양런산에게서 『화엄경』을 배웠다. 탄쓰퉁은 이런 학습으로 전혀 다른 사유를 할 수 있었다. 『인학』(仁學)이 '근대' 라는 상공에 투하된 폭탄일 수 있었던 까닭도 바로 여기에 있다.

불교 지식인의 출현

양런산은 1907년 함께 불교 공부를 하고 있던 동료들과 불교 교육기관 설립을 결의하고 1908년 '기원정사'(祇洹精舍)를 설립하여 본격적인 교육 사업을 시작했다. '기원정사'는 불교 역사에서 죽림정사와 함께 최초의 수행처로 알려져 있다. 양런산은 이 이름을 본받았다. 그는 붓다가 그랬던 것처럼 중국 근대에 불교를 시작하고 싶었다. 기원정사 개학을 맞아 내놓은 글에서 말한다. "장강에 인접한 난징에 기원정사를 설립한 이유는 부처님의 가르침을 부흥시키고자 해서다."(「기원정사 개학기」) 어찌 불교뿐이겠는가. 어떤 가르침이나 종교도 배움이라는 과정이 없으면 그것의 생명은 지속되지 않는다. 특히 양런산은 세계 불교라는 관념을 가지고 있었다. 오랜 외국 경험도 한 이유겠지만, 1895년 중국을 방문한 스리랑카의 불교 운동가 담마팔라(Dharmapala, 1864~1933)와의 만남이 결정적이었다. 담마팔라는 이후 한국을 방문하기도 했다.

양런산은 불교의 발상지인 인도에서는 오히려 불교의 명맥이 거의 끊어졌다는 이야기를 들었다. 그때 그는 제자를 길러 인도에 보내 다시 불법을 일으킬 것을 발원했다. 그는 불교의 세계성을 감각했다. 중국의 불교 부흥이 단지 중국의 일로만 그치지 않음을 확신했다. 그런 결과가 바로 기원정사였다. 그는 세계성에 대한 감각 때문에 일반 학문을 매우 중시했다. 보통 과정 반에서 매일 6시간 수업을 하는데 불교 수업 시간은 2시간이었다. 나머지 시간을 중국어, 역사, 지리, 수학, 범어, 영어, 일어 등에 할애했다. 물론 이것은 근대적 학문 체계 수용과도 관련된다. 하지만 지금 눈으로 이런 것은 너무도 흔한 근대화의 일부라며 가치 축소를 시도할 필요는 없다. 당시 맥락에서 그것은 너무도 절실했고, 더구나 너무도 힘든 일이었다.

기원정사는 경제적 어려움으로 인해 아쉽게도 반년 만에 문을 닫았지만 짧은 시간에 많은 인재가 이곳을 거쳐 갔다. 양런산 이후 금릉각경처를 이끈 어우양징우나 승가 개혁에 앞장선 타이쉬도 이곳 출신이다. 어우양징우는 기원정사 설립 이전부터 양런산에게 배운 인물이다. 양런산 사망 후 금릉각경처를 책임졌고, 1922년에는 불교 연구 기관인 '지나내학원'(支那內學院)을 설립했다. 어우양징우가 재가(在家) 제자라면 타이쉬는 출가 제자였다. 타이쉬는 이후 무창불학원(武昌佛學院)을 설립하여 출가자 교육에 앞장섰다. 1920년대 중국 불교계는 이 두 곳을 중심으로 전개됐다. 이렇게 기원정사의 교육은 출가자나 일반인의 구분 없이 진행됐다. 어우양징우는 스승의 「행장」(行狀)을 지으면서 이렇게 말했다.

> 양런산 거사의 도량은 매우 컸다. 그래서 문하에 뛰어난 제자들이 많았는데 탄쓰퉁은 화엄에 뛰어났고, 구이보화는 밀교에 뛰어났다. 리단푸(黎端甫)는 삼론학에 뛰어났고, 유식학에는 장타이옌·어우양징우 등이 뛰어났다. ──『양런산 거사전』(楊仁山居士傳)

물론 양런산의 제자들은 다양했다. 여러 갈래의 불교 이론 가운데 자신의 인연에 따라 학습하고 연구했다. 누구는『화엄경』을 읽을 때 누구는『금강경』을 외웠고, 누구는 참선을 할 때 누구는 염불을 하고 있었다. 사실 불교는 본디 그러해야 한다. '하나의 경전, 하나의 논서'〔一經一論〕로는 다 말하지 못하는 현실이나 삶이 있기 때문이다. 양런산은

『기신론』을 통해서 불교에 입문했지만 정토신앙을 주로 했다. 그는 일기에 이렇게 적었다. "이론으로는 현수의 화엄 철학을 따르고, 실천은 미타정토에 있었다." 현수는 당나라 때 화엄 철학을 대성한 법장(法藏)의 호다. 법장은 신라의 의상과 같은 스승 밑에서 배운 인물이다. 의상은 스승 지엄(智儼)의 거의 첫 제자이고 법장은 마지막 제자에 해당한다고 할 수 있다. 법장은 훨씬 더 선배인 의상을 마치 스승처럼 대했다고 한다. 화엄 철학은 중국 불교의 이론적 완성이라고 말한다. 그들이 말하는 법계연기론(法界緣起論)은 연기론의 정점이다. 의상의 『화엄일승법계도』(華嚴一乘法系圖)를 보면 그들의 우주적 사유를 맛볼 수 있다. "티끌 하나가 시방세계를 머금었다"는 선언은 한 사물, 한 사건이 있기 위해서 세계가 온통 동원됐음을 감각하라는 주문이기도 하다. 양련산은 이런 화엄 철학을 현수법장의 『기신론』 주석서를 통해서 만났다. 이후 그는 현수법장이 체계화한 화엄 철학을 수용했다. 화엄 철학을 이론적 영역에서 받아들였다면, 신앙과 실천의 면에서는 염불 수행을 받아들였다.

염불 신앙은 부처님의 명호(名號, 이름)를 집중해서 염송함으로써 아미타불이 계시는 서방 극락정토에 왕생하겠다는 신앙 형태를 가리키는 것으로, 청대 불교의 주류였다. 염불은 눈으로 읽는 게 아니라 입으로 정성 들여 내뱉어야 한다. 그것이 자신을 포함한 이 세계를 진동시킬 때 비로소 의미 있다. 양련산은 오랜 전쟁, 인간 군상 간의 다툼, 그리고 낱낱 삶의 상처를 보면서 이런 것을 치료할 수 있는 공간을 갖고 싶었다. 그야말로 아름다운 세계를 꿈꾸었다. 아울러 누구 하나 깨달았다고 그냥 끝나는 게 아님을 알았다. 서방 극락정토에 왕생하려는 것이 일반적인 정토신앙이지만, 저 먼 곳이 아니라 마음에 정토를 가꾸

1911년 입적한 양런산의 묘탑이다. 금릉각경처 뒤쪽에서 각경처를 지키고 있다. 말없이 서 있지만 근대 불교 전체가 그의 말이었다.

겠다는 변형된 정토신앙도 출현했다. 이것을 유심정토라고 말한다. 양런산도 마찬가지다. 선종에서 자성을 깨닫는다고 말하는데, 그는 마음에 정토세계를 구현할 것을 촉구했다. 이것이 이른바 '자성미타'다. 자성이 아미타 극락세계라는 말이기도 하다.

1910년 양런산은 '불학연구회'를 설립했다. 여기서도 그는 석가모니불의 가르침을 부흥시키는 것을 설립 취지로 했다. 그는 말한다. "지금 대찰이나 총림이 들어서고 법회가 여러 곳에서 진행되는데 어찌 불교의 발전이 아니겠냐고 물을 수도 있다. 나는 말한다. 외형은 그러하지만 불법은 아직 아니다." 그가 보기에 휘황찬란하게 올라간 법당에 사람이 운집했지만, 불교에 대한 진지한 연구는 여전히 멀었다. 그는 불립문자 운운하며 경전 연구를 배척하는 선가(禪家)의 태도를 강하게 비판했다. 불학연구회는 승려가 아닌 재가자가 직접 불교 연구에 매진할 것임을 밝힌 선언이다. 이 해에 제자 어우양징우가 여러 차례 방황을 딛고 금릉각경처로 돌아왔다. 그는 결심했다. 스승을 따라 불법을 위해 헌신하겠다고.

1911년 10월 8일 양런산은 가족들과 제자들이 지켜보는 가운데 입적했다. 그는 죽기 전에 어우양징우에게 금릉각경처를 책임질 것을 유훈했다. 또한 자신이 끝내지 못한 『유가사지론』(瑜伽師地論) 후반부 절반을 완각하도록 했다. 『유가사지론』은 유식학의 보고 같은 저술인데, 양런산은 전체 100권 가운데 절반인 50권까지 판각하고 나머지 50권을 남겨둔 채 입적한 것이다. 이틀 뒤인 10월 10일 우창(武昌)에서 청 정부에 반대하는 무장봉기가 일어났다. 이른바 신해혁명의 반발이었다. 늙고 노쇠한 청나라는 이 사건을 계기로 가녀린 호흡을 멈춘다. 단절과 연속이라는 말을 굳이 되새기지 않더라도 양런산의 죽음과 어우양징우의 계승은 한 시대가 마감하고 또 한 시대가 시작했음을 알린다. 량치차오(梁啓超)는 양런산을 다루면서 이렇게 말한다. "청말 새롭게 나타난 지식인 가운데 불학과 무관한 사람은 하나도 없었다. 청말 불교를 신앙한 사람은 모두 양런산에게 귀의했다."(『청대학술개론』) 량치차오의 이런 말은 진정 호사(好詞)가 아니었다.

양린산 이후 금릉각경처를 책임진 어우양징우다. 제자 뤼청은 문화혁명을 겪으면서도 이 사진을 품속에 간직했다. 량수밍이 제자로 자처했고, 슝스리가 직접 와서 배운 당대 최고의 유식학자였다. 그는 슬픔이 있고 나서야 학문을 할 수 있다고 했다.

2_ 지나내학원과 유식학 천하, 어우양징우

양명학을 딛고 불교에 이르다

1911년 10월 8일 난징의 '금릉각경처'에 많은 사람이 모였다. 난징 불교계 인사들과 '금릉각경처'에서 활동하던 이들이다. 그들은 금릉각경처의 운영과 새 회장 선출을 논의했다. 금릉각경처의 설립자인 양런산이 위독했기 때문이다. 그날 오후 양런산 거사의 침실에서 사람이 나와 어우양징우(歐陽竟無, 1871~1943)를 불러들였다. 그러곤 얼마 후 다시 사람이 나와서 양런산 거사의 임종을 알렸다. 중국 근대 불교의 '아버지'이자 근대 불학의 정초자인 런산(仁山) 양원후이(楊文會)의 죽음이었다. 죽음에 무감한 듯한 불교인이었지만 스승의 죽음은 작지 않은 사건이었다. 붓다는 제자들에게 나고 죽음의 무상함을 그렇게도 이야기했지만 정작 제자들은 스승의 열반을 감당하지 못했다. 땅에 머리를 찧고 울부짖기도 했다. 지붕이 걷히면 하늘을 그냥 마주할 수 있지만 처음 보는 하늘은 뜻밖에 부담스럽다. 어우양징우도 스승이 없는 자리가 불편하기도 했다.

양런산의 죽음에 이은 어우양징우의 등장은 근대 불교의 두번째 시대가 열렸음을 알린다. 금릉각경처의 두번째 주인이 된 어우양징우의 본명은 젠(漸)이고 징우(竟無)는 자(字)이며, 장시(江西) 이황(宜黃) 출신이다. 그래서 이후 사람들은 그를 '이황 대사'라고 불렀다. 어우양 징우는 서출이었다. 여섯 살에 부친이 사망하고 홀어머니 아래서 자랐 다. 그래서 더 열심히 공부해야 했다. 20세에 수재(秀才)가 되었고, 다 시 경훈서원(經訓書院)에 입학했다. 젊은 지식인들이 하나둘씩 유학의 담벼락을 넘어서고 있을 때 그는 여전히 정통 유학인 정주이학(程朱理 學)을 공부했다. 또 제자학(諸子學)을 공부하고 천문학을 공부하고 수 학을 공부했다.

1894년 폭발한 청일전쟁은 어우양징우 또래의 젊은 지식인들을 혼란스럽게 한 사건이었다. 단지 청일전쟁 기간 폭로된 청 정부의 무능 때문만은 아니었다. 기존의 세계관이나 관념을 이제는 포기해야 할 때 가 아닌가 하는 두려움이 있었기 때문이다. 어우양징우는 그때까지 자 신이 연마한 학문이 한낱 껍데기일지도 모른다는 생각이 들었다. 그는 다시 주위를 기웃거렸다. 이런 과정에서 어우양징우는 흔히 양명학(陽 明學)이라고 일컫는 육왕심학(陸王心學)에 심취했다.

육왕심학이 무엇인가. 주희의 '본성이 곧 이치'〔性卽理〕라는 기치 에 반대하여 '마음이 곧 이치'〔心卽理〕라고 선언한 무리들이 있었다. 송대 육구연(陸九淵)과 명대 왕양명(王陽明)이 그들이다. 그래서 그들 이름을 따서 육왕학이라고 하거나 이학(理學)에 상대해서 심학(心學) 이라고 했다. 왕양명의 학문 전통만을 가리켜 양명학이라고 부르기도 한다. 조선에서는 양명학이 사문난적의 고깔을 쓰고 변방을 배회했지 만, 청조에서는 화려하지는 않아도 단단한 전통을 유지했다. 특히 청말 에는 오히려 유학의 중심을 장악하기도 했다. 청대 중기부터 형성된 금 문 경학자들 상당수가 양명학에 심취했다. 웨이위안(魏源)이 그렇고,

궁쯔전(龔自珍)이 그랬다. 금문 경학의 계승자이자 1898년 무술년 정치 개혁의 주인공인 캉유웨이(康有爲)도 마찬가지다. 그는 불교를 수용하기 전에 먼저 양명학에 빠졌다. 근대 유학자 가운데 불교로 전향한 인물 대부분이 양명학에 심취한 경력이 있다. 20세기 초 이른바 현대 신유학을 이끈 량수밍(梁漱溟)이나 슝스리(熊十力)도 송명이학이 아니라 양명학에서 출발했다. 청말 불교와 유교를 오갔던 대부분 지식인은 양명학을 매개로 했다. 그래서 중국의 근대 불교를 이해하는 데 양명학은 하나의 단서다.

한창 양명학에 심취해 있던 어우양징우는 구이보화(桂伯華)를 만났다. 구이보화는 어우양징우와 마찬가지로 장시 출신이었다. 어우양징우는 그에게서 처음 불교에 대한 이야기를 들었다. 구이보화는 량치차오 등과 변법 활동을 한 인물이면서 양런산의 입실 제자이기도 했다. 젊은 어우양징우는 자신이 공부하는 양명학을 가지고 구이보화와 논쟁하려 했지만 상대는 응해 주질 않았다. 구이보화는 『대승기신론』과 『능엄경』(楞嚴經)을 건네면서 이야기했다. "이 책을 머리맡에 두고 잠 안 올 때 잠을 청하는 용도로 사용해 보겠나." 『능엄경』은 율곡 같은 조선 유학자들도 집안에 숨겨 두고 애독한 걸로 유명한 불경이다. 중국에서도 마찬가지였다. 『대승기신론』은 구이보화의 스승 양런산을 불교로 귀의시킨 불전이 아닌가. 구이보화는 굳이 논쟁을 통해서 불교를 이야기하고 싶지 않았다. 만약 젊은 친구가 불교와 인연이 있으면 머리맡에 두는 걸로도 충분할 거라고 생각했다. 어우양징우는 그 책을 그냥 머리맡에만 두지 않았다. 그는 그 책을 뒤적이기 시작했다. 그리고 서른네 살 된 해인 1904년 난징에 들러 양런산 거사를 친견(親見)했다. 인생의 전환점이었다. 이제 관심의 수준에서 많이 벗어났다.

문헌 비평 전통의 성립

어우양징우가 서른여섯 되던 해에 모친이 병을 앓았다. 위독하다는 소식을 듣고 황망히 달려온 아들을 보자 모친은 눈을 감았다. 어우양징우에게는 충격이었다. 인생에서 죽음은 흔한 일이다. 하지만 그것이 자기 살갗으로 파고들면 또 달라진다. 다른 모든 죽음을 압도하는 비통함이 있다. 모친은 일찍 과부가 된 형수와 누이를 데리고 살았다. 젊은 날 남편을 잃고 또 며느리와 딸이 자신과 똑같은 길을 가는 것을 보고 어찌 회한이 없었겠는가. 아들은 그런 어머니를 잃었다. 어우양징우는 그날로 육식(肉食)을 끊고 금계(禁戒)를 지켰다. 세간 일도 관여하지 않았다. 그러곤 이듬해까지 모친의 묘지를 지켰다. 불교에선 생로병사의 무상함을 이야기한다. 하지만 불교에 더 다가서기 위해서는 오히려 생로병사의 실감 속에서 무상성을 깨달아야 한다. 어우양징우도 이런 경험으로 경건한 불교도가 되었다.

고향을 떠나 난징의 금릉각경처에 도착한 어우양징우는 본격적으로 불교 공부를 시작했다. 오래지 않아 양런산 거사의 지시에 따라 일본으로 건너갔다. 그곳에서 불교 전적을 구했다. 도쿄에 있으면서 장타이옌이나 류스페이(劉師培) 등과 자주 만나 불교에 대해 이야기를 나눴다. 장타이옌은 당시 쑨원(孫文)과 함께 반청(反淸) 혁명 조직인 동맹회를 이끌고 있었다. 그는 불교를 통해서 혁명을 이야기했다. 류스페이는 유명한 국학자로 당시 장자(莊子)적 아나키즘을 구상했다. 어우양징우는 귀국 후 고향에서 유명한 불교 거사인 리정강(李證剛)과 농장을 경영하다 병을 얻어 거의 죽을 뻔했다. 이 일 이후 그는 다짐했다. 이제 더 이상 생계를 위해서 살지 않겠노라고, 오직 불법을 위해서 살겠노라고. 이때 나이 마흔이었다. 제대로 발심(發心)을 했다.

금릉각경처로 돌아온 그는 양런산 거사 곁에서 경전 교감(校勘)을 전담했다. 경전의 판각과 출판은 단순한 작업이 아니다. 그들은 판각에 앞서 기존 판본을 수집하고 대조했다. 엄정한 문헌 비평을 통해 정확한 교정본을 마련했다. 이런 것이 교감이다. 이 작업은 매우 엄밀한 문헌 이해를 요구한다. 양런산 거사나 어우양징우는 오랫동안 교감 작업을 수행했다. 바로 이런 작업이 불교 문헌이 유통될 수 있는 바탕이었다. 기초 놓는다는 말을 생각해 보자. 찌를 듯 하늘로 솟구친 건물은 하늘에서 누가 당겨서가 아니라 저 땅 아래서 떠받치고 있기 때문에 버티고 서 있는 것이다. 금릉각경처의 교감 작업은 이런 기초 놓기였다. 그야 말로 근대 불교의 초석을 놓은 것이다. 얼른 드러나지도 않고, 그렇다고 말로 이야기할 수도 없는 그런 노력이 판각된 글자 하나하나에 서려 있다. 그 노력이 불음(佛音)이 되었다. 절간에서 불경을 읽기 전에 외는 게송이 있다. 경전을 처음 펼치면서 하는 거라 개경게(開經偈)라 한다.

더없이 깊고 오묘한 부처님 가르침	無上甚深微妙法
천만겁 시간 흘러도 만나기 어려워	百千萬劫難遭遇
내 지금 보고 듣고 꼭 받아 지니니	我今聞見得受持
여래의 참된 뜻 참으로 알고자 하네	願解如來眞實義

경전의 권위를 새삼 들추려는 것이 아니다. 인연은 무심하면 그냥 지나친다. 그래서 준비하자는 거다. 간절함이 없으면 경전을 채운 수많은 이야기는 감당할 수 없는 지루함이다. 가야산 해인사의 장경각에서 숨 쉬고 있는 8만 4천의 경판(經板)을 보라. 숲에서 나무로 산 날보다

더 긴 세월을 절간에서 누워 있다. 몸에 아로새긴 글귀가 아픈 상처가 아니라 찬란한 말씀일 수 있는 까닭도 소중한 인연이 있었기 때문이다. 하지만 오감을 제대로 갖춘 자도 경전에 쓰인 글귀에 눈귀가 솔깃하기란 힘들다. 그걸 가슴에 보듬기란 어쩌면 금생의 일이 아닌지도 모른다. 그래서 경전을 시작하면서 만나면 놓치지 말라고 당부한다. 적어도 그런 마음은 가져야 하나라도 남긴다. 개경게는 꼭 경전을 읽을 때만 필요한 게 아닌 듯하다. 흔히 하는 이야기로 세간이 다 도량이라면 우리의 말과 몸짓이 또한 경전이 아니겠는가. 늘 경전을 연다는 마음으로 대문을 나서야 한다.

유식학의 등장

어우양징우는 양런산 거사 입적 이후에도 흔들림 없이 경전의 교감과 출간을 담당했다. 어우양징우는 이런 교감 작업을 통해서 불교를 매우 정교하게 이해했다. 특히 그는 유식학 문헌에 집중했다. 유식학은 중관학과 더불어 대승불교 철학의 두 기둥이다. 어우양징우는 1917년 유식학의 가장 중요한 논서인 『유가사지론』(瑜伽師地論) 후반부 50권을 판각 완료한다. 이 저작의 전반부 50권은 스승 양런산 거사가 생전에 출간했다. 거사 임종 때의 유훈도 바로 후반부 50권의 출간이었다. 『유가사지론』은 유식학의 개조로 알려진 미륵(彌勒)의 저작이다. 또한 가장 오래된 유식학 문헌이다. 중국에서는 현장이 100권으로 한역했다. 유가사(瑜伽師, Yogācāra)는 요가 수행을 하는 사람 내지 집단〔師〕을 말하는데, 여기서 요가는 불교의 선정 수행을 말한다. 『유가사지론』은 그들이 선정 수행을 통해서 획득한 17단계의 경지〔地〕를 섬세하게 다루고 있다. 중국 근대 유식학의 유행과 연구는 실은 이 책을 중심으로 이루어졌다. 어우양징우와 유식학 연구의 쌍벽을 이루었던 베이징의 불교 거사 한칭징(韓清淨, 1884~1949)도 『유가사지론』 연구를 통해서 유식학을 완성했다. 유식학은 중국 근대사상사의 변곡점이었다. 대표적인 유식계 경전인 『해심밀경』(解深密經)에서는 말한다.

> 미륵보살이 부처님께 여쭈었다. "세존이시여, 모든 위파사나·삼매에서 일어나는 영상, 그것은 이 마음과 다르다고 말해야 합니까? 다르지 않다고 말해야 합니까?" 부처님께서 대답하셨다. "선남자야, 마땅히 다름이 없다고 말해야 하느니라. 왜냐하면 저 영상은 '오직 의식'〔唯識〕일 따름이기 때문이다. 선남자야, 내가 말하는 인식의 대상은 오직 의식이 드러난 것이기 때문이다. ─『해심밀경』

유식 관련 경전의 주인공은 대부분 미륵보살이다. 즉 흔히 불교의 인식론이라고 말하는 유식학(唯識學)은 우리의 마음을 다룬다. 우리는 마음으로 많은 것을 빚어낸다. 사물을 인식하는 작용뿐만 아니라 인식 대상도 우리의 마음과 완전히 분리할 수 없다고 말한다. "영상은 오직 식일 따름"이라는 구절에서 유식학의 입장이 드러난다. 우리는 실제 대상〔境〕을 인식하는 게 아니라 의식에 의해서 구성된 개념이나 관념을 포착할 뿐이다. 마치 영화관 스크린 위에서 열심히 뛰어다니는 채플린이 영사기에서 쏟아져 나온 영상이듯, 우리가 포착하는 사물도 실은 그 자체로서 실체는 아니라고 말한다. 일상에서 이런 것은 언어와 관련된다. 그래서 유식학에서는 언어를 통해서 요구된 개념에 대한 분석과 아울러 의식의 미세한 관찰을 시도한다. 유식학의 전통적 용어를 빌리면 '명상'(名相)에 대한 탐구다.

　어우양징우는 장문의 『유가사지론서(敍)』를 저술해서 『유가사지론』의 핵심을 정리하고 유식학에 대한 자신의 견해를 밝혔다. 여기서 그는 법상종(法相宗)과 유식종은 다르다는 주장을 폈다. 인도에서 구성된 유식학 전통은 중국에 전래되자 다소 변화를 겪는다. 특히 존재〔諸法〕의 개념〔名相〕분석에 치중하게 된다. 그래서 흔히 중국적 유식학 전통을 법상학이라고 부르고, 이런 학파나 연구 맥락을 법상종으로 분류했다. 하지만 종(宗)이라는 말이 꼭 배타적인 분파를 이야기하는 것은 아니다. 중국에선 유식학이나 법상학을 거의 하나의 개념으로 사용했다. 이런 분위기에서 어우양징우는 단지 인도와 중국이라는 차이가 아니라 본래부터 유식학과 법상학은 분류 가능하다고 주장한 것이다. 이것은 당시로서는 놀라운 이야기였다.

　그에 따르면, 법상종은 유식 삼성설(三性說)에 상(相), 명(名), 분별(分別), 정지(正智), 진여(眞如) 등 다섯 가지 개념을 더해서 조직된 체계를 말한다. 유식학에서는 우리의 인식은 기본적으로 세 가지 양태가 있다고 말한다. 연기법을 말하는 불교에서 보자면 일체 사물이나 사건은 하나도 빠짐없이 서로 의지하면서 존재한다. 이것을 한문 용어로 의타기성(依他起性)이라고 한다. 그런데 우리는 일상에서 독립적인 이런 존재를 실체로 착각한다. 이렇게 착각된 내용을 변계소집성(遍計所執性)이라고 한다. 여기서 변계라는 말은 허망분별을 가리킨다. 그런데 우리가 수행을 통해서 지혜를 획득하면 그것의 비실체성을 포착할 수 있다. 이때 사물은 원성실성(圓成實性)으로 드러난다. 완벽하게 성취된 것을 가리킨다. 그리고 오법은 각각 모양으로 알려지는 것〔相〕, 개념으로 알려지는 것〔名〕, 우리의 일상적인 인식〔分別〕, 수행을 통한 바른 지혜[正智], 지혜를 통해 획득된 진리[眞如]를 가리킨다. 이에 비해 유식종은 법상종의 '오법삼성' 가운데 '의타기'(依他起)만을 집중해서 연구하는 것이라고 말한다. 이런 그의 입장은 미륵과 무착(無著)이 저술한 초기 유식학 논서에 대한 연구에 바탕을 두고 있다. 어우양징우의 이 글이 발표되자 전통적 유식학 입장에 서 있던 타이쉬는 결코 둘을 분리할 수 없다고 비판했다. 이것이 중국 근대 불교에 있었던 최초의 교학 논쟁이었다.

지나내학원과 근대사상가

1918년 어우양징우는 금릉각경처 내에 '지나내학원' 설치를 준비했다. '지나'(支那)는 인도나 서역에서 진(秦)을 가리켜서 한 말인데 이후 중국을 가리키는 말로 사용됐다. '내학'(內學)이라는 말은 불가에서 불법을 다른 학문과 구별해서 말할 때 쓰는 표현이다. 불전을 내전(內典)이라고 하고 유학이나 기타 학문을 외전(外典)이라고 부른다. 내학원은 불학원이라는 표현에 맞먹는다. 당시 중국을 대표하는 지식인인 차이위안페이(蔡元培), 장타이옌, 량치차오 등이 발기인으로 참여했다. 지나내학원은 양런산 거사가 설립한 '기원정사'의 학맥을 잇는 교육기관이자 연구기관이다. 경비 부족으로 실제 개학은 1923년 9월에야 가능했다. 어우양징우 외에 뤼청(呂澂, 1896~1989)이 유식학과 티베트어를 가르쳤고, 왕언양(王恩洋, 1897~1964)이 유식학을 집중적으로 가르쳤다. 미국 하버드 대학에서 철학 석사 학위를 받고 난징의 둥난(東南) 대학에서 근무하던 탕융퉁(湯用彤, 1893~1964)이 와서 학생을 지도하기도 했다. 탕융퉁은 1933년 『한위양진남북조불교사』(漢魏兩晉

南北朝佛教史)를 출간해서 세계적 명성을 획득한 불교학자다. 지나내학원은 불교 이론 가운데 유식학과 인명학(因明學)을 집중적으로 가르치고 연구했다. 인명은 주장에 따른 이유[因]를 밝힌다[明]는 의미다. 그래서 인명학은 불교 논리학에 해당한다.

지나내학원 학생은 아니지만 어우양징우에게 직접 와서 배운 인물도 있었다. 량치차오는 1921년 난징의 둥난 대학에 근무할 때 약 3주 동안 금릉각경처에서 어우양징우의 유식학 강의를 들었다. 그는 말했다. "어우양징우의 유식 강의를 듣고서야 진짜 불학(佛學)이 있음을 알았다." 근대적 불교학의 정초자인 량치차오가 어우양징우를 만나고서 불학이 뭔지를 알았다고 말한 것이다. 량치차오는 근대적 불교 연구 차원을 뛰어넘어 불교를 통해 사유한다는 것을 직접 목도했다. 슝스리 같은 경우는 량수밍의 추천으로 금릉각경처에서 2년여를 머물면서 유식학을 배웠다. 이후 슝스리는 베이징 대학에서 유식학을 강의하면서 독특한 '신유식론'(新唯識論) 체계를 정립한다. 그의 『신유식론』은 현대 신유학의 출발점이기도 하다. 현대 신유학의 발동자가 바로 량수밍과 슝스리 아니던가. 그들은 어우양징우와 직접 연관되어 있다. 또한 유식학이라는 중국 근대사상의 중요한 주제가 그들을 관통하고 있었다. 지나내학원을 중심으로 한 유식학 연구는 1920년대 이후 중국 근대사상사를 이해하는 열쇠다.

1922년 9월부터 어우양징우는 내학원에서 열 차례에 걸쳐 『유식결택담』(唯識決擇談)을 강의했다. '결택'이라는 말은 평가하고 판단한다는 뜻이다. '담'은 집중적으로 논의한다는 말이다. 그는 '십결택담'(十決擇談)을 내놓았다. 제5차 강의가 '다섯 가지 개념을 평가하고 바른 지혜를 논한다'(決擇五法談正智)였다. "『대승기신론』에서는 지혜와

난징의 금릉각경처 내에 있는 지나내학원 현판. 지나내학원은 어우양징우가 설립한 불교 연구와 교육의 중심이었다. 특히 유식학을 통해 불교의 본류를 찾으려 했다. 어우양징우의 제자로 지나내학원에서 가르친 뤼청의 글씨다.

그것의 대상인 진여(眞如)를 구분하지 않았다"고 비판했다. 이것은 학생들의 입을 통해서 불교계에 빠르게 전파됐다. 같은 해 일본에서는 모치즈키 신코(望月信亨, 1869~1948)가 『대승기신론 연구』를 출간했다. 그는 「기신론 작자에 대해서」란 글에서 근대적 문헌학에 입각해서 『대승기신론』의 위찬(僞撰) 가능성을 제기했다. 인도에서 찬술된 것이 아니라 중국 불교인이 가상의 저자와 번역자를 동원해서 찬술한 경우를 위찬이라고 말한다. 중국 양(梁)나라 때 활동한 진제(眞諦)의 번역으로 알려진 『기신론』은 동아시아 불교의 교과서 같은 저작이다. 모치즈키 신코는 지금까지 이 텍스트의 산스크리트본이 발견되지 않았으며, 당시 번역이라고 보기에는 힘든 부분을 발견했다고 주장한다. 그래서 중국에서 찬술된 불전일 것이라는 견해를 제기했다. 만약 이것이 사실이라면 매우 중요한 사건이다. 『기신론』의 천 년 이상 된 권위를 일순간에 무너뜨릴 수 있기 때문이다. 이렇게 근대 문헌학을 통한 불교 텍스트 비평은 근대적 학술로서 불교학이 가능하게 했다.

1923년 량치차오가 모치즈키 신코의 글을 번역해서 소개했다. 어우양징우의 견해와 일본의 연구 성과가 한데 섞이면서 일대 논전이 벌어진다. 법상종과 유식종의 구분을 시도했을 때와 마찬가지로 전통적 입장을 고수한 '무창(武昌)불학원' 출신 승려와 학자들이 어우양징우를 격렬하게 비판했다. 어우양징우의 제자 왕언양은 내학원을 대표해서 이 논전에 참여했다. 사실 어우양징우가 『기신론』을 비판한 것은 일본의 모치즈키 신코와 전혀 다른 맥락이었다. 그가 문제 삼은 것은 찬술자나 역자의 진위가 아니라 그것의 내용이었다. "『기신론』에서 말하는 '진여는 움직이지 않는다[不動]'는 것은 옳지만 '진여가 조건에 따른다[隨緣]'든지, 아니면 조건을 따르면서도 움직이지 않는다는 말은 잘못됐다." 어우양징우의 입장에서 보면 진여는 '부동'과 '수연' 가운데 '부동'의 속성만 가진다. 『기신론』과 관련한 이런 논쟁은 여러 가지 면에서 의미가 있다. 『기신론』은 중국 불교의 베스트셀러였다. 중국 불교의 ABC는 여기서 시작한다고 할 수 있을 정도다. 이것을 전면적으로 거부했다는 사실은 불학 연구 자체가 특정 권위에서 벗어나고 있음을 알린다. 또한 수당(隋唐) 이후 형성된 중국 불교 이론에서 벗어나 인도 찬술 유식 문헌 등으로 시야가 확대됐음을 보여 준다.

슬픔이 학술을 밀고 가다

재가자 위주로 운영된 지나내학원은 타이쉬가 1922년 설립해서 이끌고 있던 무창불학원과 분위기가 사뭇 달랐다. 이런 분위기는 어우양징우에게서 시작했다. 그는 난징의 고등사범학교 철학연구회에서 불교 강연을 한 적이 있었다. 원래 제목은 「불법은 종교도 아니고 철학도 아니지만 오늘날 반드시 필요하다」였다. 하지만 실제 그가 강연한 내용은 「불법은 종교도 아니고 철학도 아니다」(佛法非宗敎非哲學)였다. 종교나 철학은 다분히 근대적인 개념이다. 하지만 이미 대중화되었다.

종교와 철학이란 어휘는 원래 서양 개념이다. 중국에서 번역되어 불법에 억지로 덧씌웠다. 하지만 이 둘은 불법과 의미도 다른 데다 범위도 매우 좁다. 어떻게 광대한 불법을 포괄할 수 있겠는가? 종교와 철학이라는 어휘로는 감당할 수가 없다. 불법은 단지 불법이고 불법은 그냥 불법이라고 해야 한다.
— 「불법은 종교도 아니고 철학도 아니다」

불교를 지칭하는 상이한 말 가운데 가장 정확한 것은 '불법'이다. 불교라는 말 자체도 벌써 근대적이다. 어우양징우는 "이것은 붓다가 깨달은 것이고 깨달음을 구하는 자가 의지하는 것이다. 그래서 불법이라고 한다"고 말했다. 근대적 학문 체계는 종교와 철학을 분리한다. 지금도 그런 노력들이 진행되고 있다. 유교는 종교가 아니라 사회규범이라느니 불교는 종교가 아니라 철학이라느니 하는 말은 모두 이런 것에 기인한다. 지극히 근대적인 시각이다. 인도철학은 수행론을 기반으로 하기 때문에 매우 종교적이고, 인도의 종교는 매우 정교한 사유로 세계를 설명하기에 철학적이다. 본래부터 분리되지 않는다. 어우양징우는 종교나 철학이라는 근대적 어휘가 불교를 해친다고 생각했다. 당연히 불교의 특수성을 드러낼 수 없다고 생각했다.

불법은 종교도 철학도 아니라는 말에서 어우양징우는 여러 가지 이야기를 하고 있다. 서구적인 개념의 덫을 피해 갔을 뿐 아니라 자신의 불교관을 드러내기도 했다. 신앙 위주로 불교에 접근하는 방식도 거부했다. 그도 물론 경건한 불교도였지만 믿음을 앞세우는 방식이 싫었다. 이 때문에 불법이 종교가 아니라고 선언했다. 또한 아울러 철학이 수행하는 진리 추구 방식에도 반대했다. 철학의 목표는 세상을 제대로 설명하는 것이다. 하지만 자신을 바꾸는 일은 없다. 니체는 『차라투스트라는 이렇게 말했다』에서 철학자를 일컬어 '죽음의 설교자'라고 했다. 불교 유식학에서는 '전의'(轉依)라는 교리를 제시한다. 전의는 의지처[依]나 근거지를 온통 바꾼다[轉]는 뜻이다. 의지처란 중생의 삶이 깃든 곳이다. 바로 우리의 몸과 마음이다. 기존의 습속에 옴짝달싹 못하는 몸과 마음을 가장 완전한 상태로 바꾸는 것이 전의다. 온갖 번뇌로 휩싸여서 이러지도 저러지도 못하는 자신을 바꿔놓을 수 있을 때라야 진리는 자신에게 안착한다. 이게 없다면 헛것이다. 바로 이 점이 철학과 불법이 다른 이유다. 불교는 진리 추구에 앞서 자신의 변화를 요구한다. 이런 입장에서 어우양징우는 사람들에게 처절한 자기 인식을 요구했다. 조금도 남기면 안 된다.

슬픔이 북받치고 나서야 배움이 있고, 분노로 몸서리치고 나서야 배움이 있다. 도저히 어찌하지도 못하는 상황에 딱 처하고 나서야 배움이 있고, 살겠다고 발버둥쳐 보고 나서야 배움이 있다.

—『내학』(內學) 「서문」

배움은 의사의 치료와 같다고 했다. 몸에 병이 있더라도 그것을 실감하지 못하면 의사와 마주한들 다 거짓말로 들릴 뿐이다. 물론 슬픔이 답도 아니고, 분노가 답도 아닐 테다. 하지만 딱딱한 벽을 만나지 못한 자는 그 벽을 허물 생각조차 하지 않는다. 석가족의 왕자 고타마 싯다르타가 성 밖을 나가서 노병사(老病死)로 괴로워하는 중생을 보지 못했다면 '왜'란 질문도 없었을 테고, 6년의 고행도 없었을 것이다. 더구나 보리수 아래의 위대한 깨달음은 어림도 없는 일이다. 어우양징우는 1924년 겨울 지나내학원의 학술 잡지인 『내학』의 서문을 쓰면서 배움이란 마땅히 어떠해야 하는지를 단호하게 읊었다. 결국 자신의 이야기였다.

양런산 거사에서 시작된 각경 사업과 불교 연구는 어우양징우에 와서 완전히 새로운 국면을 맞이한다. 반성과 회의를 통해서 사유의 중심에 다가서는 태도는 이후 불교학자들에게 많은 영향을 끼쳤다. 금릉각경처의 역할도 변화가 있었다. 불전의 수집과 간행이라는 주된 사업에서 불학 연구와 이론의 생산이라는 측면으로 발전했다.

1943년 2월 일흔이 넘은 노구 어우양징우는 갑자기 기력이 쇠했다. 감기가 폐렴으로 발전했기 때문이다. 그는 결국 23일 아침에 사망했다. 주변에는 가족이 없었다. 아들과 딸은 이삼십 년 전 젊은 나이로 요절했고, 부인도 벌써 운명했다. 제자 뤼청만이 옆에서 지키고 있었다. 뤼청은 '금릉각경처'의 세번째 주인이 됐고, 질곡의 중국 현대사를 겪어야 했다. 문화혁명 기간 고승들은 선방(禪房)이 아니라 옥방(獄房)을 지켜야 했고, 불경은 사원 앞마당에서 재가 되어야 했다. 이런 시절에도 뤼청은 빛바랜 스승의 사진을 가슴에 품고 있었다. 스승은 단지 기억 속에만 있지 않았다. 제자 뤼청의 삶과 학문 안에 있었다. 이것이 학술의 계승이다.

경전 교감과 유식학 연구에 매진한 뤼청과 그의 형 뤼펑쯔다. 쑤저우 줘정위안(拙政園)에서 1958년 찍은 사진이다. 뤼청은 화가인 형을 따라 미술과 미학을 공부했다. 하지만 지나내학원 설립을 준비하는 스승 어우양징우의 부름에 미학자의 삶을 접었다.

3_ 순수 불교를 향하여, 뤼청

미술학도의 불교 귀의

1943년 2월 어우양징우가 절세했다. 그는 양런산 거사가 1866년 설립한 '금릉각경처'의 계승자이면서 '지나내학원'의 설립자이기도 했다. 지나내학원 설립은 '불서 간행과 유포'라는 기초 단계에서 '불교 교육과 불교 연구'라는 단계로 진입했음을 알린다. 불교 지식의 축적과 유통은 다음 과정을 요구하게 된다.

절세한 '이황(宜黃) 대사' 어우양징우를 이어서 '지나내학원'을 맡은 인물은 뤼청(呂澂, 1896~1989)이다. 금릉각경처는 80년 만에 제3세대를 맞았다. 뤼청은 중국 장쑤(江蘇) 단양(丹陽)에서 출생했고, 자(字)는 추이(秋逸)이다. 청일전쟁이 종결한 해에 태어나 1989년 톈안먼 사건(천안문 사태)이 있던 해에 사망했다. 그의 삶이 쉽지 않았을 거라고 짐작할 수 있다.

뤼청은 열네 살 때부터 혼자 불서를 읽었다. 1914년 열여덟 살 때는 난징(南京)의 민국대학(民國大學) 경제학과를 다니면서 형 뤼펑쯔(呂鳳子, 1885~1959)와 함께 금릉각경처를 자주 찾았다. 이때 어우양징우를 만났다. 당시 어우양징우는 한창 경전 편집과 교감 작업에 열중하고 있었다. 형제는 여러 차례 어우양징우에게 가르침을 청했다. 서신 왕래를 통해서 궁금증을 풀기도 했다. 이 해에 어우양징우는 금릉각경 처 내에 불학연구부를 발족시켰다. 학생들을 모집하자 뤼청은 얼른 달려갔다. 30년 사제의 연은 이렇게 시작됐다. 뤼청은 어우양징우를 스승으로 모시고 본격적으로 불교 공부를 시작했다. 함께 공부한 친구 가운데 황수인(黃樹因, 1898~1925)도 있었다. 그는 뤼청보다도 더 어린 나이에 불교 공부를 시작했다. 나중엔 베이징 대학에서 청강하면서 량수밍을 스승 어우양징우에게 소개한 인물이다. 출가자가 아닌 이상 10대 소년이 불교 공부를 한다는 것은 예나 지금이나 신기한 일이다. 뤼청은 어우양징우의 거의 첫 제자에 해당한다. 이렇게 만나고 이렇게 시작했다.

뤼청이 열아홉 살 되던 해인 1915년 그는 형을 따라 일본으로 유학을 떠났다. 형 뤼펑쯔는 열다섯 나이로 수재(秀才)에 합격한 인물이다. 그는 과거제가 폐지된 이후 난징의 고등사범학교 회화과를 다녔다. 그림에 앞서 문장이 워낙 뛰어나 선생들은 그를 무척 아꼈다. 사범학교를 졸업하고 상하이 미술학교에서 학생을 가르쳤다. 말 그림으로 유명한 쉬베이훙(徐悲鴻, 1895~1953)도 뤼펑쯔에게 배웠다. 쉬베이훙은 프랑스 유학을 마치고 다시 뤼펑쯔에게 동양화를 배웠다. 서양화가인 쉬베이훙의 그림에 동양화풍이 농후한 까닭도 바로 뤼펑쯔의 영향이다. 이런 형을 둔 뤼청인지라 일찍부터 미술이나 예술에 관심을 가졌다. 일본에 유학하면서 그는 미학을 공부했다. 1916년 일본의 중국 침략에 항의하면서 많은 중국인 유학생이 귀국할 때 뤼청도 돌아왔다. 귀국 후 뤼청은 상하이 미술전문학교에서 학생들을 가르쳤다. 뤼청은 학생들을 가르치는 한편 미술 이론이나 미학 이론을 중국에 소개했다. 특히 서양의 미술이나 미학을 소개한 최초의 인물 가운데 한 명이다. 이 점은 잘 알려져 있지 않다. 이후 『미학개론』, 『서양미술사』, 『색채강요』 등을 출판하기도 했다. 하지만 이런 미술 연구도 잠시였다. 1918년 어우양징우는 '지나내학원' 설립을 준비하면서 뤼청을 불렀다. 갈림길이었다. 하지만 머뭇거리지 않았다. 상하이 생활을 접고 난징으로 달려갔다. 돌아오지 않을 길이었다.

1920년 량수밍이 어우양징우를 방문해서 스승의 예를 갖추었다. 그가 소개한 사람이 바로 슝스리였다. 뤼청은 슝스리를 처음 만났다. 그는 형 뤼펑쯔와 동갑으로 뤼청보다 열한 살이 많았다. 하지만 불교 공부로 보자면 많이 후배였다. 이후 슝스리는 그곳에서 유식학을 공부했다.

1922년 7월 7일 '지나내학원'이 어려움 끝에 정식으로 성립했다. 스승 어우양징우가 원장을 맡았고, 뤼청은 강의와 교무부장을 담당했다. 그리고 왕언양(王恩洋)이 뤼청과 함께 유식학을 강의했다. 뤼청과 왕언양은 어우양징우의 좌우였다. 그들은 또한 지속적으로 경전 교감 작업을 진행했다. 지나내학원은 신앙의 강화나 확장을 통해서가 아니라 학술을 통해서 불교 문화를 연구하고 발양하는 것이 목적이었다. 1866년부터 양런산 거사가 시작한 각경 사업은 이제 새로운 기원을 맞이했다. 뤼청은 "강학으로써 경전을 새긴다"〔講學以刻經〕고 말했다. 이것은 불교를 강의함으로써 세상에 붓다의 가르침이나 불교적 가치를 아로새기겠다는 생각이다. 아마도 먼저 학생들의 심중에 꽂혔을 것이다. 뤼청의 이런 말은 금릉각경처의 사업이 각경에서 강학의 단계로 상승했음을 분명하게 보여 준다.

현장(玄奘)의 발견

뤼청은 금릉각경처라는 공간을 통해서 양런산과 어우양징우를 계승하고 있었다. 이것은 그가 매우 전통적인 불교 연구에 기반하고 있음을 말한다. 하지만 이게 전부는 아니다. 그는 일본 유학의 경험을 통해서 당시 일본에서 전개된 근대적 불교학의 내용을 직접 소개하기도 했다. 방법론의 변화를 모색한 것이다. 그가 발표한 『불학연구법』이나 『불학범론』(佛學泛論) 등이 그런 예다. 이 두 편은 일본 불교학자 후카우라 세이분(深浦正文)의 『불교연구법』(1927)과 『불교성전개론』(1924)을 번역한 것이다. 이런 과정에서 근대적 불교학 방법론을 흡수했다. 또한 국외 불교학 연구 성과를 수용했다. 뤼청 말고도 이런 역할을 담당한 사람은 있었다. 량치차오다. 그의 중국 불교사 연구는 정확히 이런 맥락에 있다. 뤼청은 량치차오와 마찬가지로 중국에서 근대적 불교학이 모양을 갖추는 데 매우 중요한 역할을 했다. 경전 교감이라는 다분히 전통적인 방식을 고수했음에도 그가 발표한 논문은 매우 근대적이었다. 이 점에서 그는 스승과 달랐다.

1925년 지나내학원 연구부에 법상대학(法相大學)을 설립했다. 뤼청의 스승 어우양징우가 유식학을 위주로 한 것은 사실이지만 그렇다고 법상대학에서 꼭 유식학만을 가르친 것은 아니다. 뤼청은 개학식에서 이 점을 분명히 밝혔다. "법상대학은 법상학 하나에만 구속되지 않고 순정한 불법 전체를 추구한다." 그렇다면 왜 법상대학이라고 했을까. 뤼청은 현장 계열의 유식학이 중국에서 사라진 이후 불법의 정통성이 훼손됐다고 보았다. 어우양징우나 뤼청은 유식학을 복원함으로써 불법의 분명한 기준을 마련하고 싶었다. 유식학의 엄밀한 논리나 엄정한 개념화는 여러 불교 이론을 평가하는 표준이 될 수 있었다. 뤼청은 법상대학에서 불교의 정통성을 회복하고자 했다.

　신해혁명을 이끈 쑨원(孫文)이 1925년 사망했다. 이후 장제스가 이끄는 국민혁명군이 광둥(廣東)에서 일어났다. 먼저 광둥의 군벌을 타도했다. 1926년 7월 국민당 정부는 정식으로 북벌(北伐)을 선포했다. 목표는 베이징이었다. 전쟁의 시작이었다. 국민혁명군은 파죽지세로 북진했다. 모든 사회가 전쟁 상황으로 빠져들었다. 북양 군벌이 장악하고 있던 난징도 북벌군에게 함락됐다. 지나내학원이 100여 칸을 자랑하는 규모인지라 북벌군은 그곳을 임의로 점령하고선 자신들의 주둔지로 사용했다. 전쟁이 나면 전쟁이라는 가치 외에는 그 어떤 가치도 터무니없이 몰락한다. 마치 폭발이 주위의 모든 산소를 다 삼키듯. 결국 1927년 내학원 업무가 중단됐고 학생과 내학원 식구들은 뿔뿔이 흩어졌다. 물론 어우양징우는 내학원에 버티고 있었다. 뤼청 등 몇몇 제자는 여전히 스승 곁에 꼼짝 않고 있었다. 양런산 거사 때부터 수집한 수많은 불교 전적과 소중한 경판들이 그곳에 있지 않은가. 뤼청은 경전 교감 작업과 저술 작업을 계속했다. 1950년대에 뤼청은 자신의 작업을 회고한 적이 있었다.

　중국의 불학은 경전의 번역을 통해서 전래됐다. 그래서 문자나 이해 면에서 갖가지 엇갈림이 있다. 원래 모습을 상당 부분 잃기도 했다. 그래서 먼저 연구 자료를 철저히 정리해서 정확한 내용을 장악해야만 불학의 본래 면목을 파악할 수 있다.

— 「내학원 연구 사업의 전체 평가와 계획」

금릉각경처의 장경루(藏經樓) 안이다. 뤼청은 경전 교감을 통해서 불교를 이해했다고 말했다. 이런 노력을 통해서 붓다의 말씀은 밤하늘의 별처럼 목판에 한 자씩 박히게 됐다. 빼곡히 들어선 경판의 글귀는 숱한 인연이 되어 세상에 퍼졌을 것이다.

중국에서 불경의 번역은 후한(後漢) 시대에 안세고(安世高)와 지루가참(支婁迦讖)에 의해 처음 시작됐다. 안식국 출신인 안세고는 초기 경전이나 수행 관련 경전을 번역했다. 이에 반해 월지국 출신인 지루가참은 반야경을 비롯한 대승 경전을 주로 번역했다. 이후 거의 천 년 동안 불경 번역은 계속됐다. 인도나 서역 문명이 이렇게 엄청난 기간 동안 중국에서 지속적으로 번역된 것이다. 당시 '문명의 번역'이라는 작업을 수많은 불교도가 종교적 열정으로 담당했다. 번역은 사실 불가능에 대한 도전이다. 곧잘 원본을 상실할 뿐만 아니라 전혀 새로운 원본을 창조하기 때문이다. 그래서 원본은 본래부터 없었다고 할 수 있다. 하지만 불교라는 특수성을 감안한다면 오랫동안 불교도들이 보여 준 진면목에 대한 눈물겨운 추구도 이해할 법하다. 왜냐하면 원형을 고스란히 복원하는 것은 비록 불가능할지라도 바로 그런 추구를 통해서 불교 자체를 반성하기 때문이다. 과거를 위한 노력이 아니라 미래를 위한 노력이다. 그래서 의미 있다. 뤼청이나 스승 어우양징우가 불교 문헌을 붙잡고 어두운 골방에서 행한 지난한 교감(校勘) 작업이 화두 든 선사의 분투보다 못할 리 없다.

1927년 지나내학원은 현장이 번역하고 그의 제자가 주석한 중요한 유식학 문헌을 집중적으로 정리했다. "불학 연구 자료에 대한 나의 정리는 현장 계열의 번역과 찬술 문헌에서 시작했다. 현장의 번역본이 가장 정확하고 가장 앞섰지만, 문장이 너무도 압축적이라서 당시 주석서의 도움이 없으면 이해하기가 무척 힘들다." 실제 현장의 번역본은 매우 정교하다. 원본을 손상시키지 않으면서도 고대 중국어의 특징을 살리려고 노력했다. 예를 들어 범어 게송을 한문 게송으로 옮길 때는 내용뿐만 아니라 그것의 형식미를 중시할 수밖에 없다. 그래서 난해하다. 하지만 이것은 번역의 부정확 때문이 아니라 현장이 발휘한 고도의 압축을 우리가 풀지 못하기 때문이다. 뤼청은 이 압축을 풀기 위해서 현장의 번역과 그 제자들의 주소(注疏)를 사용하겠다고 말한다.

주소(注疏)라는 말에서 주(注)는 '물을 댄다'는 뜻이다. 그것은 윤택하게 한다는 말이기도 하다. 이해되지 않는 낱낱 말을 물 흐르듯 연결시키니 윤이 날 수밖에. 또한 소(疏)는 아이가 엄마의 뱃속에서 나오려고 할 때 태가 뚫리고 발이 움직인다는 의미다. 즉 막힌 것을 뚫는다는 말이다. 뤼청이 보기에 이런 의도에 부합하는 저작은 현장 계열의 작품이었다. 현장이 편집한『성유식론』이나 규기가 저술한『성유식론술기』같은 문헌이 여기에 속한다. 뤼청이 현장 계열 유식학에 관심을 가진 것은 중국 유식학을 집대성하겠다는 큰 구상 때문이다. 이런 작업의 일환으로 어우양징우는『장요』(藏要)를 기획했다.『장요』는 대장경의 중요한 문헌을 가려서 하나의 시리즈로 편집한 것이다. 단지 중요한 불전을 걸러 낸다는 것이 아니라 문헌에 대해 엄밀한 교감을 진행하겠다는 이야기다. 실질적인 작업은 뤼청이 담당했다. 뤼청은 한문 불전뿐만 아니라 티베트 판본 및 산스크리트 판본을 통합적으로 다루면서 교감을 진행했다. 1929년 지나내학원 설립 직후 시작한 현장 번역의 문헌 정리가 완료됐다. 거의 천 권에 달하는 문헌을 판각했다. 뤼청의 문헌 정리와 교감 작업의 능력과 성과는『장요』가 잘 보여 준다.

인도와 티베트 불교의 연구

북벌전쟁이 1928년 종결했다. 하지만 국민당 군대와 공산 홍군의 쫓고 쫓기는 전투는 계속됐다. 공산 홍군의 장정은 보이지 않는 곳에서 진행됐다. 1931년에는 일본군이 만주사변을 일으켜서 중국 동북 지역을 장악했다. 1937년 7월에는 일본군이 베이징 교외 루거우차오(蘆溝橋) 사건(노구교 사건)을 핑계로 도발했다. 이른바 중일전쟁이다. 전쟁이 폭발하자 북방에 주둔하고 있던 일본군은 재빠르게 남하했다. 난징 함락을 앞두고 어우양징우는 피난을 결정했다. 뤼청은 스승 어우양징우와 함께 금릉각경처 설립 이후 수집한 수많은 전적과 경판을 배에 싣고 거대한 장강(長江)을 거슬러 올랐다. 1937년 12월 난징을 침공한 일본군이 한 짓을 생각하면 어우양징우의 피난 결정은 옳았다. 그들의 배는 쓰촨(四川)에 도착했다. 1938년 2월 6일 충칭(重京) 서남쪽에 있는 장진(江津)에 지나내학원 촉원(蜀院)을 설립했다. 쓰촨은 유비가 촉나라를 세운 곳이 아닌가. 그래서 이 지역을 전통적으로 촉이라고 부른다. '촉원'이라는 이름은 여기서 나왔다. 촉 지역은 예부터 전쟁이 적은 곳이라서 대규모 출판 사업이 행해졌다. 촉판 대장경이라고 불리는 중국 최초의 대장경도 이곳에서 출판됐다.

쓰촨에서 뤼청의 생활은 난징과 달리 매우 단조로웠다. 왕래하는 사람도 드물었고, 그가 처리해야 할 업무도 비교적 적었다. 자연 학술 연구에 몰두할 수 있었다. 뤼청은 영어나 일어뿐만 아니라 산스크리트나 티베트어 능력까지 있었다. 물론 언어 능력이 곧바로 불교 연구의 성과를 담보하지는 않지만, 그는 이런 바탕에서 깊이와 폭을 확보했다. 어우양징우 때부터 시작된 인도 불교 강조는 뤼청에게 그대로 계승됐다. 이것은 기존 불교 연구에 대한 반성이자, 근대 불교학 연구의 특징이다. 특히 유식학 문헌에서 그랬다. 금릉각경처는 『유가사지론』 100권의 교감 출판을 통해서 인도 불교 연구의 기틀을 마련한 셈이다. 1933년 뤼청은 『인도불교사략』을 출간했다. 그는 이 책에서 인도 불교를 개괄적으로 소개했다. 아울러 유식학의 연계 학문으로서 불교 논리학에 대한 연구를 진행했다. 뤼청은 1935년 『인명강요』를 내놓았다.

뤼청은 인도 불교 연구의 연속선에서 티베트 불교 연구를 진행했다. 티베트 불교는 인도 불교의 원형을 가장 잘 보존하고 있다고 평가된다. 티베트 대장경은 산스크리트 경론을 거의 직역했다. 그래서 산스크리트로 복원이 가능할 정도다. 인도에서 사라진 인도 불교 문헌이 대부분 티베트어 대장경 내에 보존되어 있다. 그래서 인도 불교 연구는 자연스럽게 티베트 불교 연구로 연결된다. 1933년 뤼청이 출간한 『티베트 불교 원론』도 이런 맥락에서 이해할 수 있다. 티베트 불교 연구는 지나내학원이 쓰촨으로 옮긴 이후 본격적으로 진행됐다. 쓰촨은 티베트와 인접한 곳이었고 티베트 불교 사원이 많았다. 같은 시기 지나내학원과 쌍벽을 이루는 불교 연구 단체인 무창불학원도 쓰촨으로 옮겨 왔다. 타이쉬(太虛)는 아예 한장교리원(漢藏敎理院)을 설립해서 본격적으로 한족 불교와 티베트 불교의 교류를 시도했다. 청조가 비록 라마교를 숭상했지만, 일반 불교인들이 티베트 불교를 연구한 적은 없었다. 역으로 티베트 불교에서는 일찍부터 중국 불교의 성과를 수용했다. 예를 들어 당(唐)에서 활동한 신라 출신 승려 원측(圓測)이 저술한 『해심밀경소(疏)』는 티베트어 번역본이 지금까지 완전한 형태로 남아 있다.

인도 불교 연구뿐만 아니라 티베트 불교에 대한 관심과 연구는 중국인 스스로 한계를 확인했기 때문이다. 중국 불교 자체의 한계라기보다는 당시의 열악한 연구 상황을 솔직히 인정한 것이다. 그래서 뤼청의 티베트 불교 연구는 어쩌면 매우 당연한 귀결이다. 그는 특히 유식학 관련 티베트 문헌 연구에 집중했다. 「티베트본 『섭대승론』 해제」와 1942년 『중국-티베트 불교 관계 사료집』을 내놓았다. 티베트어 불전

말년의 뤼청이다. 신중국 성립 이후 그는 거의 학술 활동을 하지 않았다. 1961년 불교연구반을 맡아 몇 년 가르친 이후 그는 침묵했다. 그 침묵은 지나내학원의 종결을 의미했다.

을 한역하기도 했다. 뤼청이 유식학을 연구하는 과정에서 티베트 불교를 포착한 경우라면, 티베트 불교만을 전문적으로 연구한 경우도 있었다. 20세기 최고의 역경승이라고 이야기되는 파쭌(法尊, 1902~1980)이 그렇다. 그는 전문적으로 티베트 불교 연구와 번역에 매진했다. 파쭌은 티베트 불교의 위대한 건설자인 총카파(宗喀巴)가 대승불교를 입체적으로 체계화한 『보리도차제론』(菩提道次第論) 등을 번역했다. 뤼청은 이렇게 인도 불교와 티베트 불교 연구를 선구적으로 개척했다.

슝스리와 다투다

어우양징우의 제자 가운데 스승을 가장 충실하게 계승한 인물은 물론 뤼청이다. 거꾸로 스승에게 정면으로 도전한 인물이 슝스리다. 슝스리의 이런 도전과 갈라짐을 통해서 현대 신유학이 탄생했다. 1922년 지나내학원의 발기인이자 베이징 대학 교장이던 차이위안페이(蔡元培, 1867~1940)가 지나내학원에 유식학 강사를 요청했다. 베이징 대학에서 인도철학을 가르치고 있던 량수밍이 유식학 강의의 필요성을 역설했기 때문이다. 당시 중국 대륙에서 유식학을 강의할 수 있는 사람은 모두 지나내학원에 있었다. 량수밍은 어우양징우의 고족(高足) 뤼청이 맡아 주길 바랐다. 하지만 쉽지 않았다. 어우양징우가 반대했다. 뤼청은 자신 이후 지나내학원을 책임져야 했기 때문이다. 결국 베이징에 입성한 인물은 슝스리였다. 그는 금릉각경처에서 유식학과 인명학을 배웠다. 베이징 대학에서 그의 첫 강좌는 '유식학 개론'이었다. 만약 어우양징우가 뤼청을 베이징 대학으로 보냈다면 중국 근대사상사는 아마 많이 달랐을 것이다.

슝스리는 1932년 『신유식론』(新唯識論)을 출판했다. 제목으로는 불교 유식학을 계승한 것으로 보인다. 하지만 실제 내용은 본체론적 시각에서 유식학의 결함을 지적하고 이른바 『대역』(大易)을 중심으로 한 유학 사상으로 회귀했다. 지나내학원의 선생과 학생들은 몹시 분노했다. 슝스리 자신이 어우양징우에게 유식학을 배우고서 되려 유식학을 비판한 것이다. 그해 겨울 류딩취안(劉定權)은 지나내학원의 학술 잡지인 『내학』 제6집에 「신유식론 비판」(破新唯識論)을 발표했다. 이 글에 어우양징우가 서문을 썼다. '청출어람 청어람'이라는 말이 있다. 제자가 스승보다 낫지 말라는 법은 없다. 어우양징우가 분노한 까닭은 슝스리의 유식학 비판 때문이 아니라 유식학에 대한 슝스리의 오해 때문이다. 유식학에 대해 잘못된 지식을 기반으로 유식학을 비판하는 것은 도저히 용서할 수 없었다. 어우양징우는 매우 격정적인 인물이었다. 그래서 그의 분노는 대단했다. 자존심 강한 슝스리도 이에 지지 않았다. 그는 「신유식론 비판을 다시 비판함」(破破新唯識論)을 발표했다. 어우양징우는 임종시에도 슝스리의 방문을 허락하자 않았다. 그의 격정은 육신의 노쇠함에도 꺾이지 않았다. 그런 스승과 달리 뤼청은 1943년 2월 23일 어우양징우가 쓰촨 장진에서 사망하자 슝스리에게 추도사를 부탁했다. 슝스리는 3월 10일 보내는 편지에서 말한다.

> 나는 선생님을 모신 게 일천하고 더구나 사상도 순수하게 불가(佛家)라고 할 수 없네. 이런 명백한 일 때문에 선생님을 위해서 글을 짓는다는 것은 별로 적합하지 않은 듯하네.
>
> —「슝스리 선생 편지 1」(熊十力先生致書一)

슝스리는 추도사를 거부했다. 뤼청이 스승의 죽음을 맞아 기념 책자를 내려는 계획에 대해서도 부질없는 짓이라고 책망했다. 부질없는 짓일 수도 있다. 하지만 어우양징우에게 30년을 배운 뤼청은 달랐다. 누구와 다투거나 나서기를 좋아하지 않는 성격이었지만, 뤼청은 자신의 역할을 해야만 했다. 이후 몇 차례 서신 왕래를 통해서 뤼청은 슝스리와 싸웠다. 슝스리는 정문훈습(正聞薰習)을 통해서 깨달음을 추구한다는 인도 유식학의 기본 골격을 거부했다. 자성본심을 깨달아야 비로소 문훈습이 가능하다는 논리를 폈다. 먼저 우리에게 내재한 맑고 순수한 마음을 또렷하게 인식해야 한다고 말한다. 이런 생각은 유식학이라기보다는 『기신론』이나 선종의 논리와 유사하다. 슝스리는 자신이 견지한 양명학을 통해서 이런 사유를 받아들였다.

뤼청은 슝스리의 언급을 하나씩 따지지 않고 성적(性寂)과 성각

(性覺)의 구분을 시도하면서 근본적인 지점에서 슝스리를 반박하고자 했다. 여기서 '성'은 중생의 본성을 말한다. 성적은 본성의 청정함이나 고요함을 말한다. 성각은 본래 깨달음 내지 본래 지혜를 말한다. 중생은 본성상 깨달은 존재이고 지혜를 갖췄다는 말이다. 뤼청은 중생의 자성청정심은 지혜를 통해서 드러나는데, 이 지혜는 부처님의 말씀을 듣고 배우는 정문훈습을 통해서 가능하다고 주장한다. 이것은 유식학의 일반적 공식이다. 만약 자성보리를 이야기한다면 따로 지혜를 추구할 필요가 없게 된다. 그래서 그는 "하나는 혁신이고 하나는 회귀"라고 했다. 성적이 자신의 운명을 개척하는 방식이라면 성각은 본원으로 복귀하는 방식이다. 두번째가 슝스리가 제기한 방식이다. 선종이 바로 이런 방식을 선호한다.

2차 세계대전의 종결과 국공내전의 본격화. 내전의 종결과 홍군의 승리. 시간은 자꾸 흘렀다. 1949년 10월 1일 톈안먼에 오른 마오쩌둥은 신중국 성립을 선언했다. 사회주의 혁명은 거대한 중국 사회를 미지의 세계로 몰아갔다. 카를 맑스가 『정치경제학비판』 서문에서 제기한 "하부구조가 상부구조를 결정한다"는 테제는 중국 사회 전체를 세탁할 듯했다. 정신의 영역으로 있던 것이 이제 정치 영역으로 노출됐다. 1953년 지나내학원은 완전히 멈췄다. 공산당의 통제를 받는 불교협회가 탄생하고 불교계는 여기로 수렴됐다. 뤼청은 1961년 중국사회과학원의 위탁을 받아 불교연구반을 꾸렸다. 이때 참여한 학생들이 지금 중국 불교학계의 원로들이다. 1979년 출간된 『인도불학원류약강』이나 『중국불학원류약강』 등의 책은 불교연구반 강의 원고로 구성됐다. 불교연구반 이후 그는 세상과 단절을 선언했다.

양런산, 어우양징우 그리고 뤼청. 이들은 각각 다른 세대를 대표

세상사만 생(生)·주(住)·이(異)·멸(滅) 하고 성(成)·주(住)·괴(壞)·공(空) 하는 게 아니다. 불교도 이 진리를 피해 갈 수 없었다. 높이 치솟은 절집도 하룻밤 불길에 폐허가 된다. 제행무상이 아니던가. 문화혁명 기간 금릉각경처 장경루(藏經樓)에 있던 숱한 경판은 홍위병의 거친 손길에 끌려 나와 이 모양이 되었다. 깎는 데 비하면 쪼개고 부수는 데는 별로 힘이 들지 않는다.

한다. 그들이 불교 활동이나 연구 태도에서 보인 차이는 근대 중국 불교의 시대적 특징을 대변한다. 양런산은 불교나 불교 연구에 대해 매우 전통적인 모습을 취했다. 그는 사상의 계발보다는 교감과 판각에 치중했다. 어우양징우는 양런산보다 훨씬 정서적이었다. 불학, 특히 유식학에 대한 강한 자신감 속에서 나름의 사상을 펼쳤다. 학자라기보다는 사상가에 훨씬 더 가까운 인물이었다. 이에 반해 뤼청은 섣불리 자신의 주장을 펴지 않았다. 그는 차라리 학자의 풍모를 견지했다. 각고의 노력을 통해서 교감 작업을 수행했고, 치밀한 분석으로 귀중한 저술을 쏟아냈다. 여기서도 근대 불교의 변화를 실감할 수 있다. 불교 연구가 대학이라는 제도권으로 완전히 편입된 상황에서 지나내학원이나 뤼청이 담당해야 할 역할은 사라졌다. 전통과 근대가 교차하던 시기가 지났음이다. 1989년 93세의 뤼청은 아들이 근무하고 있던 베이징 칭화(淸華) 대학의 칭화위안(淸華園)에서 사망했다. 스승 어우양징우와 달리 그에게는 죽음을 지켜줄 제자가 없었다. 시대가 변했음이다.

『대승기신론』은 중국 불교의 전통을 만든 텍스트다. 그것은 일종의 교과서였다. 근대 시기 왕언양은
가장 강력한 『기신론』 비판자였다. 전통적인 불교 이해에 대항했지만 그는 여전히 유교와 불교의 결합
을 말하는 전통주의자였다.

4_ 기신론 비판의 선봉, 왕언양

청년의 방황

근대는 반성과 자각의 시대라고 한다. 물론 이런 반성과 자각이 반드시 옳았던 것은 아니다. 엉뚱한 결론으로 많은 사람을 궁지로 몰기도 했다. 하지만 기존의 것에 대해 질문하고 미래를 꿈꾼 자세는 높이 사야 한다. 중국 근대 불교를 살필 때도 이런 점을 고려해야 한다. 전통을 복원하려는 노력 못지않게 의심과 건설도 중요하다. 1920년대와 30년대 어우양징우의 지나내학원과 타이쉬의 무창불학원이 불교 교육과 연구를 주도했다. 무창불학원은 출가자 위주로 운영됐기 때문에 승가 개혁의 선두이면서도 전통을 상당히 존중했다. 이에 반해 거사(居士) 불교를 이끈 지나내학원은 불교라는 커다란 틀 안에 있으면서도 전통적 권위에 매달리지 않았다. 이 점이 달랐다. 두 집단은 모종의 긴장과 경쟁을 통해서 발전했다. 때론 격렬하게 논쟁했다. 1920년대에 『대승기신론』(大乘起信論)의 진위 문제를 둘러싸고 벌인 논쟁이 대표적이다. 가장 강하게 논쟁을 주도한 인물은 어우양징우의 제자 왕언양(王恩洋, 1897~1964)이다. 그는 『대승기신론료간(料簡)』을 내놓았다. 이 글은 중국 불교사에서 『기신론』에 대한 가장 강한 비판이다.

왕언양은 1897년 쓰촨 성(四川省) 난충 현(南充縣)에서 태어났다. 어린 시절 전통 교육을 받았다. 1913년 열일곱 나이로 난충 중학에 입학했다. 전통 교육이 이제 과거의 것이 되고 만 시대에 전통 학술에 가만히 관심을 가졌다. 그는 송명이학(宋明理學) 서적을 탐독했다. 송명이학을 봉건의 잔재로 쉽게 매도한 시대임을 감안한다면 그의 관심은 매우 특별하다. 이런 인연 때문인지 불교 수용 이후에도 송명이학에 대한 지지를 철회하지 않았다. 1916년 난충 중학을 졸업한 왕언양은 이런저런 것을 기웃거렸다. 당시 젊은이들이 즐겨 읽던 『신청년』(新靑年)도 들추었다. 『신청년』은 후스(胡適), 천두슈(陳獨秀), 루쉰(魯迅) 등의 논설과 소설을 실었다. 저들의 글은 마치 세상을 통째로 뒤집을 것 같은 기세로 청년들을 흔들었다. 아직 존재하지 않는 자를 자꾸만 불러냈다. 왕언양은 저들의 엄청난 기세에 감동하면서도 여전히 허기졌다. 다시 두리번거렸다. 한번은 『법화경』을 읽었다. 그는 신화 같은 이야기에 오히려 솔깃했다. 상상한다는 것이 무엇인가? 사유한다는 것이 무엇인가? 고민하게 됐다.

청나라 말기 과거제 폐지와 몇 년 뒤 결행된 신해혁명을 계기로 전통적인 앎의 방법은 상당 부분 현실 무대에서 퇴장했다. 어떤 경우 그것은 신식 학교로 흡수됐다. 대학에서는 철학과가 생겨 희랍의 플라톤이 어쩌고 독일의 칸트가 어쩌고 하면서 철학 강의를 시작했다. 이전에는 스승과 함께 읽고 왼 성현의 말씀을 철학이라는 이름으로 학교 강단 위에서 논했다. 공맹(孔孟)을 이야기하는 데도 학교를 찾아야 하는 상황이 도래한 것이다. 어린 왕언양은 숫구치는 고민을 누를 수 없었다. 그는 상경을 결심했다. 베이징에 간다고 특별히 달라질 게 있겠냐마는 몸을 흔들지 않으면 아무런 변화도 기대할 수 없다. 고향을 떠날

때 친구들은 관리가 되어 금의환향하라고 덕담했지만 어머니는 그렇게 말하지 않았다. "관리가 청빈하면 도적들의 원수 되고, 탐욕스러우면 백성과 원수 맺는다. 차라리 학문을 이루고 돌아오너라." 어쩌면 어머니의 이 말씀에 그의 인생이 결정 났는지도 모른다.

왕언양이 베이징에 도착해서 처음 맞닥뜨린 것은 5·4운동이었다. 함성이 가득하고 피로 얼룩진 거리에 서서 세상을 보았다. 고향에서보다 현실은 더 불안했다. 7월에 베이징 고등사범학교에 응시했지만 낙방했다. 9월에 베이징 대학에서 청강생을 받는다는 이야기를 듣고 철학과에 등록했다. 학교가 도대체 뭘 가르치겠냐고 책할 수도 있겠지만 그는 무척 진지했다. 뭔지는 모르지만 아무튼 뭔가를 해결해야 했다. 틈만 보이면 송곳같이 파고들고 싶었다. 미국의 저명한 철학자 존 듀이나 영국 철학자 러셀이 당시 중국에 머물렀다. 그들은 이방인의 시선으로 중국 학생을 가르쳤다. 왕언양은 존 듀이의 수업을 들었다. 존 듀이의 중국인 제자이자 철학과 교수이던 후스가 통역했다. 후스는 5·4운동의 한 깃발이었다. 왕언양은 후스의 입을 통해서 당대 미국의 최대 지성이자 프래그머티즘의 창도자 존 듀이를 만났다. 앎에 대한 기웃거림은 계속됐다.

왕언양은 베이징 대학에서 청강하는 한편 프랑스어 학교를 다니면서 불어를 배웠다. 당시 많은 젊은이가 그랬듯이 그도 프랑스 근공검학(勤工儉學)에 참여할 작정이었다. 제1차 세계대전 이후 프랑스 정부가 전후 복구 사업을 위해서 대규모 중국인 노동자를 모집했다. 이때 차이위안페이 등이 "힘써 일하고 아껴 공부한다"(勤于作工, 儉以求學)는 기치 아래 이 사업을 조직했다. 노동자에게 배움이라는 임무를 부가한 것이다. 일만 하는 노동자, 책만 읽는 군자가 아니다. 노동 속에서 묻힐 뻔한 영혼을 깨운 것이다. 그들은 노동자이자 학생인 새로운 인간이 되었다. 저우언라이(周恩來)나 덩샤오핑(鄧小平)같이 이후 중국 공산당 지도자가 된 이들도 여기에 참가했다. 그들은 프랑스에서 사회주의자가 되어 중국으로 돌아왔다. 근공검학을 준비하던 왕언양은 중간에 프랑스행을 포기했다. 스무 살을 갓 넘긴 왕언양은 배회했다. 1919년 베이징은 충분히 그럴 만했다.

어우양징우와 만남

베이징은 중국이 처한 상황을 곧장 드러냈다. 20대 초반의 왕언양은 그 실감을 도저히 피할 수 없었다. 1919년 12월 학생 데모대에 끼어 베이징의 군벌 정부를 성토했다. 결국 경찰에 체포되었다. 4개월 동안 수감됐다. 그곳에서 많이 배웠다. 닫힌 공간에서 인간은 얼마나 누추해질 수 있고, 지식인의 구호가 불신의 벽 앞에서 얼마나 힘없이 멈추는지 보았다. 1920년 4월에 출옥했다. 그는 다시 크로포트킨 등의 아나키즘에 경도됐다. 공독호조단(工讀互助團)에 참여해서 지식과 노동이 결합된 공동체를 실험했다. 사회주의적 이상을 실현하고자 했다. 왕언양은 세상이 달라지기를, 성현의 말씀이 지상에서 이루어지기를 바랐다. 하지만 쉽지 않았다. 길거리를 막아선 경찰이 아니라 함께하던 동지가 먼저 나를 상처 내고 쓰러뜨렸다. 자신을 떠민 온갖 앎들이 힘없이 빠져 달아났다. 이런 것이 사상의 좌절 혹은 사상의 배신인지는 모르겠다.

상경한 이후 짧은 시간에 왕언양은 참 많이도 살았다. 다시 베이징 대학에서 량수밍(梁漱溟)의 수업을 들었다. 량수밍은 인도철학을 강의하고 있었다. 량수밍은 1916년 『구원결의론』(究元決疑論)을 발표했다. 근원을 탐구하여 의심을 끊겠다는 그의 글에 베이징 대학 교장이던 차이위안페이는 아찔했다. 스물네 살의 젊은이는 인생을 다 산 듯 보였다. 이듬해인 1917년 량수밍은 베이징 대학에서 강의하기 시작했다. 왕언양은 량수밍이 던지는 근원적인 질문에 여러 번 멈춰 섰다. 선생은 몰아닥친 서양 문화에 맞서 중국과 인도 문화의 가치를 홀로 외치고 있었다. 량수밍의 눈빛은 깊었다. 학자가 아니라 수행자의 것이었다. 량수밍의 사상은 불교 유식학을 기반으로 하고 있었다. 왕언양도 자연 유식학에 관심을 갖게 됐다. 유식학이 도대체 무엇일까. 그는 금릉각경처에서 간행된 『성유식론』과 『성유식론술기』를 구해서 읽었다. 어려웠다. 하지만 반복해서 계속 읽었다.

량수밍은 1921년 왕언양에게 인도철학 도서실 관리를 맡겼다. 그곳에서 유식학 문헌을 만나게 되었다. 그야말로 색다른 경험이었다. 지금까지 익숙하게 읽은 글과 너무 달랐다. 왕언양은 이때 어우양징우가 쓴 『유가사지론서』를 발견했다. 어우양징우가 금릉각경처에서 『유가사지론』 100권을 판각하고 나서 지은 글이었다. '서'(敍)라고는 하지만 분량이나 내용 면에서 한 편의 완성된 텍스트였다. 왕언양은 이 글을 읽고 어우양징우를 상상하기 시작했다. 량수밍도 수업 시간에 어우양징우를 거론한 적이 있었다.

오늘날 불학가 가운데 난징의 어우양징우 선생이 가장 뛰어나다. 나도 그에게 배우려고 한다. 자네들도 생각이 있으면 함께 가는 것도 좋을 듯하네.

다른 사람도 아니고 량수밍이 이런 이야기를 할 때면 학생들은 놀

랐다. 성현의 기품을 드러내는 선생이 그렇게도 칭송하는 어우양징우
는 누구일까. 궁금했다. 왕언양은 베이징 대학에서 어우양징우의 제자
황수인을 알게 됐다. 그는 베이징 대학에서 산스크리트 문헌을 번역하
고 있었다. 금릉각경처에서는 그에게 특별히 산스크리트와 티베트어
를 배우도록 했다. 뤼청에게 산스크리트와 티베트어를 가르친 인물도
그였다. 선생이 권하고 친구가 소개한 어우양징우는 누구일까. 이런
궁금증은 오래지 않아 풀렸다. 량수밍은 왕언양에게 소개 편지를 써
주었다.

　　난징에 도착했다. 왕언양은 금릉각경처에서 어우양징우와 마주했
다. 일대의 불학대사 어우양징우 앞에 선 왕언양은 먼저 질문을 던졌
다. 의심도 있었고, 뽐내고도 싶었다. 하지만 싱겁게 끝났다. 유식학을
공부하면서 풀지 못한 숱한 문제를 스승은 손쉽게 해결했다. 당황했지
만 오히려 기뻤다. 자신이 탄로 났지만 싫지 않았다.

『대승기신론』 비판

금릉각경처에 도착한 왕언양은 공부를 시작했다. 그곳에 뤼청이 있었
다. 1922년 지나내학원이 설립됐다. 왕언양은 지나내학원에 있으면서
대소승 경론을 섭렵했다. 먼저 중국 법상종 전통의 주석서를 독파했다.
1925년 지나내학원 내에 증설된 법상대학(法相大學) 특과(特科)에서
왕언양은 유식학과 불학 개론을 강의했다. 그리고 학생들을 관리했다.
매우 엄격했다. 당시 법상대학에는 승속이 섞여 있었다. "출가자가 속
복을 입는 일이 없어야 하고, 학생들이 교내에서 육식하는 일도 없어야
한다"고 못 박았다. 불교를 공부한다는 것은 경론에 적힌 글을 해석하

는 것이 아니라 그 말씀을 자신의 몸으로 세상에 한 글자씩 써 내려가는 것이다. 바로 이 점이 불교 연구와 다른 학문의 차이다. 어우양징우의 자랑스러운 두 제자 뤼청과 왕언양은 지나내학원에서 당시 최고 수준의 논문을 쏟아 냈다. 그리고 이를 부정기 간행물인 『내학』(內學)에 실었다.

어우양징우가 이끌고 있던 지나내학원의 학술 특징은 인도 불교 문헌에 입각해서 중국 불교 문헌을 비평하는 방식이었다. 물론 그들이 다룬 경론은 한역된 것이지만 전통적으로 다루어 온 경론이 아니라 한동안 등한시한 작품이다. 그것은 발굴이었다. 인도 불교, 특히 인도 유식학을 통해서 중국 전통 불교를 반성하는 자세가 가장 극명하게 드러난 사건은 어우양징우의 『대승기신론』 비판이었다. 어우양징우는 『대승기신론』의 진위 문제가 아니라 그것의 내용에 시비를 걸었다. 하지만 어떤 형식으로든 『기신론』 비판은 커다란 반향을 일으킬 수밖에 없었다. 량치차오(梁啓超)의 번역을 통해서 1923년 모치즈키의 견해가 소개되자 중국 불교계에서는 일대 논전이 일어났다. 지나내학원과 무창불학원의 싸움이었다. 왕언양이 가장 주도적으로 논쟁에 참여했다. 그는 『대승기신론료간(料簡)』을 통해서 『기신론』의 이론적 문제점을 지적했다.

어리석음이 활개치고 지혜는 은폐되었다. 불교가 흥성한 듯 보이지만 정법은 오히려 쇠퇴했다. 세상이 망할 것 같은 두려움만 있고, 지혜의 태양이 어둠을 밝힐 것이라는 희망이 없다. 예부터 불교인은 자비를 지키고 다툼을 즐기지 않지만 어리석음이 실로 놀라우니 무엇을 사양하겠는가. 불 · 법 · 승 삼보에 귀의하고 유식학[性相輪]에 예경한다.

온갖 오염된 것을 가려 없애고자 『기신론』을 비평한다.

— 『대승기신론료간』

왕언양이 『기신론료간』 서두에 한 이야기다. '요간'(料簡)은 '간별한다'는 의미다. 신라의 원효도 『대승기신론료간』을 저술했다. 이렇듯 요간은 왕언양 혼자만의 용어가 아니다. 하지만 그의 입장은 매우 특이하다. 그는 『기신론』의 문제점을 분명하게 지적해 보겠다는 뜻으로 『요간』을 저술했다. 그는 지나내학원의 전통대로 유식학을 중심으로 두고 『기신론』 사상을 비판했다. 주된 비판은 『기신론』에서는 진여(眞如)와 정지(正智)를 구분하지 않는 점이다. 근래 일본의 일부 학자가 진행한 여래장 사상 비판에서도 잘 나타나듯 『기신론』 등의 여래장 계열 경론에 대한 의심은 상당한 전통을 가지고 있다. 이것의 시비 판단은 두번째 문제다.

왕언양의 과감한 시도에서 새 전통을 만들려는 노력을 본다. 어떠한 전통적 권위도 자신의 판단을 넘지 못한다. "정말 불법을 연구하려면 특별히, 아니 절대적으로 객관적 태도를 취해야 한다고 생각한다. 바로 이런 과학 정신이야말로 일체 사물을 연구하는 보편적인 태도다. 특히 불법에서 설명하는 것은 세간의 온갖 앎과는 전혀 다르기 때문에 더욱 주의해야 한다. 색안경을 끼고 사물을 본다면 반드시 진면목을 놓칠 것이다." 이런 생각이 과학주의라고 오히려 왕언양을 비판할 수도 있다. 하지만 이것은 단지 그것만으로 평가되지는 않는다. 반성이라는 말이 더 어울릴 것이다. 딱딱하게 굳어 버린 전통을 그냥 받아들이고 싶지는 않았다. 근대 불교 개혁의 선구자 타이쉬에게서 거꾸로 전근대적 요소를 발견할 수 있다. 왕언양이 맞을 수도 있고, 타이쉬가 맞을 수도 있다. 그것은 모르는 일이다. 하지만 그것에 대해 문제를 제기하고 주장하고 고집하는 속에서 움직임이 가능하다. 그것은 새로운 불교를 위한 필수 조건이었다.

1927년 3월 지나내학원의 업무는 멈췄다. 장제스의 국민혁명군이 난징에 입성했고, 혁명군은 지나내학원을 무단으로 점령하고 주둔지로 사용했다. 이런 상황에서 왕언양은 병을 앓았다. 고향 쓰촨으로 돌아가고 싶었다. 결국 스승에게 인사를 하고 고향으로 돌아왔다. 얼마 후 자신이 공부한 마을 학교에서 선생 노릇을 시작했다. 그는 조금도 변함없이 불서를 붙잡고 있었다. 왕언양은 『유가사지론』100권을 시작했다. 그야말로 유식학의 보물창고 같은 것이 『유가사지론』 아니던가. 아울러 그것은 양런산과 어우양징우를 생각나게 하는 것이기도 했다. 막힌 곳을 뚫고 조금씩 전진했다. 그것은 지하 수천 미터 어둠 속에서 광맥을 캐는 광부의 느린 시간과도 같았다. 결국 장장 100권에 이르는 두터운 바위에 터널을 뚫고 나왔다.

쓰촨 불교의 전통

1930년 왕언양은 인도네시아 화교 황롄커(黃聯科)의 도움으로 구산서방(龜山書房)을 열었다. 구산서방에서는 불교와 유학을 함께 강의했다. 구산은 그의 고향에 있는 산이다. 생긴 게 거북 등 같다고 해서 붙은 이름이다. 구산서방은 가난한 집 아이들을 교육하기 위해서 설립한 마을 학교다. 시간이 지나 왕언양의 이름이 나기 시작하자 멀리서 젊은 승려들까지 와서 배웠다. 이런 이유 때문에 규모를 좀더 늘렸다. 구산서방에서 공부한 학생 중에 탕중룽(唐仲容, 1921~2002)이 있다. 그는 1934

년 2월에 부친의 손에 끌려 구산서방에 입학했다. 그때 나이 열셋이었다. 탕중룽은 10대 후반에 양쪽 눈을 실명하고 만다. 하지만 어려운 불교 문헌을 남이 읽어 주는 것을 듣고 이해하고 사유했다. 60여 년을 이렇게 불교 유식학을 공부했다. 그가 2001년 교감 출판한 『왕언양 선생 논저집』 10권은 거의 불가사의할 정도다. 여든이 넘어서 그것도 실명한 상태로 스승의 글을 다듬고 정리했다는 사실은 학문 이전의 문제다. 구산서방의 인연이 이후 60년을 이끈 것이다. 왕언양은 『구산서방기』에서 말한다.

> 내가 가르치는 것은 유교와 불교를 근본으로 한다. 불교는 모든 존재의 실상을 밝히고, 유교는 인도의 큰 줄기를 드러낸다. 인의(仁義)를 통해서 그것을 실천하고 새로운 지식으로써 그것을 확장한다.

왕언양의 이런 태도는 두 스승 량수밍과 어우양징우를 생각하면 이해가 된다. 1942년 왕언양은 고향을 떠나 네이장(內江)에 동방불교원을 설립했다. 그해 9월에 동방문교연구원으로 개명하고 학생을 받았다. 그는 '불교'를 '문교'라고 바꾼 것에 대해서 설명한다. "동방불교연구원의 명칭은 포괄적이지 못하다. 구산서원의 취지처럼 유학과 불교를 함께 펼쳐야 하고, 아울러 철학, 사학, 문학 방면에도 인재를 배출해서 현재의 쓰임에 맞춰야 한다. 그래서 동방문교연구원이라고 개명한다." 전통에 기반을 두지만 현실과 적극적으로 만나고 싶은 왕언양의 바람이 보인다.

왕언양이 말하는 '문교'는 불교 혹은 유교 등 어느 한 이론이나 세계관에 고립되지 않는다. 새로운 문화를 만들고 싶은 욕심이기도 하다.

왕언양은 지나내학원 시기 이후 주로 쓰촨에서 활동했다. 그곳에서 키운 제자 탕중룽이 방대한 왕언양의 글을 정리했다. 그는 시각 장애를 극복하고 이런 작업을 해냈다. 학술의 계승은 이토록 놀랍다.

"문화란 인류가 생활하는 방법이자 법도이다." 학자로서 왕언양은 이런 생활방식을 학문에서 구하고자 했다. 그는 유학과 불교라는 매우 뚜렷한 전통 속에서 그런 것을 발굴했다. 그는 서구 문화와 동방 문화의 차이를 가급적 분명히 인식하고자 했다. 그의 이런 태도에서 량수밍과 어우양징우의 영향이 보인다. 량수밍은 『동서 문화와 철학』에서 유럽과 인도, 중국의 상이한 문화를 소개한 적이 있다. 동방 문화의 가치를 매우 강조했다. 어우양징우도 불교뿐만 아니라 유교 경전에 대한 여러 주석서를 내놓기도 했다. 어우양징우의 제자 뤼청이 유교나 다른 전통에 대해서 거의 언급이 없었던 것과는 대조적으로 왕언양은 매우 적극적으로 이 문제를 다루었다. 왕언양은 『대학약석』(大學略釋)에서 격물치지(格物致知)를 다음과 같이 푼다.

깊은 반야바라밀을 실천하는 것이 불법의 '앎을 극진히 하는 것'〔致

知]이고, 오온(五蘊)이 모두 공함을 뚜렷이 보고서 모든 문제와 고통
을 해결하는 것이 '사물에 다가섬'〔格物〕이다.

『반야심경』의 첫 구절 "깊은 반야바라밀을 실천할 때 다섯 가지 쌓
임〔五蘊〕이 모두 공함을 보고 일체 고통과 액난을 해결한다"에 '격물치
지'를 대입했다. 격물치지의 의미가 본래 그런 것이냐고 따질 필요는
없다. 해석권은 누구에게나 있다. 『대학』을 포함한 이른바 유가 경서가
굳이 전통적이어야 할 필요는 없기 때문이다. 그는 『유학중흥론』에서
역대 유학의 흐름을 정리하면서 유학과 불교의 차이를 지적하기도 한
다. 둘을 존중하는 방법은 결코 저 둘을 등치시키는 것이 아니다. 그는
말한다. "송명이학의 흥기를 두고 사람들은 선학(禪學)의 변형이라고
말하는데, 나는 오히려 선학의 반동이라고 생각한다." 다소 극단적인
말이지만 그의 의도는 분명하다. 차이를 자극하고 싶은 것이다. 차이를
드러낼 때에야 그것은 의미를 가지기 때문이다. 선종은 분명 출세간을
지향하지만 송명이학은 분명 현실의 문제를 추구한다. 이 점을 또렷이
지적한다. 하지만 여기서는 어떤 우열도 없다.

중일전쟁이 폭발한 후 강남의 많은 지식인이 쓰촨으로 피난 왔다.
강남뿐만 아니라 화북 지역의 지식인도 마찬가지였다. 학교는 임시 교
사를 마련하여 통합 교육을 실시했다. 난징에 있던 지나내학원도 쓰촨
으로 힘들게 옮겨 왔다. 지나내학원 촉원이다. 1937년의 일이다. 여전
히 각경과 교육을 병행했다. 왕언양은 다시 한 번 스승을 모시고 유식
학을 강의하기도 했다. 1943년 왕언양은 스승의 절세 소식을 듣고 내
학원 촉원으로 달려갔다. 30여 년 전 어우양징우는 난징의 금릉각경처
에서 양런산의 유촉을 받았다. 하지만 자신은 그런 것 없이 임종했다.

임종 이후 내학원 문도들은 뤼청을 내학원 제2대 원장으로 선출했고, 왕언양을 이사회 이사장으로 선임했다. 뤼청과 왕언양은 그야말로 어우양징우 없는 내학원을 책임지게 된 것이다.

2차 세계대전이 종결되자 국민당 군대와 공산 홍군은 본격적으로 전투를 벌였다. 지겹기도 하련만 전쟁의 종결은 늘 새로운 전쟁과 물려 있다. 1949년 국공내전이 종결되고 중화인민공화국이 성립했다. 오래지 않아 불교 단체가 대부분 활동을 멈췄다. 지나내학원도 마찬가지고, 왕언양의 동방문교연구원도 마찬가지였다. 새로운 질서로 재편되는 시점에서 옛것은 길을 잃고 헤매다가 비명횡사했다. 1957년 중국불교협회가 베이징 법원사(法源寺)에 중국불학원을 설치했다. 왕언양은 교수로 초빙되어 불교 개론과 유식학을 가르쳤다. 하지만 그는 단지 한 명의 교사로 있었다. 거사 불교의 중심인 지나내학원 출신자로서도, 동방문교원의 원장으로서도 아니었다. 또한 재가자로서 승려 교육기관인 중국불학원에서 생활하기란 많이 불편했다. 1961년 예순을 넘긴 왕언양은 불학원을 사직하고 쓰촨으로 돌아왔다. 또 몇 년이 흘렀다. 1964년 2월 왕언양은 68세로 절세했다. 하지만 쓰촨 불교는 줄곧 왕언양을 기억했다. 지금도 그의 제자나 손제자가 지역 불교를 굳건히 지키고 있다. 뤼청의 학맥이 몇몇 학자에 의해 계승되는 것과 달리 왕언양의 불교 연구는 전통으로 살아남았다.

1930년대 불교계에 '난어우 베이한'(南歐北韓)이라는 말이 있었다. 난징의 어우양징우와 베이징의 한칭징이다. 이것은 두 사람이 당시 불교 연구의 정점이었음을 알린다. 한칭징은 베이징 거사 불교를 대표했고 인도 유식학 연구에 매진했다.

5_ 유식학 연구의 완성자, 한칭징

대승불교의 두 기둥

붓다는 자신의 깨달음을 다섯 비구에게 처음으로 설했다. 경전에서는 이것을 초전법륜(初轉法輪)이라 한다. 초전법륜은 처음 진리의 수레바퀴를 굴렸다는 말이다. 이 사건 이후 붓다와 제자라는 관계가 발생했다. 불교(佛敎)의 출발이라고 할 수도 있다. 붓다의 깨달음〔佛〕은 언어의 구속을 벗어나지만 그의 교설〔敎〕은 분명 언어에 기반한다. 역설이다. 이 역설은 붓다가 깨달음 직후 보인 고민과 관련된다. 과연 사람들에게 자신의 체험을 이야기해야 하는가. 범천(梵天)은 와서 교설을 권유하고, 마왕은 와서 괜히 잘난 척하지 말라고 한다.

> 마왕은 말한다. "고타마, 그대 정녕 안온한 열반의 도 알았거든 혼자 열반의 즐거움 누릴 일이지 무엇 때문에 굳이 다른 사람을 교화하려 하는가." 고타마 붓다는 대꾸한다. "악마의 제약 없는 이곳에 와 피안에 이르는 길 물으면 난 그저 바른 대답해 주어 그로 하여금 열반 얻게 할 따름이요, 그러면 함부로 굴거나 게으르지 않아 악마의 마음대로 되지 않으리." ─『아함경』

붓다는 중생이 열반에 이를 수 있도록 안내자 역할을 자임했다. 그는 불법의 수레를 솜씨 있게 다루면서 이 역할을 담당했다. 붓다는 45년 수레꾼 역할을 마감하고 여든 나이로 육체적 죽음을 맞았다. 이후 지금까지 이 수레는 2,600여 년을 구르고 있다. 한 곳에서 맴돌지 않았다. 건조한 고원을 지났고 상쾌한 바닷가를 거닐기도 했다. 하나의 모델도 아니고 하나의 색깔도 아니었다. 새로운 불교를 외치면서 큰수레 불교가 출현하기도 했다. 이른바 대승불교다. 그들은 불교의 대중화와 철학화라는 두 마리 토끼를 잡으려 했다. 엄청난 노력으로 결국 이 작업을 성공적으로 완수했다. 그들은 진리 추구와 중생 구제라는 보살(菩薩)의 인격을 제시했다. 또한 반야바라밀을 제기함으로써 이론적 성취를 맛보았다. 이론적으로 보자면 공사상과 유식사상이 대승불교를 대표한다. 공사상은 좀더 구체적으로는 중관사상이라고도 한다. 존재냐 비존재냐 하는 방식의 인식 틀을 벗어나기 때문에 중도(中道)나 중관(中觀)이라고 부른다. '공'(空)이라는 말은 "색즉시공"이라는 『반야심경』 구절 때문에 귀에 익지만 여전히 낯설다.

공은 연기법의 철학적 표현이다. 그런데 여기까지만 말하면 틀린다. 공은 윤리적 표현이기도 하다. "일체 법은 공이다"라는 말은 "모든 존재자는 연기되었다"고 바꿀 수 있다. 한 사물, 한 인간은 숱한 관계 속에서만 파악될 뿐이다. 그래서 이런 관계 내지 인연을 제거하고 나라거나 너라고 할 만한 실체를 확보할 수 없다. 이렇게 불교는 존재자에 대한 관계론적 해석을 내놓았다. 닫힌 존재가 아니라 열린 존재다. 이것은 사실 확인이나 설명에 그치지 않는다. 불교는 곧바로 비실체적 삶을 요구한다. 이것은 결국 번뇌 타파와 관련된다. 실체론적인 사고에서 기인한 집착은 외부뿐만 아니라 자신에 대해서도 폭력적이다. 그것은 자발적 노예 선언이기도 하다. 불교에서 말하는 자유는 이런 부조리를 부수고 무한히 열린 길을 갈 때 가능하다. 공이라는 말은 공한 삶을 염두에 두고 제기되었다. 이 몸뚱이가 존재라는둥 비존재라는둥 그런 말을 하려는 게 아니다. 불교의 관심은 몸뚱이가 만드는 문제다. 만약 누가 삶에서 실체론적 착각을 완전히 해소했다면 그는 세간[色]에 있지만 출세간[空]으로 사는 게 된다. 그래서 색과 공이 다투지 않는다. 이렇게 '공'은 삶에 대한 요구다.

공사상이 일체 존재에 대한 연기론적 분석을 시도한 것이라면 유식사상은 우리의 의식을 섬세하게 살핀다. 폭포수처럼 쏟아지는 우리의 의식이 도대체 어떤 경로를 통해서 구성되고 작동하는지를 철저하게 규명한다. 공사상이 존재의 본질을 폭로했다면, 유식사상은 현상의 발생을 끈기 있게 추적한다. 그래서 범부의 눈에 유식학은 꽤나 친절하다. 유식사상에서는 우리가 실체라고 믿고 있는 것이 모두 의식의 산물임을 밝힌다. 유식(唯識)이라는 개념은 이렇게 등장한다. 존재의 허구를 밝힐 뿐만 아니라 의식의 습관까지 거론한다. 인도 유식학의 완성자가 미륵, 무착, 세친이다. 대부분 유식 문헌은 미륵보살이 설한 걸로 되어 있다. 이것에 무착과 세친이 주석을 다는 형태로 문헌이 구성된다.

식은 대상으로, 중생으로, 자아로, 분별로 거짓 나타난다. 그러나 그것은 실재하지 않는다. 그것이 실재하지 않기 때문에 식도 존재하지 않는다.
　　　　　　　　　　　　　　　　　　　　　　— 『변중변론』(辨中邊論)

현장이 번역한 『변중변론』은 중도[中]와 치우친 생각[邊]을 분명하게 판별한다[辨]는 의미다. 의식의 일상적 습속을 유식사상에서는 분별이라고 한다. 그것은 모든 존재자를 실체로 바라보는 시선이다. 의식의 세찬 물살은 어김없이 이 길을 타고 흐른다. 도저히 빠져나올 수 없을 것 같은 의식의 틀이다. 실체가 아닌데도 이런 것이 실체인 척하기 때문에 불교에서는 이런 의식의 활동을 허망분별이라고 부른다. 유식사상에서 말하는 수행은 바로 이런 허망분별의 작동을 멈추고 습속을 지우는 작업이다. 유식사상은 처음부터 수행론으로 출발했기 때문에 분별 활동이 지혜로 전환하는 것을 목적으로 한다. 하지만 그것이 보인 강한 철학적 분석 때문에 때론 사변으로 비춰졌다. 중국에서 유식사상이 소개되고 얼마 지나지 않아 거의 자취를 감춘 것도 상당 부분 이런 이유 때문이다. 하지만 근대 들어서는 오히려 이런 철학성이 각광을 받았다.

베이징의 거사 불교

불교를 단순히 철학의 일부로 제한할 수는 없지만, 그래도 분명 철학적인 색채를 지울 수는 없다. 불교를 철학의 일부로 간주할 경우 가장 많이 언급되는 영역은 단연 유식사상이다. 불교계에서는 유식학이라는 말을 더 선호하지만, 유식사상이나 유식철학이라는 말도 그리 틀리지 않다. 이론 조직만 보면 심리학 같기도 하고 형이상학 같기도 하다. 중국에 근대라는 이성의 시대가 도래했을 때 유식학이나 불교 논리학인 인명학은 전통 속의 근대처럼 보였다. 근대 지식인은 근대 이성뿐만 아니라 근대 과학이 무차별적으로 상륙하는 마당에 전통 전체가 살아남을 수 있다고 생각하지 않았다. 불교의 근대 부흥은 정통에 대한 도전이기도 했고 서구 근대에 대한 반응이기도 했다. 특히 유식학이 그랬다. 유식학은 지식인들에게 대안의 지대였는지도 모른다. 이런 경향을 전형적으로 보여 준 인물이 장타이옌이다. 그는 말한다.

> 대개 근대 학술은 점차 실사구시의 길을 걷게 되었다. 청대 고증학 대가들의 분석 능력은 명대의 유학자들이 도저히 도달할 수 없는 수준이었다. 과학의 맹아에 가까우며, 사고의 집중이 더욱 엄밀해졌다. 그래서 법상학(유식학)은 명대에는 주목 받지 못했지만 근래에는 오히려 매우 적합한데 이것은 학술의 추세다.
>
> — 「톄정에게 답함」(答鐵錚)

중국 근대사상사의 가장 중요한 부분 가운데 하나가 불교라면 그것의 구체적인 열쇠는 유식학이다. 중관철학이나 유식철학은 중국에서 중국적 불교 전개의 바탕을 마련하고 중심 무대에서 퇴장한다. 천태종, 화엄종, 선종으로 대표되는 중국 불교가 탄생한 후 그것은 자연스럽게 잠복한다. 20세기 들어서 유식학은 복류를 멈추고 솟아올랐다. 그것이 복류를 멈추고 솟구칠 수 있었던 힘은 어디에서 왔을까. 근대라는 기묘한 성격과 더불어 양런산이 이끈 금릉각경처의 각경 사업 때문이다. 이것은 단지 불교계만이 아니라 근대사상계 전체의 사건이다. 1920년대와 30년대 중국 사상계에는 '난어우 베이한'(南歐北韓)이라는 말이 떠돌았다. 난징(南京)의 어우양징우(歐陽竟無)와 베이징(北京)의 한칭징(韓淸淨, 1884~1949)이 주인공이다. 무협지에나 등장할 법한 이런 언설이 버젓이 사상계에 존재했다. 그들은 유식학을 자신의 승부처로 삼았다. 그것으로 불교 전체를 이해했다.

난징에서 지나내학원을 이끈 어우양징우는 그야말로 불교계의 대표이자 유식학의 종장(宗匠)이었다. 기라성 같은 학자와 사상가가 줄줄이 지나내학원을 다녀갔고 어우양징우를 찬탄했다. 이런 어우양징우의 지위나 역할에 비해 한칭징은 왜소해 보이기도 한다. 하지만 유식학의 이해나 연구에서는 결코 뒤지지 않았다. 그는 베이징의 대표적인 거사로서 불교 연구를 이끌었다. 칭징(淸淨)은 법호고, 본래 이름은 커중(克忠)이다. 허베이(河北) 허젠(河間) 출신이다. 위진 시대에 불교 중국화를 위해 노력한 승려 축법아(竺法雅)가 이곳 출신이다. 축법아는 '격의'(格義)라는 개념을 제시한 걸로 유명하다. 한칭징도 전통적 교육에 충실했다. 전통 지식인의 길을 열심히 쫓았지만 청(淸) 정부의 과거제 폐지로 발걸음을 멈추었다. 그렇다고 한칭징이 아쉬워할 것은 없었다. 많은 젊은이가 그랬듯이 과거라는 제도가 이미 낡아 빠진 수레임을 알았기 때문이다.

어우양징우는 양런산의 입적 이후 금릉각경처를 이끌었다. 금릉각경처를 통해서 유통된 많은 경론은 불교계에 새로운 흐름을 만들었다. 이런 커다란 흐름 속에서 한칭징은 불교 공부를 시작했다. 처음 불문에 귀의했을 때 그는 『아비달마구사론』과 『성유식론』을 읽었다. 『아비달마구사론』에서는 불교의 무아론에 기반해서 존재 분석을 감행한다. '아비달마'는 '존재(法)에 대해서'라는 말이다. 여기서는 존재의 실체성을 부정하지만 그것을 구성하는 요소의 실재를 인정한다. 『구사론』(俱舍論)은 매우 번쇄해서 쉽게 접근할 수 없지만 유식학 이해를 위해서는 기필코 지나야 할 관문이다. 『성유식론』은 『유식 삼십송』에 대한 주석서다. 『삼십송』은 세친이 서른 개의 게송으로 유식학의 철리를 설파한 텍스트다. 당대(唐代) 중국 유식학을 완성한 현장은 인도에서 활동한 10대 논사의 견해를 나름대로 종합해서 『유식 삼십송』을 주석

한칭징은 거사 불교 단체인 삼시학회를 설립했다. 자신의 집을 보시해서 도량으로 사용했다. 문화혁명 때 압수됐지만 이후 이곳은 불교계에 양도되었고 지금은 불교 연구 기관으로 사용된다.

했다. 이 글이 『성유식론』이다. 『성유식론』은 현장이라는 중국인의 견해가 미세하게 결합된 문헌이다. 그리고 그의 제자 규기는 『성유식론』에 대해 다시 상세한 주석을 달았다. 그것이 『성유식론술기』다. 중국 유식학은 바로 이 두 텍스트를 위주로 전개된다. 이렇게 『구사론』과 『성유식론』은 피할 수 없는 일종의 신고식인 셈이다. 한칭징은 불교에 입문하고 이 문헌을 읽었지만 도저히 다가설 수 없었다.

늘 그렇듯이 신고식은 수월치 않다. 한칭징은 이 문헌들을 여러 차례 읽고 오랫동안 생각해야 겨우 한 줄 나아갈 수 있었다. 그야말로 정독(精讀)이었다. 이 문헌들을 들고 몇 년씩 씨름했다. 1921년 한칭징은 주페이황(朱芾煌, 1877~1955) 등과 '법상연구회'(法相研究會)를 조직했다. 법상은 유식학에서 주로 하는 개념과 의식에 대한 분석을 말한다. 그래서 중국 유식학을 법상학이라고도 부른다. 비록 어우양징우는 유식학과 법상학을 구분했지만 일반적으로는 이 둘을 구분 없이 사용한다. 주페이황은 1930년대 말에 『법상사전』을 편찬하기도 한 유식학 학자다. 한칭징과 주페이황 등은 집중적으로 유식학을 연구했다. '법 상연구회'를 설립한 그해에 한칭징은 『성유식론』 강의를 시작했다. 하지만 많이 모자랐다. "『구사론』의 이론은 대승불교와 소통하지 않고, 『성유식론』의 핵심은 외부 대상에 대해 부정만 일삼기에 대승불교 전체의 커다란 공용을 규명하기에는 오히려 부족하다고 생각한다." 부족하다고 생각하면 어떻게 해야 하나. 다시 찾아나서야 한다. 그의 답은 『유가사지론』이었다.

각고의 노력으로 유식학 연구에 전념하고 있던 한칭징은 궁구의 시간을 갖고자 베이징 부근 팡산(房山)의 운거사(雲居寺)에서 폐관에 들어간다. 폐관은 일상의 먼지를 떨어내고 오로지 수행만 하겠다는 다짐이다. 운거사는 수대(隋代)에 조성된 석경(石經)으로 유명한 곳이다. 온갖 전쟁과 수차례의 불교 탄압을 경험한 불교인들은 나무나 종이가 아니라 석판에 불경을 새겼다. 한칭징은 마치 돌에 경전을 새기는 심정으로 『유가사지론』을 한 글자씩 읽어 갔다. 선사가 화두를 들고 무문관에 들듯 그는 유식 문헌을 들고 무문관에 든 것이다. 3년이 흐르고 폐관을 풀고 그는 산문을 나섰다. 문 없는 관문을 박차고 나선 선객의 기세로 그는 다시 시작했다.

『유가사지론』 해부

한칭징은 특별한 불학 스승 없이 독학으로 유식학 문헌을 독파했다. 어우양징우에게 양런산이라는 스승이 있었던 것에 비하면 많이 초라했다. 하지만 그는 오로지했다. 그야말로 목숨을 건 도약이었다. 1920년대 어우양징우의 지나내학원과 타이쉬 대사의 무창불학원이 불교계를 이끌고 있었다. 이 두 곳이 내세우는 교학은 다름 아니라 유식학이었다. 물론 여러 가지 면에서 지나내학원과 무창불학원의 분위기는 달랐다. 남쪽의 활발한 분위기에 비해 베이징을 위시한 북방 불교는 침체되어 있었다. 송대 이후 중국 불교의 중심은 남쪽에 있었다. 이런 분위기를 일신하고자 한칭징은 1927년 법상연구회의 기반 위에 '삼시학회'(三時學會)를 설립해서 회장을 맡았다. 학회의 이름은 현장이 번역한 『해심밀경』(解深密經)에서 가져왔다. 『해심밀경』은 유식학의 가장 중요한 경전이다. 뤼청은 '해심밀'이라는 말을 "대승의 심오하고 비밀스러운 모든 것에 대해 해석하고 결택한다"고 풀었다.

세존께서는 지금 '세번째 때' (第三時)에 널리 모든 승(乘)에 나아가는 이를 위해 일체 법이 모두 자성이 없고, 생겨남도 없고, 소멸함도 없으며, 본래 고요하고, 자성이 열반인 무자성에 의거해서 현료상으로 바른 법륜을 굴리셨습니다. 최고로 기이하며 최고로 드문 것입니다. 지금 세존이 하신 설법은 더 이상 위의 경계가 없고 이론의 여지가 없습니다. 참된 뜻이니 모든 쟁론이 발을 붙일 여지가 없습니다.
— 『해심밀경』 「무자성삼품」

삼시학회라는 이름은 이렇게 만들어졌다. 세존은 '세번째 시간'에 가장 핵심적인 내용을 드러냈다. 이것은 제삼시에 유식학의 본질이 드러난다는 이야기다. 삼시학회는 인도 불교를 중심으로 불교 연구를 진행했다. 물론 어차피 한역 불전을 사용하는 마당에 인도 불교를 중심으로 한다는 것이 말이 되느냐고 질문할 수도 있다. 한칭징의 의도는 기

존의 법상 전통에서 벗어나 『유가사지론』이나 『섭대승론』 등의 다양한
문헌을 통해서 유식학의 의미를 밝히는 것이다. 하지만 『성유식론』이
나 『유식 삼십송』 등에 대한 연구도 간과하지 않았다. 한국에서도 많이
읽히는 한칭징의 『유식삼십송전구』(唯識三十頌詮句)는 『성유식론』을
매우 간결하게 요약했다. 여기서도 그의 탁월한 안목을 엿볼 수 있다.
한칭징은 『유가사지론』이나 『섭대승론』을 정밀하게 해독했을 뿐만 아
니라 그것을 아예 외우고 다녔다. 『섭대승론』을 강의할 때 그것에 등장
하는 구절이나 글자가 『유가사지론』 어느 구절에 어떻게 등장하는지
일일이 일러줄 정도였다. 『유가사지론』과 『섭대승론』을 그야말로 꿰고
있었던 셈이다. 마치 간화선 수행자가 한순간도 화두를 놓지 않듯 그는
늘 유식학의 철리를 고민했다. 현대 불교학자들이 『유가사지론』 한 번
제대로 통독하지 못하고 학문 인생을 마치는 것과 너무도 대조적이다.
이러하기에 "보통 일 년이면 마치지만 나의 『섭대승론』 강의는 적어도
2년은 필요하다"고 말했다.

'난어우 베이한'(南歐北韓)의 주인공인 한칭징과 어우양징우는 사
뭇 달랐다. 어우양징우가 유식학을 중심에 놓고 다른 교학을 관통한 것
과 달리, 한칭징은 거의 유식학에만 집중했다. 어우양징우는 유식학의
대의에 집중했다. 또한 자신의 생각을 강하게 주장했다. 마치 파도처럼
일체 교의를 압도했다. 이에 반해 한칭징은 오히려 궁구(窮究)한다는
말이 걸맞았다. 송곳으로 나무에 구멍을 뚫듯 그렇게 『유가사지론』을
읽었다. 그의 이런 학술 태도를 가장 적나라하게 보여 준 작품이 『유가
사지론피심기』(瑜伽師地論披尋記)다. 70만 자에 달하는 대작이다.

한칭징은 불교 교학의 중심을 유식학에 놓았다. 또한 유식학의 핵
심은 『유가사지론』이라고 생각했다. 바위같이 단단해서 도저히 속을

보이지 않을 것 같은 『유가사지론』을 낱낱이 쪼개서〔披〕 속속들이 들여다보고〔尋〕 적었다는 의미에서 한칭징은 『피심기』라고 이름을 붙였다. 뿐만 아니다. 그는 『유가사지론과구』(瑜伽師地論科句)를 통해서 『유가사지론』을 매우 정밀하게 나누고 체계화했다. 중국 불교 전통에서 불교 텍스트에 대한 주석은 몇 가지 방법이 있다. 그중 하나가 과단(科斷)이다. 과목(科目)이라는 말도 쓴다. 하나의 텍스트를 의미별로 나누고 체계화하는 것이다. 그 텍스트가 갖는 계통을 확인하고 이해를 돕는다. 한칭징의 『과구』 또한 그런 형식을 띠고 있다. "과판(科判)을 구분하지 않으면 계통이 불분명하고, 해석에 근거가 없으면 교리에 어긋난다." 『과구』와 『피심기』의 의미를 한칭징은 이렇게 드러냈다.

유가보살

한칭징은 『유식삼십송전구』에서 "유가보살계를 따르는 칭징이 짓는다"(隨學瑜伽菩薩戒淸淨述)고 자신을 소개한다. 여기서 유가보살계는 현장이 번역한 『유가사지론』에 나오는 「보살계본」과 관련된다. 유가보살계는 구체적 계행이 아니라 대승적 실천의 행위 기준으로 제시된다. 대승보살의 삶을 상상하고 있다. 한칭징이 이끈 삼시학회는 유식학 연구뿐만 아니라 경론의 판각과 유통에도 열중했다. 특히 유식학 문헌의 교감에 뛰어났다. 그들의 탁월한 업적 가운데 하나가 바로 『송장유진』(宋藏遺珍)이다. 이것은 1933년 산시 성(山西省)에서 발견한 금대(金代) 대장경에서 법상 유식학 문헌을 뽑아서 편집한 작품이다. 전체 46종 249권으로 상당한 분량이다. 이 작업을 삼시학회 회원들이 해냈다. 전체 작업을 한칭징이 이끌었다. 특히 당시 삼시학회 회원이던 저우수

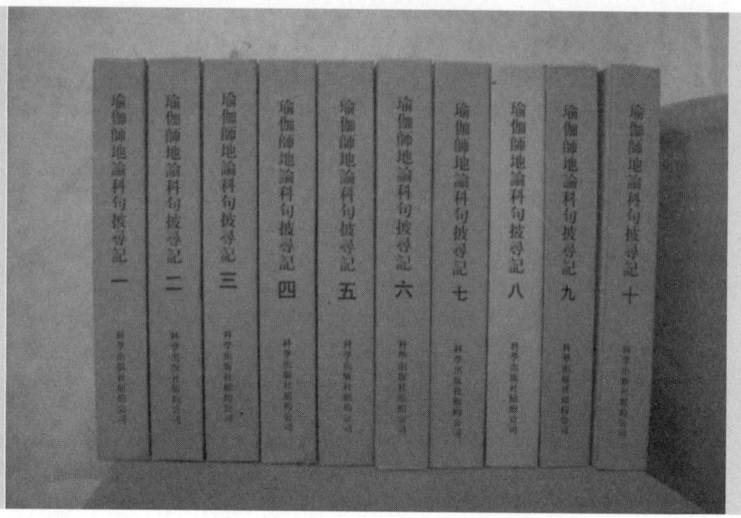

한칭징의 대작 『유가사지론피심기』다. 매우 엄정한 주석을 통해서 100권에 달하는 『유가사지론』을 해부했다. 이 책은 유식학 연구자의 도전을 기다리고 있다.

자(周叔迦, 1899~1970)는 온 힘을 다해서 이 작업을 도왔다. 한칭징은 불교 연구는 마땅히 유식학에서 시작해야 한다고 생각한 인물이다. 그 것도 『유가사지론』와 『섭대승론』이다. 이런 고집과 몰두는 근대 중국에서 유식학 연구의 거대한 물줄기를 놓았다. 1949년 많은 양의 유고를 남기고 한칭징은 절세했다.

어우양징우나 한칭징 등이 대표한 근대 유식학 연구는 결코 불교계만의 사건이 아니다. 그것은 훨씬 큰 그림에서 이해돼야 한다. 그들에 앞서 양런산은 『성유식론술기』 등의 중국 유식학 전적을 일본에서 들여왔고 『유가사지론』 교감을 시작했다. 장타이옌은 옥방에서 『성유식론』과 『섭대승론』을 읽고서 불교에 귀의했다. 그는 유식학을 통해서 근대를 비판했고, 아울러 혁명을 기획했다. 어우양징우의 지나내학원은 바로 유식학을 근대사상사의 전면으로 밀고 간 전초기지였다. 뤼청과 왕언양이라는 걸출한 제자를 앞세워 어우양징우는 당시 사상계의 가장 중요한 지위를 점할 수 있었다. 량수밍과 슝스리는 유식학을 발판으로 새로운 유학으로 도약시켰고, 타이쉬는 유식학을 통해서 기존의 불교 종파를 통합했다. 유식학과 더불어 불교 논리학이 집중적으로 연구되기도 했다. 불교 논리학도 유식학의 유행과 같이 이해해야 한다. 유식학 연구를 위해서 전혀 무관심했던 티베트 불교가 중국 불교인의 시야에 들어왔다. 또한 산스크리트 불전을 해독하기 시작했다. 중국 불교에 대한 반성도 이런 측면에서 시작됐다.

제2부
세간과 출세간의
간극

탄쓰퉁은 청말 죽음 같은 어둠을 뚫고 나타난 혜성이었다. 양런산 거사에게 화엄학과 유식학을 배우고 서 이 세계는 내가 구성하는 것임을 알았다. 무술년 개혁이 실패하고 형장에 섰지만 번뜩이는 칼날도 그를 압도할 수 없었다.

6_ 무술년의 붉은 영혼, 탄쓰퉁

강상윤리의 액난

중국의 계몽사상가 량치차오(梁啓超)는 『청대학술개론』에서 "탄쓰퉁
이야말로 청나라 말기 사상계의 혜성이었다"고 말했다. 탄쓰퉁(譚嗣
同, 1865~1898)은 일상적 운행으로는 도저히 나타날 수 없는 존재였
지만 청나라 말기 권태로운 일상을 뚫고 나타났다. 탄쓰퉁은 1865년
베이징에서 태어났고 본적은 후난(湖南) 류양(瀏陽)이다. 부친 탄지쉰
(譚繼洵)은 류양 탄씨 집안에서 처음으로 과거에 급제한 인물이다. 탄
지쉰의 장형 탄지성(譚繼升)은 부친의 사망 이후 생업에 뛰어들었고
동생 탄지쉰을 극진히 보살폈다. 그는 동생 탄지쉰이 집안을 일으킬 인
물이라고 생각했다. 탄지쉰은 약 40년간 관직에 종사했고 후난 순무
(巡撫)까지 이른다. 그야말로 출세가도를 달린 인물이었고 전형적인
사대부였다. 그는 당시 관료 지식인들이 대부분 그랬듯이 남송의 주희
가 완성한 이학(理學)을 숭상했다. 1847년 24세의 탄지쉰은 쉬우위안
(徐五緣)을 부인으로 맞았다. 탄쓰퉁의 생모다. 너무도 전통적인 여인
이었다. 그래서 그녀의 인생은 많이 슬펐다. 하지만 견뎠다.

　부친 탄지쉰의 지위를 생각하면 탄쓰퉁은 매우 유복하고 안정된

삶을 살았을 것 같다. 하지만 그렇지 못했다. 아버지의 권세가 아들의 행복을 곧바로 견인하지는 못했다. 부친은 관직에 들어서자 네 명의 첩을 두었고 여러 명의 자식을 보았다. 본처와 첩이라는 관계가 꼭 시기와 질투로만 점철될 필요는 없다. 그러나 쉽지 않다. 왜냐하면 그들은 자신이 아니라 자식을 지켜야 했기 때문이다.

탄쓰퉁이 여섯 살 무렵 모친은 큰형의 결혼식 준비로 고향인 류양에 한동안 머물렀다. 혼자 남은 탄쓰퉁은 계모에게 모진 학대를 받았다. 장난기로 집안을 아수라장으로 만들어야 할 나이에 그는 말을 잃었다. 상처가 난 것이다. 부친도 어린 아들의 불안을 전혀 돌보지 않았다. 이듬해 돌아온 모친은 바짝 마른 아들을 보고 놀랐다. 왜 그러냐고 묻자 아들은 묵묵부답이다. 모친은 이런 아들을 보고 "이 아이가 혼자서도 버티는구나. 내 죽어도 걱정이 없겠다"고 읊조렸다. 모진 풍파에 더욱 단단해진다고들 말하지만 그래도 상처는 상처다. 모친이 왜 몰랐겠는가. 왜 걱정이 없었겠는가. 단지 아들이 버텨 주길 바랄 뿐이었다. 그녀가 아들에게 할 수 있는 것은 이게 다였다.

1876년 탄쓰퉁이 열두 살 되던 해에 누이가 전염병에 걸렸다. 누이를 간호하던 어머니도 병에 전염됐다. 이어서 형들이 차례로 전염되었다. 결국 누이가 죽고, 사흘 만에 어머니도 사망했다. 다음날 큰형도 어머니를 따랐다. 탄쓰퉁도 죽음 언저리를 들고나다가 사흘 만에 정신을 차렸다. 이것이 기쁨일까 슬픔일까. 어미까지 잃은 아이가 사경을 헤매다가 깨어났을 때 부친은 탄쓰퉁에게 다시 태어났다는 의미에서 푸성(復生)이라는 이름을 지어 주었다. 그렇다. 다시 사는 삶이었다. 어머니와 형제의 죽음, 계모의 학대, 부친의 무관심, 자신의 병고. 삶은 그에게 과연 무엇일까? 삶은 도대체 무엇을 선물하기에 이렇게 버티고 서야 하는가. 그는 어렴풋이 알아차렸다. 삶 자체가 결코 단단한 버팀목일 수 없음을. 죽음과 삶을 번갈았다고 기쁠 턱은 없다. 되돌아온 생이 특별히 자신에게 해줄 거라곤 없기 때문이다. 그는 말한다.

> 나는 어려서부터 장성할 때까지 언제나 강상윤리의 액난을 겪었고 고통 속에서 허우적댔다. 도저히 산 사람이 견딜 수 없는 것이었다. 거의 죽을 뻔했지만 죽지 않았다.　　　　　　　　　—『인학』「자서」(自敍)

그는 죽지 않았다. 고통 속에서 자칫 놓아 버릴 것만 같은 삶이었지만 결코 나약하거나 혼미하지 않았다. 생 자체가 굳이 긍정일 수 없다. 그것은 흔한 거짓말이다. 그렇다고 죽음이 답일 리도 없다. 생을 끊을 수 있는 죽음이란 없다. 생은 되돌아오게 마련이다. 그래서 생과 사를 함께 뚫어야 한다. 그는 삶에 더욱 밀착했다. 현실의 고통을 강하게 느낄수록 더 늠름했다.

타클라마칸의 귀웅(鬼雄)

탄쓰퉁이 열 살 무렵 탄지쉰은 후난 출신 지식인 어우양중구(歐陽中鵠, 1849~1911)를 초청했다. 어우양중구는 탄지쉰의 막부에서 활동하기도 했다. 이런 인연 때문에 탄쓰퉁의 스승이 되었다. 탄쓰퉁은 어우양중구의 영향을 강하게 받았다. 어우양중구, 특히 명나라 말기와 청나라 초기를 살았던 거유(巨儒) 왕부지(王夫之, 1619~1692)를 숭상했다. 왕부지에 대한 숭배는 당시 한족 지식인의 일반적 정서였다. 왕부지가 후난 출신인 이유로 후난 지역 지식인은 더욱 열렬했다. 왕부지는 제자와 자식들에게 "관료가 되어 만주 왕조의 녹을 먹어서는 절대 안 된다"고 유언했다. 이런 민족주의적 유학 전통은 강남 지역, 특히 후난 일대의 학문 전통으로 굳건히 자리 잡았다.

강남 지식인들을 조직하여 태평천국운동을 궤멸시킨 쩡궈판 같은 경우 전쟁이 한창이던 때 진영(陣營)에서 왕부지의 글을 모은 『선산유서』(船山遺書)를 교감 출판하기까지 했다. 하지만 쩡궈판에서 볼 수 있듯 청말에는 반만주족 정서가 많이 시들었다. 단지 왕부지의 실천 정신만 살아남았다. 어우양중구나 탄쓰퉁도 마찬가지였다. 1877년 탄지쉰은 고향 류양에서 근무하게 됐다. 탄쓰퉁은 이곳에서 다시 어우양중구에게 배웠다. 이때 탕차이창(唐才常, 1867~1900)을 만났다. 탕차이창도 어우양중구를 스승으로 섬겼다. 그는 탄쓰퉁이 무술년 변고를 당한 이후 후난에서 자립군(自立軍)을 창설하여 무장봉기를 시도했다. 자립군 운동은 실패하고 결국 처형됐다. 청말 곳곳에서 불꽃이 일었다.

1877년 8월 탄지쉰은 간쑤 성(甘肅省)으로 발령이 났다. 이곳은 중원 땅에서 타클라마칸 사막이 있는 신장(新疆)으로 접어드는 길목이다. 탄쓰퉁도 부친과 함께 말로만 듣던 황량한 중국 서북 지역으로 향했다. 하지만 이듬해 여름에야 겨우 간쑤 성의 성도(省都) 란저우(蘭州)에 도착할 수 있었다. 북방 여러 지역에 한재(旱災)가 덮쳤고 탄지쉰이 병에 걸려 여행이 순조롭지 못했기 때문이다. 탄쓰퉁은 여행 과정에서 민중들의 처참한 생활상을 목격했다. 괴로웠다. 이후 탄쓰퉁은 류양과 서북 지역을 오가면서 때론 공부하고 때론 과거에 참가했다. 번번이 낙제했다. 그럴 때면 다시 배를 타고 강을 거슬러 오르고 산을 넘고 사막을 지나서 간쑤로 돌아왔다. 그는 약관의 나이에 신장 순무 류진탕(劉錦棠, 1844~1894)의 막부에 들어갔다.

탄쓰퉁은 젊은 날 타클라마칸 사막에서 검을 차고 말을 달렸다. 그는 귀웅(鬼雄)을 꿈꾸었다. 하지만 결코 저 깊은 고요에서 죽음을 꿈꾸지 않았다. 그는 오히려 생과 사를 뛰어넘은 자의 미소를 보았다. 사진은 타클라마칸 남쪽 호탄 지역이다. 그 옛날 우전국(于闐國) 왕궁이 있던 자리다. 현장이 보았을 거대한 성벽은 저 대기 속으로 모두 사라졌다. 슬퍼할 일만은 아니다.

신장에는 거대한 타클라마칸 사막이 가로놓여 있었다. 탄쓰퉁은 그곳에서 검술을 익혔다. 또한 이슬람 교도들과 사귀었다. 죽은 듯한 사막에서 검을 차고 말을 달렸다. 그는 내뱉었다. "사막에서 귀웅이 되길 서원하노니 마음속에 품은 것을 펼친다면 아무런 여한 없으리." 그는 삶을 꿈꾸는가, 죽음을 꿈꾸는가. 탄쓰퉁은 『묵자』나 『장자』 같은 이른바 이단의 책을 기웃거렸다. 량치차오는 탄쓰퉁을 두고 "임협(任俠)을 좋아했고 검술에 뛰어났다"고 평가했다. 탄쓰퉁은 『인학』(仁學)에서 말한다. "묵학에는 두 경향이 있다. 하나는 임협인데 내가 말하는 인(仁)이다. 또 하나는 격치(格致)인데 내가 말하는 학(學)이다." 그는 글 읽는 선비이기 싫었다. 글 이전에 신체로 충분히 진실을 느끼고 있었다. '인'은 신체로 하는 것이다. 배움(學)이란 현실과 부딪칠 때(格致) 생긴다. 그는 점점 주류적 삶에서 벗어났다. 그런 그였기에 민중의 삶이 더 잘 보였다. 10여 년간 중국 곳곳을 다녔다. 사람들의 고통스런 삶을 일일이 확인했다. 탄쓰퉁은 스승에게 보내는 편지에서 그가 목격한 참상을 알린다. 그는 도저히 참을 수 없었다.

> 작년 수재를 입은 난민을 보니 제방에 기거하고 있고 돗자리를 집으로 삼고 있었습니다. 작은 것은 한 자 남짓이고 길어 봤자 키만하여, 멀리서 보면 마치 관 같았습니다. ……저는 다행히 부유하게 태어나 이런 고통을 당하지는 않았지만 도대체 무슨 우열이 있어 이렇게도 엄청난 차이가 난단 말입니까? 유유자적을 이야기한다면 너무 뻔뻔한 짓일 겁니다. ─「어우양중구 선생께 보내는 편지」

탄쓰퉁은 세상을 보아 버렸다. 하지만 이 정도는 어려운 게 아니다. 가장 곤혹스런 상황은 그러고 나서 닥친다. 이런 세상 앞에 선 자신은 어떠해야 하는가. 이 질문을 던질 수 없다면 그의 경험은 가짜다. 탄쓰퉁이 고통스런 현실에 대해 분노만 일삼은 것은 아니다. 분노로는 현실을 개척할 수 없다. 그는 이런 현실 속에서 자기 긍정을 배웠고 자기의 방법을 찾았다. 그래서 탄쓰퉁의 철학은 긍정과 부정이 교차한다. 번뇌에 휩싸인 중생을 사랑하지만 그렇다고 번뇌를 아낄 수는 없는 노릇이다. 여기에는 다가섬과 물리침이 있다. 이런 생각들은 이후 불교를 만나고, 개혁 활동을 하면서 구체화된다. 그는 스승에게 말한다. "인성과 천리의 근원을 탐구하지 않으면 수천 년 된 참상을 고발하지 못할 것입니다. 오늘의 질곡을 없애고 속박의 그물을 찢어 버릴 것입니다." 중국 대륙을 대각선으로 가로지르는 수차례 여행 끝에 이룬 탄쓰퉁의 성취는 바로 '분노와 사랑'이라는 이중나선이다.

탄쓰퉁은 1896년 베이징에서 우옌저우(吳雁舟), 샤쩡유(夏曾佑)

등과 친교를 맺었다. 그들은 당시 불교에 몰두했다. 우옌저우는 선학(禪學)에 심취했다. 탄쓰퉁은 그에게서 강한 인상을 받았다. 『인학』에 보이는 선사와 같은 기백은 선종의 영향이다. 이렇게 그는 불교라는 '이단'으로 급격하게 경도됐다. 그해 탄쓰퉁은 부친의 명에 따라 난징(南京)에서 근무했다. 이곳에서 '금릉각경처'를 이끌고 있던 양런산 거사를 만났다. 탄쓰퉁은 「금릉에서 불교 강의를 듣고 지은 시」(金陵聽法詩) 머리에서 자신의 불학 연원을 밝힌다. "우옌저우가 첫번째 불교 스승이고, 런산 양원후이 선생이 두번째 스승이다. 양런산 거사께서 금릉의 불교 강의에서 깊고 미묘한 교의를 강설했는데 일찍이 없었던 것이다." 탄쓰퉁에게 엄청난 변화가 일고 있었다. 탄쓰퉁은 양런산 거사의 집에 머물면서 불교 전적을 섭렵했다. 특히 화엄학과 유식학을 배웠다. 탄쓰퉁의 사유는 단번에 도약했다. 중국 근대사상사의 걸작 『인학』도 양런산 거사와 함께 있으면서 상당 부분 구상하고 썼다.

충결망라의 정신

탄쓰퉁의 『인학』은 무엇을 의도할까. 『인학』이라고 하면 먼저 공자가 안회(顔回)에게 일러준 '극기복례위인'(克己復禮爲仁)이라는 구절을 떠올릴 것이다. 하지만 『인학』은 그렇지 않다. 량치차오의 말을 빌리면 "세계 모든 성인과 철인의 이론을 종합하여 모든 중생을 남김없이 구제하는 것"(「인학서」)이다. 량치차오의 말대로 탄쓰퉁은 동서고금의 말씀을 종합하려고 애썼다. 비록 탄쓰퉁의 이야기가 잡다하고 어떨 때는 유치하기까지 하지만, 그의 의도는 매우 분명해 보인다. 중생 구제를 위해서는 지옥까지 뛰어들겠다는 대승불교의 보살 정신이 그가 그리는 인간상이다. 이를 위해서 그는 매우 다양한 사상 조류를 수용하고 변용했다. 그래서 더러 억지가 있다. 탄쓰퉁은 『인학』 「자서」에서 다음과 같이 인(仁)을 정의한다.

> 仁은 二와 人으로 구성된다. 둘이 짝한다는 의미다. 元은 二와 儿(인)으로 구성되는데 儿은 人의 옛 글자이다. 이 또한 仁이다. 无에 대해 허신은 元은 无에 통한다고 했다. 이 无 또한 二와 人을 따른다. 또한 仁이다.

문자학의 지식을 통해서 탄쓰퉁은 인(仁), 원(元), 무(无) 셋이 서로 통한다고 이야기한다. '인'은 공자의 대표적 개념이다. 그것은 유가 윤리를 대표하기도 한다. 인은 그야말로 자신의 요동치는 마음이나 욕망을 극복하고 질서를 회복하는 현실적 실천이다. 공자의 의도는 분명 이것이다. 하지만 여기서 극복할 대상인 개인의 욕망과 회복의 내용인 질서가 과연 무엇인지 질문한다면 문제는 달라진다. 탄쓰퉁은 윤리라는 이름으로 개인에게 가한 폭력을 직접 경험했다. 그는 오히려 진시황의 분서갱유에 대해 "『시(詩)』·『서(書)』를 태워 없앰으로써 백성을 통제한 것은 『시』·『서』를 통해서 통제하는 것만 못했다"고 평가한다. 무력만이 폭력은 아니다. 윤리를 동원한 통치가 오히려 훨씬 폭력적일 수 있다. 한대(漢代)의 유학 장려는 이 점을 잘 보여 준다. 예를 회복한다는 것이 오히려 폭력일 수 있음을 보여 준다.

탄쓰퉁은 유가 윤리의 개념을 자신의 방식으로 변형하고자 했다. 원(元)과 무(无)만으로는 사실 인(仁)의 실체는 명확하지 않다. 하지만 인(仁)이 가지는 다분히 도덕적인 경향이 철학적 경향으로 전이하고 있음을 쉽게 파악할 수 있다. 탄쓰퉁은 인(仁)을 본원적 개념으로 전환한다. 원과 무는 '근원'과 '무궁'을 가리킨다. 무는 본체론적 의미라기보다는 인의 속성에 더 가깝다. 탄쓰퉁은 이어서 "인의 공용은 궁극적으로 무에 도달한다"고 말한다. 탄쓰퉁은 바로 이 '인'(仁)을 실천하고자 한다. 그가 그리는 모범적 인간상도 그것을 완벽하게 실천하는 인물이다. 이런 점에서 탄쓰퉁의 인학 체계는 매우 강력한 실천 의식을 동반하고 있다. 실천의 결정적 계기는 '무아'다.

> 수없이 겹친 봉건의 그물은 허공처럼 끝없다. 처음에 마땅히 개인의 이익이라는 그물을 찢고, 다음은 고증학이나 사장학 같은 현실 학문의 그물을 찢고, 다음은 전 세계 온갖 학문의 속박을 찢고, 다음은 군주의 속박을 찢고, 다음은 강상윤리의 그물을 찢고, 다음은 하늘의 그물을 찢고, 다음은 갖가지 종교의 그물을 찢고, 마지막으로 불교의 그물을 찢는다. 진정 찢어 버려야 속박의 그물이 없다. 속박의 그물이 없어야 정말 찢어 버렸다고 할 수 있다. —『인학』

이것은 선언이다. 인과관계에 따른 결론도 아니고 미래에 대한 논리 정연한 예측도 아니다. 그렇게 되어야 한다는 존재론적 함성이다. 중국 근대사상사에서 가장 유명한 한마디 외침이 바로 이 '충결망라'(衝決網羅)다. 그것은 죽음처럼 뒤덮은 그물[網羅]을 갈기갈기 찢어 버리는[衝決] 행위다. 그는 여기서 강상윤리로 대표되는 전통 사유의 종결을 선언한다. 철학사에서는 탄쓰퉁의 이런 외침으로 근대 철학이 시작한다고 말한다. 자신을 구성하는 모든 것을 전복해야 한다. 탄쓰퉁은 자신을 구성하는 요소를 하나씩 거명하고 있다. 가장 직접적으로 포착

되는 것부터 열거한다. 마지막 구절이 인상적이다. 불교는 그의 궁극적 지향이자 또한 방법이다. 그는 자신의 방법이자 무기까지 마지막에는 모두 버리겠다고 선언한다. 붓다는 묻는다. "강을 건너면 타고 온 뗏목을 어떻게 해야 하는가."(『아함경』) 답은 명확하다. 건네줘서 고맙다고 그 뗏목을 머리에 이고 언덕에 오르는 이는 바보다. 이렇게 마지막 한 물건까지 놓을 수 있는 철저한 충결망라가 바로 탄쓰퉁의 인(仁)이다.

근대 철학의 붉은 신호탄

탄쓰퉁은 『인학』을 시작하면서 주요 개념을 해설한 「계설」(界說)을 부기했다. '계'는 지금 말로는 범주(category)에 해당한다. 의미의 경계다. 일종의 개념도라고 할 수 있다. 그는 여기서 말한다. "소통이 인(仁)의 근본이다. 에테르, 전기, 심력은 모두 소통의 방법을 가리킨다." 탄쓰퉁은 자신의 철학 임무를 곧바로 제시했다. 『인학』은 바로 이 구절에 대한 해설이다. '인'은 존재와 존재 사이의 관계 방식이다. 그래서 그것을 '에테르, 전기, 심력' 등으로 표상했다. 당시 에테르는 우주 공간을 채우고 있는 물질이라고 간주됐다. 빛이나 소리를 전달하는 매질인 셈인데, 탄쓰퉁은 보이지 않지만 물체 사이에 이것이 작동한다고 생각했다. 전기도 마찬가지다. 에테르와 전기는 다분히 물질적인 표현이다. 이에 반해 심력은 정신적인 능력을 가리킨다. 이것은 탄쓰퉁이 인을 처음부터 이중적으로 규정하기 때문에 발생한 결과다. 그는 인간의 삶 방식과 사물의 존재 방식을 통합적으로 설명하고 싶었다. 이렇게 개념이 섞여 있기 때문에 논리가 순정하지 못하다. 그렇다면 심력은 무엇인가. 탄쓰퉁은 "심력의 실체는 자비보다 나은 게 없다"고 말한다. 유명한 대승불교 경전인 『유마경』의 구절이 떠오른다. 문수사리 보살이 유마 거사의 병문안을 가서는 왜 병이 생겼고 어떻게 치료할지 물었다. 유마 거사는 대답한다.

> 자식이 병들면 부모도 병들고, 자식이 나으면 부모도 낫습니다. 보살도 마찬가지입니다. 모든 중생을 마치 외아들처럼 사랑합니다. 중생이 병들면 보살도 병들고, 중생의 병이 나으면 보살도 낫습니다. 왜 병이 생겼냐고 물었습니까? 보살의 병이란 대비심(大悲心)에서 나옵니다. ──「문수사리가 병문안 간 이야기」

대승불교에서 가장 유명한 한마디가 여기에 있다. "중생이 아프면 나도 아프다." 대승불교에서 말하는 보살은 바로 이런 윤리를 갖추고 있다. 타인의 아픔이 자신의 아픔이 되었다는 사실에서 벌써 삶의 변화가 발생했음을 알 수 있다. 탄쓰퉁은 이것을 '힘'〔心力〕이라고 했다. 자비가 왜 힘이 되는가. 그것은 '자아'라는 벽을 무너뜨리기 때문이다. 탄쓰퉁은 이렇게 인의 윤리적 의미를 확정하고 있다. "내가 자비를 실천하면 나는 다른 사람을 평등하게 바라본다. 그래서 나는 두려움이 없다. 다른 사람이 나를 평등하게 바라보면 다른 사람도 두려움이 없다." 그는 자비에서 평등심과 무외심(無畏心)이 연속해서 발생한다고 말한다. 두려움 없는 사랑이다. 이 사이에서 존재론적 전환이 일어난다. 여기서 평등은 신분상의 평등만을 이야기하는 것이 아니다. 평등은 외계의 존재와 자신 사이에 놓인 거리가 사라지는 것을 말한다. 외부를 확인함으로써 구축하던 자아를 해체한 것이다. 결국 '무아'라는 불교적 이상에 도달한다. "평등해야만 자아가 사라진다. 무아라야 집착하는

바가 없어서 그야말로 진실하다고 이름을 붙인다." 어쩌면 매우 단순
한 논리다.

소통에는 네 가지가 있다. 중국과 외국의 소통은 대부분 『춘추』에서
의미를 취했다. 태평세에는 가깝고 멀고 크고 작음이 하나 되기 때문
이다. 위와 아래 그리고 남자와 여자의 소통은 『주역』에서 주로 의미
를 취했다. 남과 나의 소통은 불경에서 대부분 의미를 취했다. "무인
상(無人相), 무아상(無我相)"이기 때문이다.　　　　　—『인학』「계설」

중국이나 한국의 불교 전통에서 가장 애독한 경전이 『금강반야바
라밀경』이다. 흔히 『금강경』이라고 불린다. 지혜로 번역되는 반야바라
밀은 금강석처럼 어떤 번뇌도 단번에 깨부수기 때문에 이렇게 이름 지
었다. 『금강경』에서 가장 힘주어 이야기하는 것은 '사상'(四相)의 돌파
다. 아상(我相), 중생상(衆生相), 수자상(壽者相), 인상(人相)이 그것이
다. 자아〔我〕, 존재자〔衆生〕, 영혼〔命〕, 개아〔人〕와 관련된 습속〔相〕을 말
하는데, 이것은 바로 '나'의 출처다. 여기서 말하는 상(相)은 마치 깊이
팬 홈처럼 삶의 흐름을 가두는 힘이나 경향이다. 탄쓰퉁이 말하는 무아
상, 무인상은 자아라는 벽을 허물라는 당부다. 네 가지 소통 가운데 이
것이 가장 근본이다. 탄쓰퉁이 양런산 거사에게 배운 화엄철학은 불교
이론 가운데 '소통'이라는 주제를 극단까지 밀고 간 사유다. 『화엄경』
을 기반으로 구축된 화엄철학에서는 세계의 낱낱 사물이 곧바로 한 세
계임을 말한다. 또한 바로 세계로서의 사물들 사이에는 매개 없는 만남
이 가능하다고 이야기한다.

불꽃이 지다

탄쓰퉁은 량치차오 등의 개혁 세력과 만나면서 보살의 모습을 구체적으로 현실화할 수 있었다. 그는 후난에서 시무학당(時務學堂)을 설립해 인재를 교육하고 사회 개혁〔變法〕에 앞장섰다. 이것은 커다란 운동이 되었다. 1898년 6월 청나라 광서제(光緖帝)는 정치 개혁을 위해 탄쓰퉁과 캉유웨이(康有爲) 등을 등용했다. 청년 지식인을 통해서 정치와 문화를 일신하고자 한 것이다. 이것이 무술변법이다. 그들은 서태후로 잘 알려진 자희태후(慈禧太后) 세력과 대결하며 광서 황제의 친정(親政)을 기도했다. 당시 탄쓰퉁은 북양 해군의 실력자인 위안스카이(遠世凱, 1859~1916)와 연대하여 서태후를 실각시키고자 했다. 하지만 위안스카이는 도리어 이 사실을 서태후에게 밀고했다. 결국 서태후와 보수파는 9월 21일 쿠테타를 발동했다. 개혁 세력은 100일 만에 광서제와 함께 축출됐다. 서태후는 곧바로 변법파 지식인들의 체포령을 내렸다. 캉유웨이와 량치차오는 일본 대사관을 통해서 일본으로 망명했다. 주위 사람들은 탄쓰퉁에게 일본으로 피신할 것을 권유하지만 그는 거절했다. 도망할 일이 아니었다.

외국 도피를 권유하는 친구에게 말한다. "외국에서도 피 흘리지 않고 개혁을 이룬 적은 없습니다. 오늘 중국의 개혁을 저의 피로 시작하려 합니다." 이렇게 무술년의 정치 개혁은 검붉게 끝맺었다. 어쩌면 이것이 중국 근대사상의 색조인지도 모르겠다. 서태후 세력에 체포되어 참수당한 여섯 명의 변법파 지식인을 훗날 '무술 6군자'라고 불렀다. 이들 가운데 끝까지 비굴하지 않고 당당하게 죽음을 맞은 인물이 탄쓰퉁이다. 량치차오는 『청대학술개론』에서 "정말 제대로 불교를 배워 적극적인 정신을 실천한 인물은 탄쓰퉁 외에 한둘 찾아보기 힘들다"고 적었다. 이 말은 탄쓰퉁이 홍진(紅塵)의 세계에서 꿋꿋하게 버틸 수 있었던 힘이 불교에서 도래했음을 알린다. 탄쓰퉁은 형이 집행되기 전에 죽음을 맞는 글을 남겼다.

적들 물리치고픈 마음 간절하나, 힘 모자라 하늘로 돌아가네. 죽음 맞아 그 마땅한 곳 얻었으니, 기쁨이어라. 기쁨이어라.

— 「임종어」(臨終語)

탄쓰퉁이 긍정한 것은 죽음이 아니다. 그는 생사를 뛰어넘은 삶을 긍정하고 있다. 그래서 오히려 즐거울 수 있었다. 그는 가로질렀다.

탄쓰퉁은 1898년 9월 28일 베이징 성(城) 남쪽 쉬안우먼(宣武門) 부근 형장에서 참수당했다. 청대 많은 죄수가 이곳에서 생을 마감했다. 가족이 없거나 대역죄인인 경우 동강 난 몸뚱이가 바닥에 뒹굴기 일쑤였다. 그럴 때면 근처 법원사(法源寺) 스님이 나와서 시신을 수습하여 화장하곤 했다. 대역죄인 탄쓰퉁의 시신은 그의 막역한 친구 대도(大刀) 왕우(王五)가 수습했다. 왕우는 탄쓰퉁에게 검술을 가르친 인물이다. 탄쓰퉁이 생명을 마친 쉬안우먼 부근은 탄쓰퉁이 태어난 곳이기도 하다. 그의 생가가 거칠게나마 보존되어 있다. 어릴 적에 뛰놀던 그 곳에서 삶을 마쳤다.

량치차오는 탄쓰퉁을 두고 "기존 사상의 속박을 거침없이 돌파하고 '온몸을 부딪쳐 혼자 나아갔다'(戛戛獨造)는 점에서는 청대 전체에 걸쳐서 비견할 만한 사람이 없다"고 말했다. 여기서 량치차오는 '갈갈독조'라는 표현을 썼다. 갈갈은 쇠붙이 둘이 부딪칠 때 나는 소리다.

독조는 홀로 만들거나 아니면 홀로 전진한다는 의미다. 도저히 뚫을 수 없을 것 같은 은산철벽(銀山鐵壁)에 자신을 내동댕이치고서야 뭔가를 얻는다. 그냥은 한 발짝도 전진할 수 없다. 목숨을 건 전투를 통해서만 새로운 현실을 구성할 수 있다. 1911년 신해혁명으로 청조가 망하자 지식인들은 무술 6군자에 대한 표창을 요구했다. 1913년 당시 후난 성 도독(都督) 탄옌카이(譚延闓)는 북양 정부에 탄쓰퉁의 표창과 사당 건립을 요청했다. 임시 대총통 위안스카이가 이에 응해 표창령을 반포했다. 위안스카이가 누구던가. 무술년 탄쓰퉁의 거사 계획을 밀고해서 그를 죽음으로 내몬 장본인 아닌가. 코미디 같은 일은 예나 지금이나 넘친다.

일본에서 활동할 적 장타이옌의 모습이다. 그는 감옥에서 불교를 접하고 자유자재를 경험했다. 이후 일본에서 동맹회 활동을 하면서 불교를 통해서 혁명을 선동했다. 그에게 불교는 혁명 종교이자 혁명 도덕이었다. 그는 이것이 니체가 말한 초인의 정신이라고 했다.

7_ 혁명과 학술의 교차, 장타이옌

청대 학술의 적통

중국의 문호 루쉰은 사망하기 약 열흘 전 일련의 원고를 정리했다. 스승 장타이옌(章太炎, 1868~1936)에 대한 이야기였다. 「타이옌 선생에 대한 두세 가지 일」이란 글이다. 며칠 후에 다시 「타이옌 선생에 얽힌 몇 가지 일」이란 제목의 글로 보충한다. 아마도 이 글이 루쉰 최후의 문장일 것이다. 자신의 죽음에 앞서 몇 달 전 사망한 스승에 대한 기억을 정리한 것이다. 장타이옌은 루쉰이 '스승'이라고 말하는 두 사람 가운데 한 명이다. 나머지 한 명은 일본 센다이 의학전문학교에서 그를 가르친 후지노 겐구로(藤野嚴九郞) 선생이다. 루쉰은 스승 장타이옌을 '혁명이 있는 학술가'가 아니라 '학술이 있는 혁명가'로 기억했다. 사실 그는 스승이 그랬으면 했다. 장타이옌은 혁명 단체인 동맹회를 이끌었고 기관지인 『민보』의 편집장으로 활동했다. 그는 신해혁명 이후 쑨원(孫文), 황싱(黃興)과 더불어 건국 3걸로 불렸다. 아울러 국학 교육과 연구에 몰두하여 국학대사라는 칭호까지 얻었다. 그는 분명 혁명과 학술 둘 다 장악했다. 그런데 그 둘의 교량은 뜻밖에도 불교였다.

장타이옌은 1868년 항저우(杭州) 북쪽에 인접한 위항(余杭)에서 태어났다. 위항은 명대 사상가 왕양명의 고향이기도 하다. 이름은 쉐청(學乘)이었는데 나중에 빙린(炳麟)으로 고쳤다. 고염무(顧炎武, 1613~1682)를 존경했기 때문에 이름을 다시 쟝(絳)으로 고치고 타이옌(太炎)이라는 호를 사용했다. 열여섯 살 되던 해인 1883년 위항 동자시(童子試)에 응시했으나 도중에 간질이 발작해서 시험을 포기했다. 처음이자 마지막 과거 응시는 이렇게 황당하게 끝났다. 부친도 더 이상 아들에게 시험을 권하지 않았다.

1890년 부친 쟝쥔(章濬)이 사망했다. 항저우로 이사한 쟝타이옌은 부친의 유언에 따라 당시 강남 학술의 중심 고경정사(詁經精舍)에 입학했다. 고경정사는 청대 대관료이자 학자인 완원(阮元, 1764~1848)이 1810년 설립한 청대 고증학의 산실이었다. 완원은 「고경정사기」에서 "성현의 도는 경전에 보존되어 있는데 경전은 주석[訓詁]하지 않으면 의미가 분명하지 않다. 그래서 서원을 고경정사라고 이름한다"고 밝혔다. 강남 최고의 서원이었다. 쟝타이옌은 이곳에서 위웨(兪樾, 1821~1907)를 만났다. 위웨는 대진(戴震, 1724~1777)에서 출발한 청대 고증학의 학맥을 잇는 당시 최고의 학자였다.

고경정사에서 공부를 시작한 쟝타이옌은 오래지 않아 두각을 나타냈다. 그는 그곳에서 7년 동안 매우 엄격한 박학(樸學) 훈련을 받았다. 박학은 한학(漢學)이라고도 하는데 고증학을 말한다. 박학의 중심은 경학(經學)이다. 량치차오는 『청대학술개론』에서 "경학에 속하는 것은 문자학, 역사학, 수학, 지리학, 음운학, 금석학, 교감학, 목록학 등"이라고 말한다. 박학은 이런 백과전서식 지식을 종합적으로 운용하면서 고전 텍스트를 분석한다. 그래서 한대 훈고학 전통을 계승한 한학자들은 의리(義理) 운운하면서 텍스트에 있지도 않은 이야기를 해대는 송명이학이 매우 못마땅했다. 대진에서 이런 전통은 시작됐다. 위웨나 제자 장타이옌도 이런 성향을 가지고 있었다.

> 대진이 비록 유교를 이야기했지만 송대 유학은 인정하지 않았다. 늘 "법률이 사람을 죽이는 경우는 어찌해 볼 수 있지만 이학(理學)이 사람을 죽일 경우 전혀 구할 방도가 없다"고 말했다. 동원(대진) 선생은 옹정제 말기에 살았는데 그때 옹정제는 주비유지(朱批諭旨)를 통해서 신하를 힐책하면서 법률상의 말이 아니라 언제나 "너의 양심은 어디 있느냐"는 따위의 말로 사람을 잡았다. 사람들은 옹정이 사람을 가장 잔혹하게 다루었다고 말하지만 이학이 그를 도왔음을 알지 못한다.
> ─「도쿄 유학생 환영회 연설사」

청조 제5대 황제 옹정제는 지방 관료가 지역 상황을 편지로 직접 보고하게 했다. 옹정제는 '붉은 글씨'〔朱筆〕로 일일이 답신을 했다. 이것을 '주비유지'라고 한다. 매우 내밀한 부분까지 권력이 직접 통치에 나선 것이다. 이때 사용한 도구가 이학이다. 청대에 행해진 이학 비판 가운데 가장 대표적인 작품이 대진의 『맹자자의소증』(孟子字義疏證)이다. 대진은 고증학의 방법론을 동원해서 주희를 경유하지 않고 곧바로 맹자를 만났다. 주희가 이학(理學)을 통해서 인간의 욕망을 제압하려 한 점을 통렬히 비판했다. 장타이옌은 이런 점을 고스란히 수용했다. 유교를 결코 교조적으로 숭배하지 않았다. 고경정사의 7년은 이후 그가 국학대사라는 호칭을 듣게 된 매우 중요한 바탕이었다. 그는 고경정사에서 엄밀함을 배웠다. 장타이옌은 평생 이런 태도를 놓지 않는다. 중국 고전에 대한 폭넓은 이해를 바탕으로 텍스트를 종횡무진 뚫고 다

장타이옌의 스승 위웨. 장타이옌은 청대 고증학의 적통이었다. 그는 항저우의 '고경정사'에서 당시 중국 최고의 학자 위웨에게 고증학을 배웠다. 위웨는 반청운동을 하는 장타이옌를 불효불충이라고 나무랐다. 장타이옌은 스승을 떠났다.

넸지만 매우 치밀했다. 그의 고증학 지식이나 학술 태도는 이후 불교
연구에도 영향을 미쳤다.

옥방 안의 자유자재

19세기 마지막 10년은 중국 근대사의 전환기였다. 역사가 요동치는 것
만큼 지식인들도 동요했다. 1895년 캉유웨이는 상하이에서 '강학회'
를 설립했다. 그는 서서히 젊은 지식인의 중심으로 나섰다. 장타이옌도
현실 개혁에 대한 욕구와 청 정부에 대한 반감이 점점 심해졌다. 고경
정사에 있던 장타이옌은 강학회에 가입했다. 1896년 량치차오 등이 상
하이에서 『시무보』(時務報)를 창간하면서 장타이옌에게 편집을 맡아
달라고 부탁했다. 그해 말 스승 위웨의 격한 반대를 무릅쓰고 장타이옌
은 상하이에 도착했다. 7년의 고경정사 생활을 마감한 것이다. 그후 그
는 1906년에 「선생님 죄송합니다」(謝本師)라는 글을 발표했다. 청조의
관리로서 한림원에 근무한 적이 있는 위웨는 정부에 반항하려는 제자
가 못마땅했다. 또한 제자가 정치가가 아니라 학술가로 남기를 바랐다.
하지만 장타이옌은 이해할 수 없었다. 자신에게 왕부지를 말하고 고염
무를 가르친 스승이 아닌가. 저들이 누구인가. 명말청초의 거유(巨儒)
로서 청 정부에 항거한 자들 아닌가. 제자가 저들의 모습을 재현하려고
하는데 그걸 막다니. 장타이옌은 스승과 결별했다. 결국 고경정사를 떠
나 상하이에 도착했다. 때가 되면 제자도 스승을 팽개치고 자신의 길을
가야 한다. 배은망덕이 아니다.

　　현실 개혁의 꿈을 품고 시작한 『시무보』 생활도 그리 순탄하지 못
했다. 캉유웨이와 그의 제자들은 공자를 무슨 종교 교주쯤으로 여겼다.

게다가 캉유웨이 스스로 성인 행세를 했다. 장타이옌은 이 점을 전혀 수용할 수 없었다. 꼴불견이었다. 여기서 고문 경학가와 금문 경학가의 사상 차이가 드러났다. 고문 경학가는 공자를 교육가 정도로 보았다. 캉유웨이 같은 금문 경학가는 그를 종교가로 보려 했다. 유교에 대한 전혀 다른 입장을 가진 그들이 함께하기란 힘들었다. 항저우로 돌아온 장타이옌은 고경정사의 동문인 쑹수(宋恕, 1862~1910)와 함께 『경세보』를 창간하여 저장(浙江) 지역의 사회운동을 이끌었다.

쑹수는 탄쓰퉁의 친구이기도 했고 양런산의 제자이기도 했다. 무척 독실한 불교 거사였다. 그는 장타이옌에게 진지하게 불교 공부를 권했다. 장타이옌은 『열반경』이나 『유마경』 등 불경을 읽었다. 하지만 특별한 감흥이 없었다. 아직 인연이 아니었던 모양이다. 1898년 광서제의 무술개혁이 있었고 이에 반발한 서태후가 쿠테타를 일으켰다. 쑹수의 친구 탄쓰퉁은 베이징의 형장에서 사라졌다. 반동의 시대가 닥쳤다. 장타이옌은 타이완으로 피신했다. 이곳에서 쑨원을 처음 만났다. 시간이 지나자 분위기는 누그러졌다. 1903년 장타이옌은 상하이에서 차이위안페이(蔡元培), 쭝양(宗仰) 등과 '애국학사'를 설립해서 청년을 교육하고 사회의식을 고취했다. 이런 와중에 스무 살 청년 쩌우룽(鄒容)이 쓴 『혁명군』(革命軍)에 서문을 써 주었다. 노골적으로 청 정부를 성토한 이 글이 『소보』(蘇報)에 발표되자 쩌우룽과 장타이옌은 곧 체포되었다. 이것이 당시 세상을 놀라게 한 '『소보』 사건'이다. 법정은 그에게 3년형을 선고했다. 하지만 옥방은 그를 가두지 못했다.

상하이 감옥에 갇힌 3년 동안 오로지 미륵과 세친의 저술만 공부했다. 미륵과 세친의 학술은 명상(名相) 분석으로 시작해서 명상의 배제로 끝난다. 학문의 방식이 내가 평생 한 박학(樸學)과 유사하여 쉽게 맞았다. 이것을 알고 나서 대승의 심오한 경지를 깨달았다. 내 생각엔 부처의 심오한 이론은 전국시대 제자(諸子)를 훨씬 넘어선다. 정(程), 주(朱) 이하는 더 말할 것도 없다.　　　　　　　—「도한미언」(菿漢微言)

장타이옌이 말하는 미륵과 세친은 6세기경 인도에서 대승불교 철학의 한 축인 유식학을 발동시킨 인물이다. 장타이옌은 유식학의 주요 문헌인 『유가사지론』, 『섭대승론』 등을 집중적으로 읽었다. 이전 불교 경전을 읽을 때와 사뭇 달랐다. 그는 유식학의 논리성이나 철학성에 놀랐다. 청말 최고의 고증학자인 장타이옌의 사상은 분열하기 시작했다. 그는 혁명 화상(和尙)으로 불린 쭝양과 편지 왕래를 하면서 불교에 관해 이야기했다. 장타이옌은 옥방에서 철학의 전회를 맛보았다. 이것은 기본적으로 그의 자내증(自內證)에 기대고 있다. 불교를 인생 황혼기에 찾는 안식처쯤으로 생각하는 사람이 있다. 하지만 근대 중국에서 불교는 삶이 가장 치열할 때 요구됐다. 그래서 불길 속에 있는 쇠구슬처럼 맑지만 뜨거웠다. 대표적으로 탄쓰퉁과 장타이옌의 불교가 그렇다. 장타이옌은 옥방이라는 격리된 공간에서 불교를 접했지만 그가 소화하고 뱉은 불교는 결코 '격리'된 것이 아니었다. 이후 그의 삶이 이것을 증명했다.

혁명 종교

장타이옌에게 3년 옥살이는 금방이었다. 그에게 그것은 일종의 유희였다. 그 누구도 자신을 가둘 수 없었다. 그의 사유는 날개를 달고 날았다. 그는 갇힌 새처럼 힘들어하는 쩌우룽에게 자주 불교 공부를 권했다. 하지만 젊은 날 자신이 그랬듯이 쩌우룽은 별로 흥미를 느끼지 못했다. 젊은 동지 쩌우룽은 출옥을 얼마 안 남기고 짧은 생을 마감했다. 장타이옌은 많이 울었다. 1906년 만기 출옥한 장타이옌은 쑨원의 초청으로 상하이에서 도쿄로 향했다. 7월 15일 그를 맞아서 '도쿄 유학생 환영회'가 개최됐다. 일본에 유학하고 있던 중국인 유학생 수천 명이 참가했다. 아마 그 어디쯤 루쉰도 있었을 것이다. 가장 전통적 지식인이면서 가장 강렬한 혁명가인 장타이옌이 당도했다. 그의 사자후에 학생들은 감전됐다.

형제들, 오늘 꼭 이야기해야 할 일이 있습니다. 사람이 살면서 남들에게 미쳤다는 이야기를 들으면 저 예술하는 양반들을 빼곤 다들 별로 좋아하지 않습니다. 하지만 나는 내가 미쳤다는 것을 인정합니다. 나는 분명 정신병이 있습니다. 나는 내가 미쳤다는 이야기를 들으면 도리어 너무도 기쁩니다. 왜 그렇겠습니까. 괴상한 이야기지요. 여러분, 우리는 미치지 않으면 결코 상상할 수 없습니다. 상상하더라도 감히 말하지 못합니다. 말했다고 하더라도 어려운 상황이 닥치면 백절불굴의 정신으로 혼자 나아가지 못합니다. 그래서 자고로 위대한 일이든 빛나는 학문이든 정신병이 있고서야 가능했습니다.

—「도쿄 유학생 환영회 연설문」

꿈꾸지 못하는 자, 말하지 못하는 자, 행하지 못하는 자. 이들이 자신을 배반하려면 미쳐야 한다. 광기가 필요하다. 배반은 이성의 문제가 아니라 몸의 문제이고 힘의 문제다. 장타이옌은 그것이 또한 감정의 문제라고 했다. 그리고 감정을 위해서 두 가지가 필요하다고 말한다. 첫째는 종교다. 이것을 통해서 신심을 일으켜 국민도덕을 증진시켜야 한다. 두번째는 국수(國粹)를 통해서 민족성을 일깨우고 애국의 열정을 북돋우어야 한다. 장타이옌이 보기에 혁명의 열정은 종교심과 국수를 통해서 가능하다. 국수는 다름 아니라 그가 그토록 지키고 발양하려 한 중국 문화다. 그가 말하는 종교는 불교다.

장타이옌은 서슴없이 말한다. "중국은 본래 불교국이다. 불교만이 도덕을 증진시킬 수 있다." 그가 불교를 통해서 가장 강조한 것은 "자신을 의지하지 남에게 의지하지 말라"였다. 자신을 의지한다는 것은 결코 자의식을 강조한 게 아니다. 붓다가 제자들에게 마지막으로 남긴 "자신을 등불로 하라"는 말을 떠올려야 한다. 기존 지식인들은 유교 이념을 통해서 결국 자신의 입신양명만을 기도했다. 또한 당시 중국 기독교도는 상제(上帝)를 섬기는 것이 아니라 서제(西帝)를 섬기고 있었다. 서구 추수였다. 장타이옌은 유교나 기독교는 전혀 중국의 도덕에 도움이 되지 못한다고 생각했다. 그는 현실을 뚫는 힘을 불교에서 찾고 싶었다. 이런 점에서 장타이옌은 탄쓰퉁과 닮았다. 그는 일본 메이지 유신이 사상적으로 양명학에 기반을 두고 있음을 알고 있었다. 아울러 그것이 어디에서 출발하는지도 알고 있었다.

양명학에 어찌 다른 장점이 있겠는가! 다만 자존무외를 말할 뿐이다. 심원한 의리는 대체로 불법에 바탕하여 널리 국민을 가르치는 데 무쇠를 절단하는 것 같은 거침없는 몇 마디로 충분하다. 이것이 선종의 장기다. ─「톄정에게 답함」(答鐵錚)

'자존'이 곧바로 '무외'(無畏)로 연결되는 것은 아니다. 자존은 자기 가치의 극대화를 말한다. 개인 가치에 대한 장타이옌의 강조가 근대적 주체를 형성하기 위한 노력은 물론 아니다. 하지만 분명 전근대적 삶에 대한 탈출을 요구한다. 아울러 '무외'라는 말에서 자존이라는 개체 강조의 방향을 감지할 수 있다. 그것은 혁명하는 주체이자 대항하는 주체다. 장타이옌은 자존무외의 인간상이 "니체가 말하는 초인을 매우 닮았다"고 말한다. 니체는 『즐거운 지식』에서 말한다. "나의 때는 아직 오지 않았다. 이 엄청난 사건은 아직도 계속 중이며 방황 중이다." 미래에 있을 자가 오늘 있다. 미래적 존재가 현재에 있기 때문에 그것은 방황이지만 오히려 도발이다.

반봉건과 반근대

장타이옌이 생활한 시기는 중국에서 서구적 근대가 본격적으로 유입되고 실험된 시기다. 많은 사람이 서구적 근대가 중국의 문제를 해결할 것이라고 믿었다. 하지만 근대 사유의 폐단은 전통의 폐단 못지않았다. 사회 발전이나 국가 발전을 위해서 모든 것을 바쳐야 한다고 강요하는 자도 있었다. 그들은 전체의 이익을 위해선 개인의 희생은 불가피하다고 말했다. 국가의 이익이 결국 개인의 행복을 견인할 것이라고 설득했다. 영국에서 유학한 옌푸(嚴復, 1854~1921)가 『천연론』(天演論)을 통해 사회진화론을 중국에 소개했다. 생존경쟁과 자연도태라는 논리는 현실에 대한 자각을 요구하기도 했지만, 때론 약육강식의 논리를 필연으로 만들기도 했다. 1900년대 계몽사상가로 활약한 량치차오는 사회진화론의 전도사였다.

경쟁이 진화의 어머니라는 견해는 이미 철칙이 되었다. 유럽 그리스 열국 시대는 정치와 학술이 모두 매우 발달했다. 로마가 분열하여 여러 나라가 되자 다시 근세의 발전이 지금까지 이어졌다. 모두 경쟁의 분명한 효과다.
　　　　　　　　　　　　　　　　　　　　　　　　—『신민설』(新民說)

량치차오는 경쟁을 통해서 사회가 진보할 것이라고 믿었다. 그에게 사회진화론은 사회 발전의 메커니즘이었다. 진화론에서 말하는 적자생존은 살아남은 것이 마치 도덕적으로 우월하다는 인상을 준다. 우리는 우연하게 살아남은 경우도 많이 본다. 적합한 자가 살아남은 것이 아니다. 정확히 말하면 살아남은 자가 적합한 걸로 간주된다. 장타이옌은 량치차오 등이 제창하는 사회진화론을 강하게 비판했다. 불교에서 진화나 진보 같은 개념이 전혀 불가능한 것은 아니다. 수행자가 각고의 노력으로 온갖 번뇌를 털어낸다면 그것은 분명 진보다. 하지만 이런 진보를 위해서 누군가와 다투어야 할 필요는 없다. 근대적 진화론은 자아를 강화하는 방식으로 진행되지만, 불교에서 말하는 진보는 자아를 부정한 만큼 진척된다. 이것이 차이다. 장타이옌은 당시 계몽주의자들이 떠들고 다니던 '진화'라는 것이 그렇게 아름답지만은 않다고 말한다. 그는 「두 가지 방향으로 진화한다」(具分進化論)는 글에서 진화론을 강력하게 비판한다.

저들은 진화가 진화일 수 있는 이유가 쌍방향으로 진화하기 때문임을 알지 못하고 지식 한쪽만 진화한다고 말한다. 도덕으로 말하면 선도 진화하고 악도 진화한다. 생활을 가지고 이야기하면 쾌락도 진화하지만 고통도 진화한다.
　　　　　　　　　　　　　　　　　　　　　　　　—「구분진화론」

장타이옌은 이중 진화를 이야기한다. 진화론자는 인간의 능력이 결국 세계를 제대로 이해하는 방향으로 발전할 것이라고 생각한다. 세계 질서를 장악하고 사회는 그것에 맞춰 발전할 것이라는 일종의 행복론이다. 장타이옌은 "근세 진화론은 헤겔에서 시작한다. 진화라는 분명한 표현은 없지만 세계 발전은 이성의 발전이라는 말에서 이미 진화론의 싹이 텄다"고 말한다. 헤겔식에 따르면, 하나의 방향이나 하나의 목적을 향해 세상이 운행하고 있다. 목적론적 세계관이다. 헤겔은 세계정신이라고 했다. 장타이옌은 바로 이런 세계 질서나 보편 개념에 대항했다. 당시 량치차오 같은 계몽사상가는 근대적 보편을 보급하기 위해 주야로 분주했다. 장타이옌은 이때 근대가 제시하는 보편의 폭력성을 봐 버렸다. 그는 줄기차게 근대적 보편에 도전했다.

1908년 7월에 동맹회의 기관지인 『민보』(民報)에 「네 가지 미혹」(四惑論)을 발표했다. "과거에는 명분을 신성불가침한 것이라고 여겼지만 오늘날에는 다음 네 가지를 신성한 것이라고 말한다. 공리, 진화, 유물, 자연이다." 공리(公理)는 요즘 말로 보편이다. 좀더 구체적으로 말하면 그것은 사회가 개인에게 요구하는 임무다. 그는 말한다.

솔직히 말하면 인간은 본래 외롭게 태어난다. 다른 것을 위해서 태어나지 않았다. 조물주란 존재하지 않고, 명령자는 있을 수 없다.

— 「네 가지 미혹」

송명 유학에서는 천리를 운운한다. 『중용』은 "하늘의 명령이 본성이고, 그 본성을 현실로 가꾸는 것이 도"라는 말로 시작한다. 주희는 "본성이 곧바로 리(性卽理)"라는 논리를 폈다. 본성을 통해서 천리를 드러내는 방식이다. 저들의 심성론을 따르면 본성에 개입하는 욕망을 차단하는 것이 도덕적 삶이다. 장타이옌은 이런 것이 인간의 삶을 규율화한다고 보았다. 그런데 근대 들어서는 천리라는 말은 들어가고 공리나 공덕이라는 이름으로 개인에게 사회에 대한 책임을 요구한다. 그것을 사회에 통용되는 질서나 원리로까지 승격시켜서 사람을 옥죈다. 장타이옌은 그런 것은 없다고 말한다. 봉건적 구속을 깨뜨린다면서 근대적 구속을 포장 선물하는 꼴이다.

차이와 평등

장타이옌은 『민보』 시기 바쁜 일정에도 불구하고 꾸준히 학생을 가르쳤다. 몇몇 학생은 자신의 숙소인 『민보』 사무실로 불러서 가르쳤다. 루쉰과 그의 동생 저우쮜런(周作人), 그리고 첸쉬안퉁(錢玄同) 등이다. 그들은 이후 잡지 『신청년』을 통해서 중국 신문화운동을 이끈 작가이자 학자들이다. 아울러 신문화운동 기간 세상을 발칵 뒤집은 전사들이다. 루쉰은 이 기간의 인연으로 장타이옌을 평생 스승으로 섬겼다. 루쉰은 선생에게 『설문』(說文) 같은 고전 강의를 들었지만 너무 어려워서 잘 알아듣지 못했다고 회상했다. 그들이 선생을 따른 것은 무슨 학문을 이루려고 한 게 아니라 장타이옌이 뿜어내는 혁명가의 기운을 배우려한 것이다.

　신해혁명 발발 전 해인 1910년 장타이옌은 『제물론석』(齊物論釋)을 내놓았다. 『장자』 내편의 「제물론」을 불교 유식학을 통해서 해석한 글이다. 언어학 관련 저작인 『문시』(文始)와 함께 그가 평생 가장 아낀 글이다. 그는 득의에 차서 "『제물론석』은 일자천금(一字千金)의 가치가 있다"고 호언했다. 저 옛날 사마천은 『사기』를 짓고 한 글자라도 첨삭할 게 있으면 한 자당 천금을 주겠다고 했다. 이런 이야기가 과한 자신감으로 비칠지도 모르지만 허황한 주장만은 아니다. 중국의 철학사가인 후스(胡適)는 고대 문헌을 다룰 때 기필코 세 가지가 필요하다고 지적했다. 교감, 훈고, 관통이다. 교감과 훈고에 뛰어난 작품은 꽤 있지만 '관통'을 이룩한 글은 거의 없었다. 후스는 장학성의 『문사통의』나 장타이옌의 『제물론석』이야말로 관통을 이뤄 냈다고 말했다.

> 「제물론」은 평등에 관한 일관된 논의다. 실제 의미를 살펴보면 단지 유정 중생을 우열 없이 동등하게 바라보라는 것만이 아니다. 언어, 개념, 인식의 영역에서 작동하는 편견을 완전히 벗어난 궁극적인 평등이라야 제물의 의미에 합치된다.　　　　　　　　　　　—『제물론석』

장타이옌은 "유식을 깨닫고 유정을 이롭게 한 글 가운데 중국에선 「제물론」만한 게 없다"고 단언한다. 그는 『장자』의 「소요유」와 「제물론」이 각각 '자유'와 '평등'이라는 가치를 드러낸다고 생각했다. 그가 말하는 '제물'(齊物)은 보다 근원적인 평등을 말한다. 단지 사회상의 정치적 평등이 아니라 언어, 개념, 인식의 속박을 완전히 벗어난 상황이 바로 평등이다. 이것은 『기신론』에서 말한 진여(眞如)다. 평등진여라는 말을 쓴다. 울렁거리는 의식이 매우 안정된 상태가 됨을 가리킨다. 평등은 같아짐이 아니다. "다른 것을 같게 하는 평등"[齊不齊]이 아니라 "차이 있음의 평등"[不齊而齊]을 이야기한다. 가지런하지 않음으로써 가지런해지는 것. 차이를 한껏 드러낼 때 비로소 존재는 충분히 가치 있다.

항저우 서호가에 있는 장타이옌 기념관이다. 뒤쪽에 그의 묘가 있다. 젊은 날 항저우의 고경정사에서 공부한 그는 쑤저우에서 사망했지만 이곳에 묻혔다. 서호를 북으로 가로지르면 스승 위웨 기념관이 있다. 서호는 근대 중국의 숱한 사건을 기억하고 있다.

장타이옌은 낱낱 중생의 가치를 인정하면서 그들 사이의 벽을 허물고 싶었다. 학술이 있는 혁명가도 좋고, 혁명을 하는 학술가도 별로 상관은 없다. 그는 불교가 현실에서 매우 분명한 메시지를 타전하고 그것을 구현할 수 있기를 바랐다. 그래서 스스로 모범이 되었다.

신해혁명을 통해서 청조는 무너졌다. 하지만 관청이나 관직의 이름만 바뀌있을 뿐 그곳에 있는 사람은 여전했다. 청조의 장군들이 군벌로 득세하고, 북양 해군의 실력가 위안스카이 같은 이는 황당하게 황제를 꿈꾸었다. 정말 기막힌 세상 아닌가. 얼마나 더 가야 세상은 좀 나아질까. 알 수 없었다. 신해혁명 이후 지식인 사회는 급격하게 세대교체가 일어났다. 캉유웨이나 량치차오, 심지어 장타이옌도 시대의 속도를 쫓을 수 없었다. 그들의 시대는 이미 지나 버린 듯했다. 장타이옌은 불안했다. 서구 근대가 중국 문화 자체를 압도할 것 같았다. 그는 정치적으로 더 이상 전위가 아니었다. 청년 지식인들은 훨씬 더 많은 걸 원했고, 더 많이 나아가 있었다. 장타이옌은 1926년 국민정부가 시도한 북벌전쟁에 반대했다. 이때 장타이옌의 제자이자 루쉰의 동생인 저우쭤런은 수십 년 전 장타이옌이 스승 위웨에게 보낸 편지를 다시 그에게 돌려주었다. 그는 같은 해 8월 잡지 『어사』(語絲) 94기에 「선생님 죄송합니다」(謝本師)를 발표했다.

> 선생님께선 지금 40여 년을 주장한 광복의 대의를 머릿속에서 내팽개친 듯합니다. 저는 정말 '나의 스승'이 이래서는 안 된다고 믿습니다. 이런 분은 나의 스승이 아닙니다. 선생님께서 일찍이 「선생님 죄송합니다」(謝本師)라는 글을 지어 위웨 선생을 떠나겠다고 밝힌 적이 있습니다. 뜻밖에 지금 저도 어쩔 수 없이 선생님께 용서를 빌어야겠습니다. 정말 처음에는 생각도 못한 일입니다.

정계에서 은퇴한 장타이옌은 학술 영역에서만 활동했다. 상하이와 쑤저우에서 국학 강습회를 열고 학생을 가르쳐 청말 이후 사라지는 듯했던 국학 전통을 복구했다. 청대 학술은 그를 통해서 다시 두텁게 계승됐다. 그래서 그는 혁명 원훈(元勳)이라는 칭호 외에 다시 국학대사(國學大師)라는 명성을 얻었다. 흔히 "타이옌 문도(門徒)가 천하를 덮었다"고 이야기하는데 이는 현재까지 지속된다.

장타이옌은 1936년 6월 14일 쑤저우에서 사망했다. 시신은 그가 젊은 시절 공부한 항저우로 옮겨져 서호(西湖) 남쪽에 안장됐다. 지금 이곳에는 장타이옌의 기념관이 들어서 있다. 서호를 북쪽으로 가로지르면 호숫가에 유루(兪樓)가 있다. 이 단정한 2층 누각은 장타이옌의 스승 위웨가 말년을 보낸 곳이다. 지금은 위웨 기념관이 되었다. 호수를 사이에 두고 스승과 제자가 우두커니 마주보는 듯하다.

양두는 젊은 날 제왕지학을 구상했다. 그것은 중국식 군주론이었다. 그는 위안스카이를 통해서 자신
의 꿈을 이루려 했지만 시대가 그것을 용서치 않았다. 도망친 양두는 혼자 참선했고 결국 스스로 견성
을 선언했다. 거사 선객의 탄생이었다.

8_ 마키아벨리의 견성(見性), 양두

청말의 마키아벨리

수행이 출가자의 전유물은 분명 아니다. 하지만 세속에서 속된 먼지를 털어 내기란 그리 만만치 않다. 그래서 그런지 불교 역사에서 재가자가 깨달음을 얻었다는 이야기는 드물다. 없기야 하겠는가. 아득히는 유마 거사도 떠올려 봄직하다. 그런데 그는 처음부터 깨달은 자로 우리 앞에 나섰다. 그래서 우리는 그에게서 범부의 모습을 도저히 상상할 수 없다. 너무 멀다. 중국 선종사에서 가장 인상 깊게 등장한 재가자는 방 거사(龐居士)로 잘 알려진 방온(龐蘊, ?~808)이다. 그는 석두희천(石頭希遷)을 참방하여 깨달음을 얻었다. 천하를 호령하던 마조도일(馬祖道一)과 선기(禪機)를 다투고도 무사했다. 참으로 대단했다. 그러나 이후 선종사에서 그와 같은 거사 선객을 찾아볼 수 없었다. 속세의 살림살이를 하면서 자신의 진면목에 육박하기란 참으로 어려웠나 보다.

방 거사가 약산 스님에게 작별인사를 하자, 약산 스님이 열 명의 선객에게 문 앞까지 전송하도록 했다. 거사가 허공에 휘날리는 눈을 가리키며 말했다. "내리는 눈송이 하나하나 떨어지는 곳 따로 없군." 이때

전(全)이라는 선객이 "어느 곳에 떨어집니까?"라고 묻자 거사가 따귀를 한 대 올려붙였다. 전 선객이 말했다. "거사여, 함부로 굴지 마십시오." 방 거사가 대꾸했다. "자네가 이 정도로 선객이라 불리면 죽은 다음 염라대왕이 용서하지 않을 걸세." "거사라면 어떻게 하겠습니까?" 방 거사가 다시 따귀를 한 대 때리면서 말했다. "눈으로 보면서 소경 같고, 입으로 말하면서 벙어리 같군."　　　　　—『벽암록』제42칙

상대의 뺨을 올려붙이는 솜씨가 여간 아니다. 방 거사 앞에 선 선객은 "관 속에서 눈만 깜빡이"는 형국이었다. 선종사에서 유명한 방 거사의 한마디가 여기에 있다. 방 거사의 태도에 선객은 놀란다. 엉뚱하기까지 하다. 물론 이 엉뚱함에서 선종의 미덕을 찾으려는 것은 결코 아니다. 일상을 깨뜨리는 파격은 그야말로 그것이 힘을 가질 때라야 의미 있다. 관계를 바꾸고 관념의 속박을 쳐부술 때 비로소 그것은 고독한 발길질이 아니라 전사의 칼질일 수 있다. 치명상을 입혀야 한다.

　한 천 년이 지났을까. 근대 중국에서는 거사선(禪)이 유행했다. 선을 즐기던 거사들이 대부분 문인 지식인이었기 때문에 더러 문인선이라고도 했다. 청 초기부터 그랬다. 강희제의 넷째 아들 옹정제. 그는 젊은 날부터 불교에 심취했다. 특히 선종에 열중했다. 부지런히 참선했고 나름의 성과도 있었다. 자칭 원명 거사(圓明居士)였다. 황제가 된 이후에도 선종의 명장(明匠)임을 자임했고 고승들을 불러 논쟁하기도 했다. 황제인 자신이 직접 역대 고승의 어록을 정리해서『어선어록』(禦選語錄)을 편집했다. 그는 여기서 자신의 입장을 밝혔다. 이 글은 위진 남북조 시대 고승 승조(僧肇)에서 시작해서 옹정제 자신에까지 이른다. 청대 거사불교나 거사선은 하나의 흐름이었다.

거사선이 유행한다고 해서 도인이 많이 나올 것이라는 생각은 순진한 기대다. 깨달음은 숫자나 양의 문제가 아니라 속도와 강렬도의 문제다. 그래도 다행히 거사선이 바람 같은 유행이 아님을 증명한 인물이 한 명 나왔다. 양두(楊度, 1875~1931)다. 그는 근대 중국 불교에 가장 특이한 인물이자 중국 정치사에서 가장 변화의 폭이 큰 인물이었다.

양두는 방 거사와 마찬가지로 후난(湖南) 출신이다. 그는 1875년 샹탄(湘譚)에서 태어났다. 원명은 청짠(承瓚)이고, 자는 시쯔(晳子)였다. 청말 불교계의 거두 시승(詩僧) 징안(敬安, 1851~1913)이나 중국의 붉은 별 마오쩌둥(毛澤東, 1893~1976)도 샹탄 출신이다. 양두가 네 살 되던 해 부친 양이성(楊懿生)이 서른 나이로 사망했다. 이후 백부가 그를 돌보았다. 몇몇 스승을 모시고 공부하던 양두는 왕카이윈(王闓運, 1838~1916)을 만났다. 왕카이윈은 후난 출신의 유명한 경학자다. 그는 당시 후난의 학문을 이끌었다. 약 3년간 왕카이윈을 따랐는데, 양두는 스승에게서 '제왕지학'을 배웠다. 이것은 불교로 전향하기 전까지 그가 간직한 정치사상이었다.

왕카이윈의 제왕지학은 지극히 현실적이다. 먼저 평범하지 않은 인물을 물색한다. 다음 그를 보필하여 제왕으로 만드는데, 이때 굳이 정상적인 방법을 고집할 필요는 없다. 특별한 방법을 동원하여 특별한 결과를 성취한다. 왕카이윈은 장자가 말하는 소요론(逍遙論)과 춘추 공양학을 결합해서 '제왕지학'(帝王之學)을 완성했다. 얼른 보기에 둘은 어색한 조합이다. 소요론은 절대적 변화를 말한다. 그것은 자유 갈망이자 질서에 반한 떠돎이다. 일종의 유목이라고 해야 할까. 『장자』의 첫 편인 「소요유」에서는 장자적 자유가 마음껏 드러난다.

북녘 바다에 곤(鯤)이라는 물고기가 있다. 크기가 몇 천 리 되는지 알 수 없다. 몸을 바꿔 붕(鵬)이라는 새가 된다. 붕의 등짝은 수천 리다. 힘차게 날아오르면 날개는 구름처럼 하늘을 덮는다. 바다의 기운을 움직여 남쪽 바다 천지(天池)로 날아간다. 날갯짓에 부딪히면 물길이 삼천리나 솟고 회오리를 타고 솟구치면 9만 리 창천을 6개월이나 날고서야 한 번 내린다.

심한 과장에 놀랄 필요는 없다. 장자는 일상의 차별이나 한계를 곧바로 돌파하고자 한다. 이쯤은 돼야 벗어날 수 있다. 우주적 움직임을 느낄 수 있어야 답답한 자신을 따돌릴 수 있다. 왕카이윈이 주목한 것은 바로 '변화'라는 덕목이다. 생명은 늘 움직임 위에 놓여 있다. 장자의 소요론에 비해 춘추 공양학은 적극적으로 경세(經世)를 주장했다. 공양가(公羊家)의 경세 전통은 청말 개혁가에게 하나의 전통이 되었다. 궁쯔전과 웨이위안이 그랬고 캉유웨이와 량치차오가 그랬다. 적극적으로 현실에 관여하고 그것을 개척했다. 왕카이윈에게 소요유는 세상을 등진 자의 유희가 아니었다. 사회를 다른 단계로 초탈할 수 있는 방법이자 이념이었다.

제왕지학은 사실 '학'이라기보단 '술'(術)에 가까운 것이다. 왜냐하면 근본적 가치나 세계 이해를 제시하지 않기 때문이다. 만약 그것이 '술수'라면 만고불변의 원칙을 고수할 필요가 없다. 그래서 그것은 매우 유동적인 사유가 요구된다. 그 대신 소요유와 연결된다. 또한 특출한 인물에 대한 메시아적 믿음이 필요하다. 이것은 종교와 정치를 혼합한 춘추 공양학의 몫이었다. 왕카이윈은 청말 태평천국운동을 진압하고 권력을 장악한 쩡궈판이 제왕이 되길 바랐다. 하지만 이 계획은 실패했다. 양두의 일생을 가만히 살피면 제왕지학이 얼마나 강하게 그에게 영향을 주었는지 쉽게 알 수 있다. 불교를 수용하기 전까지 그의 인생은 이런 중국식 군주론으로 점철된다. 그는 마키아벨리를 꿈꾸었다.

영웅과 술수

양두는 1894년 스무 살에 향시에 합격하여 거인(擧人)이 되었다. 많은 사람이 서른을 넘겨 합격한 사실을 감안하면 약관의 나이는 매우 빨랐다. 양두는 신학(新學)이라고 불린 서구 지식에 일찍 눈떴다. 비록 매우 전통적인 속내를 가지고 있었지만 그가 운용한 지식은 전통적인 것에 국한되지 않았다. 그는 1902년 일본에 유학하면서 같은 후난 출신으로 이후 신해혁명을 이끈 황싱(黃興)과 잡지를 창간하기도 했다. 약 반년의 짧지만 강렬했던 유학 생활을 마치고 그는 일본에서 돌아온다.

　1903년 청 정부는 '경제특과'를 통해서 인재를 모았다. 양두는 6월 베이징에서 시험을 치렀다. 시험 결과 전체 참가자 186명 가운데 량스이(梁士詒)가 1등을, 양두가 2등을 차지했다. 하지만 서태후는 량스이의 이름에서 무술변법의 주동자인 량치차오와 캉유웨이를 떠올렸다. 캉유웨이의 자(字)가 쭈이(祖詒)였다. 게다가 양두는 자립군 운동을 통해서 청 정부에 무력으로 대항한 탕차이창(唐才常)과 동향이었다. 아무래도 그들은 불편했다. 결국 청 정부는 그들의 등용을 거부했다. 이듬해 양두는 일본 도쿄를 찾았다. 이후 량치차오 등과 교류하기 시작하면서 영국이나 일본의 입헌군주제에 매료됐다. 그는 당시 일본에 머물고 있던 쑨원과 여러 차례 만나 중국 정치에 관해 논쟁했지만 의견 차이만 확인했다. 앞서 양두는 황싱을 쑨원에게 소개했다. 이후 쑨원과 황싱은 중국혁명동맹회를 설립한다. 그들은 청 정부를 전복하고 공화정을 건설하려 했다. 이에 반해 양두는 굳건히 입헌군주제를 지지했다. 그는 절대적으로 군주가 필요함을 역설했다.

량치차오가 출간한 『신민총보』는 입헌군주제의 유용성을 열렬히 선전했다. 이에 맞서 동맹회의 기관지이자 장타이옌이 편집장으로 있던 『민보』는 청조 타도와 공화제를 내세웠다. 논쟁은 격렬했다. 흔히 량치차오 등 입헌군주제를 주장한 그룹을 입헌파라고 하고 장타이옌 같이 청조 자체를 거부하고 새로운 국가 건설을 주장한 그룹을 혁명파라고 부른다. 양두는 량치차오와 함께했다. 이것은 물론 그가 간직하고 있던 '제왕지학'과 무관하지 않았다.

1907년 귀국한 양두는 입헌군주제 선전에 앞장섰다. 1908년 광서제와 서태후가 연이어 죽었다. 당시 정권을 잡은 이는 광서제의 동생이었다. 양두는 그가 정권의 적임자가 아님을 알았다. 이 상당히 민감한 시기에 그는 위안스카이에게 달려갔다. 그는 온갖 정보와 의견을 제공했다. 1911년 신해혁명으로 청조가 붕괴되자 훨씬 적극적으로 이런 작업에 몰두했다. 대총통에 취임한 위안스카이는 야심이 있었다. 황제제의 부활, 이른바 '제제복벽'(帝制復辟)이었다. 청 왕조가 무너졌지만 양두는 여전히 입헌군주제의 필요성을 역설했고, 이런 태도는 위안스카이와 호응했다. 위안스카이는 당시 중국 상황에서 어떤 정치 체제가 가장 적합한지 학술적 연구를 요구했다. 물론 이미 답은 있었다. 하지만 객관적인 학술 연구를 통해 여론을 조성할 필요가 있었다. 이 작업을 총괄한 이가 양두였다. 1915년 양두는 옌푸(嚴復), 류스페이(劉師培) 등과 주안회(籌安會)를 조직하고 8월 14일 설립을 선언했다. 선언문은 각 성(省)에 전보로 보냈다.

우리는 중국인이다. 국가의 존망은 곧 자신과 가족의 생사다. 어떻게 가만히 침묵하고만 있겠으며 앉아서 멸망을 기다릴 수 있겠는가? 특별히 동지를 규합해서 이 조직을 만든 것은 한 나라의 안녕〔安〕을 도모〔籌〕하는 데 군주제와 민주제 둘 가운데 무엇이 중국에 적합한지를 연구하기 위해서다.

설립 발기인의 면면을 보라. 옌푸는 중국에 처음으로 사회진화론을 소개하여 진보를 가르친 인물이다. 아울러 최초의 근대적 대학인 베이징 대학의 교장을 역임했다. 류스페이는 어떤 인물인가. 신해혁명 이전에는 일본에서 중국 전통에 입각한 아나키즘을 설파한 고전학자다. 전통 학술과 신학문을 모두 갖춘 인물이 제제복벽을 위해 두뇌 노릇을 할 태세였다. 주안회의 설립과 이후 활동은 위안스카이와 매우 깊이 관련되어 있다. 온갖 술수를 동원해서 1915년 12월 12일 위안스카이는 결국 황제에 등극했다. 이튿날에는 역대 황제처럼 천단(天壇)에서 제천의식까지 거행했다. 그는 홍헌(洪憲)이라고 연호를 제정하고 화폐도 찍어 냈다. 피로써 무너뜨린 봉건 통치를 무력으로 다시 복구하려는 듯 보였다. 어처구니없는 역사의 반동이었다.

양두는 이런 과정에서 '제왕지학'의 설계사로 활동했다. 그는 젊은 날의 신념을 야심가 위안스카이에게 투사했다. 하지만 중국 근대사에서 이 복벽 사건은 출혈이 너무 컸다. 이 때문에 수차례 전쟁이 발발하고 암살과 음모가 득실댔다. 1916년 3월 22일 위안스카이는 제제(帝制) 취소를 결정한다. 전국적인 반발에 부딪혔기 때문이다. 심지어 그의 부하들까지 제제를 거부했다. 황제의 꿈을 접은 위안스카이는 6월 6일 56세를 일기로 사망한다.

도망자의 견성(見性)

입헌군주제로 나라를 구한다는 양두의 꿈도 위안스카이와 함께 완전히 꺼져 버렸다. 위안스카이가 사망한 후 양두는 황제제 복귀의 원흉으로 지목돼 수배된다. 그는 도망쳤다. 톈진(天津)의 조계에 숨어들었다. 그때 마흔한 살이었다. 정치적 실패를 경험한 그는 1917년 7월 자신의 마음을 꺼내 놓는다. "내겐 상처뿐 아무런 희망이 없다. 더구나 나라를 구하겠다는 생각도 내려놓았다. 이제부터 머리칼을 털어 내고 입산하여 다시는 세상사에 이러쿵저러쿵 끼어들지 않겠다." 탄쓰퉁이나 장타이옌 등이 혁명의 열정으로 불교를 공부한 것에 반해 양두는 그야말로 자신을 숨기기 위해 불교를 택했다. 그의 불교 인생은 이렇게 시작됐다. 그의 수행 내력에 대해서는 별로 알려진 게 없다. 머리를 깎고 입산했다고 해서 그가 출가한 것은 아니다. 또한 특별히 스승을 모셨다는 이야기도 없다. 자기 나름의 공부로 일관한 것이다.

양두는 언젠가 자신의 공부를 읊은 적이 있다. "10년 공부에 아직 마음 밝지 못하다. 이치를 골똘히 궁구할수록 이치는 더욱 광활해지고 내 마음은 더욱 어둡다." 공부가 쉬울 리가 있겠는가. 고타마 싯다르타는 숲 속에서 마른 장작처럼 6년을 있었다. 물론 그 시간이 무의미하지는 않았다. 거쳐야 할 시간인 셈이다. 양두가 10년 공부를 이야기했는데, 사실 그 공부가 꼭 불교 공부였는지는 알 수 없다. 입산 선언 이후 그의 깨달음은 10년이 걸리지 않았다. 1921년 8월에 쓴 「소요유사인」(逍遙游辭引)에서 양두는 깨달음을 선언했다.

중화민국 10년(1921) 7월 어느 날 양쯔 강을 유람하고 저녁에 루산

(廬山)을 올랐다. 머리를 치켜들어 하늘을 보니 구름이 걷히고 달이 나타났다. 이때 문득 마음이 확연히 열렸다. 죄인이 감옥을 나선 듯했고, 떠돌이가 집에 돌아온 듯했다. 오랜 병을 일순간 씻어 낸 듯했고, 한바탕 꿈속에서 깬 듯했다.

깨달음이란 어차피 이런 비유로밖에 전달할 수 없다. 그는 무심과 무아의 경지에서 노닐었다고 말한다. 또한 그 경계가 바로 극락세계라고 했다. 극락세계에 노닐기 때문에 '소요유'라고 이름했고, 그래서 그것에 사(辭)를 덧붙인다고 말한다. 이 글의 제목이 「소요유사인」인 것도 이런 이유에서다. 불교 경전에서는 고타마 싯다르타의 깨달음 장면을 어떻게 묘사할까. 그도 몇 마디 말을 꺼냈을까. 붓다는 노래했다. "더러움은 모두 없어져 버렸다. 더러움의 흐름도 모두 멎었다. 더 이상 태어나는 길을 따르지 않으리. 이것을 고뇌의 최후라고 이름한다." 이런 말을 하자 주위에 있던 신들이 꽃을 뿌렸는데 그 꽃이 무릎까지 쌓였다고 한다. 1928년 8월에 양두는 유명한 불교 거사 메이광시(梅光義, 1880~1947)에게 자신의 불교관을 피력했다.

반평생 정치 일선에 있었다. 오늘날 사회의 부자유와 불평등을 깊이 탄식했다. 모든 죄악은 아견(我見) 아닌 게 없었다. 내 자신 돌이켜 생각해도 아견 아닌 일들이 하나도 없었다. 다른 사람 구한다고 잘난 척할 필요 없이 먼저 나 자신을 구출해야 한다. 그 방도는 오직 무아주의다.　　　　　　　　　　　　　―「신불교론으로 메이광시에게 답하다」

양두는 다시 나섰다. 그는 '무아주의'라는 주장자를 들고 돌아왔다. 불교의 연기법이 겨냥한 표적이 '자아' 라는 사실을 감안한다면 그는 어쩌면 불교 일반을 이야기하고 있다. '자아' 라는 놈을 타파하지 않으면 자유란 없다. 노예에게는 자유가 없다. 그럼 해방된 개인에게는 자유가 있는가. 그것도 아니다. 불교에서 자유는 내가 내 마음대로 손을 들었다 놓았다 할 수 있는 것을 말하지 않는다. 백화점의 수많은 물품을 내 마음대로 살 수 있는 것은 자유의 확인이 아니라 화폐 능력의 확인이다. 불교에서 자유는 갖가지로 얽힌 번뇌의 사슬을 말끔히 치우는 능력을 말한다. 양두는 깨달음 이후 스스로 후(虎) 선사라고 불렀다. 그가 제창한 '무아교' 는 전통 불교에 대한 혁명이다. 그래서 '신불교론' 이라고 명명했다. 그의 무아교 제창은 장타이옌이 『인무아론』(人無我論)에서 보인 것처럼 자유에 대한 갈망이다. 그것은 아견의 타파를 통해서 가능하다고 생각했다. 하기야 말은 쉽지만 실제 그놈을 없애기란 그리 쉽지 않다. 그래서 수행이 필요하다. 집착을 버리라는 말을 그냥 동의한다고 해서 곧바로 그런 상태로 진입하는 것은 아니다. 자신을 실제 바꾸지 못하면 그런 이야기는 길거리에서 들은 유행가보다 못하다. 그것은 흥이라도 난다. 양두는 자신의 신불교론에 대해 말한다.

내가 불교를 배우고 수행하면서 네 가지 혼란을 겪었다. 처음 잘못 알았다가 나중에 깨닫고 점차 버렸다. 지금 그 일을 생각하면 적게나마 도움이 됐다. 불교 공부하는 사람들에게 알려서 잘못을 깨닫게 할 수 있을 것이다. 그래서 '사불(四不)법문' 이라고 명명한다. 첫째, 몸을 벗어나서 마음을 찾지 마라. 둘째, 몸에 매달려서 마음을 찾지 마라. 셋째, 마음의 작용을 찾는 데 적극적이어서는 안 된다. 넷째, 마음의 본질을 찾는 데 소극적이어서는 안 된다.

불교를 접하기는 사실 쉽다. 양두도 마찬가지였을 테다. 하지만 그것이 워낙 거대한지라 어리둥절한 경우가 많다. 양두도 이런 과정을 거쳤다. 이건가 했더니 저거고, 저건가 했더니 또 아니다. 사불법문은 그의 고백이자 불교에 대한 나름의 판단이다. 양두는 여기서 당시 중국 불교의 대표인 정토, 율종, 밀교, 선종의 특징을 각각 드러냈다. "정토 수행은 몸을 떠나 다른 곳에서 마음을 찾는 방식이어서는 안 된다. 율종은 육체적 행위에만 얽매여 마음을 찾으려 해서는 안 된다. 밀교는 마음의 신비한 능력이나 작용을 추구해서는 안 된다. 선종은 마음의 본질을 찾는 데 소극적이어서는 안 된다." 만약 이런 것만 주의한다면 저들 모두가 유용하다. 양두도 여느 선사마냥 마음 법을 중시한다. 하지만 마음을 강조한다고 해서 '마음 한 번 잘 먹으면 저 사막 하늘에서 떨어지는 포탄이 금세 팝콘으로 바뀐다'고 주장하는 것은 아니다. 그는 문제의 출발지로 자신의 마음을 지적할 뿐이다.

공산당 입당

양두의 무아교나 신불교론은 매우 분명한 입세주의를 표방한다. 그것은 근대 불교 저변에 흐르는 하나의 특징이다. 양두는 젊은 날 '제왕지학'을 통해서 누군가를 중심에 세우고 싶었다. 다소 문제가 있더라도 그렇게 해야만 현실이 안정되고 인민의 고통을 덜 수 있으리라 믿었다. 하지만 불교를 통해서 그는 누군가를 세울 게 아니라 바로 자신이 서야 함을 알았다. 문제의 실마리를 이제야 붙잡은 격이다. 그런데 자신을 세우는 방법은 자아의 확인이 아니라 무아의 실현을 통해서다. 또한 그 실현은 산 속에도 있지 않고, 내면에도 있지 않았다. 사람 붐비는 거리에, 그들의 아우성 속에 수행처를 마련해야 한다. 그가 입산하면서 한 "이제부터는 세상사를 논하지 않으련다"는 서원은 사실 잘 지켜졌다. 왜냐하면 더 이상 현실은 저만치 놓인 대상이 아니기 때문이다. 이제 세상이 곧 자기였다.

1927년 당시 베이징은 만주 군벌 장쭤린(張作霖)이 장악하고 있었다. 그는 사회주의를 병적으로 싫어했고 공산주의자에 대한 백색테러를 자행했다. 4월 6일 중국 공산당의 정초자이자 마오쩌둥의 스승인 리다자오(李大釗)가 체포됐다. 양두는 백방으로 뛰어다니며 구명 운동을 펼쳤다. 그는 리다자오가 법정에서 정상적으로 재판받기를 바랐다. 양두는 집을 판 돈으로 구명 운동을 계속했다. 하지만 여의치 않았다. 이때 북방의 철도 노동자들이 감옥을 습격해서 리다자오를 구출하려는 계획을 세웠다. 실은 양두도 이 계획에 찬성했다. 하지만 리다자오가 동의하지 않았다. 노동자들의 인명 피해가 불 보듯 뻔했기 때문이다. 결국 4월 28일 법정에서 사형이 언도됐고, 그날 형이 집행됐다. 중국 사회주의혁명에서 리다자오의 죽음은 순교다. 이런 과정에서 양두는 점차 사회주의사상을 받아들였다. 아울러 불교 관련 글도 왕성하게 발표했다.

1929년 양두는 가족과 떨어져 혼자 상하이로 거처를 옮겼다. 그해 가을 정식으로 중국공산당에 입당 신청을 했다. 저우언라이(周恩來)의 비준 아래 중국공산당 비밀 당원이 되었다. 그는 비밀공작을 하면서도 매일 예불을 올렸다. 그는 공산당원이면서 또한 경건한 불교도로 살고 싶었다. 그해 11월 중국공산당 지하조직의 기관지인 『홍기』(紅旗)의 표제를 썼다. 물론 당시 그것이 양두의 글씨임을 아는 사람은 드물었다. 1932년 겨울 양두는 상하이에서 병으로 사망했다. 장례식에는 저

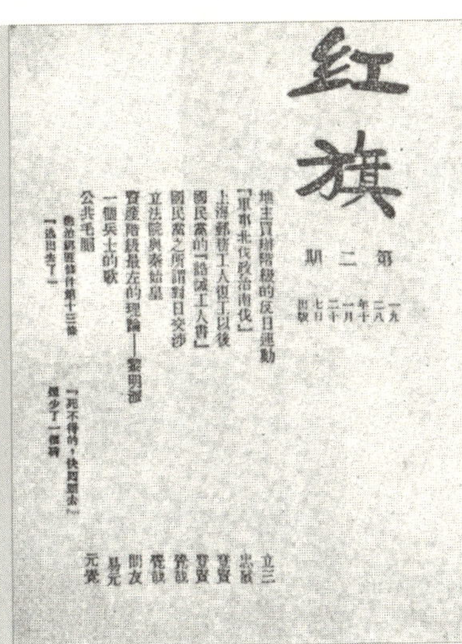

선사 양두는 1929년 저우언라이의 비준 아래 공산당에 입당했다. 그리고 공산당 기관지 『홍기』의 표제를 썼다. 얼마나 심한 비약인가. 거침없는 횡단이 놀랍다.

우언라이도 참석했다. 참으로 기이한 인물의 죽음이었다.

양두가 공산당에 입당한 사실은 저우언라이가 사망하기 직전까지 거의 알려지지 않았다. 그가 사망하기 직전 양두와 관련된 일을 주위에 알렸고 그것이 세상에 번졌다. 양두가 공산당에 입당했다는 사실에 그에 대한 평가가 일변했다. 우스운 일이다. 그렇게 성토하던 사람이 갑자기 좋은 사람이 됐다. 세상은 뭐가 진실인지 알려주지 않는다. 아울러 누구의 인생에서 정답을 찾으려고 할 필요도 없다. 양두의 삶도 마찬가지다. 후(虎) 선사로 자칭한 양두는 비범한 기운으로 세간과 출세간을 뚫었다. 근대 불교사뿐만 아니라 정치사에서도 양두는 분명 특이하다. 단지 그가 보인 변화의 폭 때문만은 아니다. 그는 늘 뭔가를 찾고 있었다. 그 과정에서 자신을 바꾸는 데 서슴지 않았다. 도약은 바짝 엎드린 자에게는 오지 않는 선물이다.

만 열 살이 된 예술 귀재 리수퉁이다. 귀공자의 모습이 역력하다. 그는 출가 전까지 사실 이 모습으로 살았다. 넘치는 재주를 자신도 억누르지 못했다.

9_ 삭발염의한 예술혼, 리수퉁

예술 귀재

여러 인연으로 출가를 한다. 어떤 이는 멋모르고 사고를 치고, 어떤 이는 삶의 절실함 때문에 큰 결심을 한다. 그렇다고 출가 인연이 출가자의 삶을 온통 결정하지는 않는다. 얕게 시작해서 깊어지고, 가볍다가 무거워지기도 한다. 물론 그 반대 경우도 있다. 저마다 사연을 갖지만 그것만으론 살 수 없다. 그런 사연들이 발갛게 타 들어가서 투명해지고 또 뜨거워지면 그제야 다른 인연이 되어 있다. 이 정도는 돼야 한다. 중국 근대에도 많은 출가자가 있었다. 그 숱한 사람들 가운데 단지 그의 출가 자체만으로도 세상을 떠들썩하게 한 인물이 있었다. 리수퉁(李叔同, 1880~1942)이다. 천재 예술가 리수퉁의 삶과 철저한 계행(戒行)으로 이름 높던 고승 홍이(弘一)의 삶은 너무도 다르지만 대단히 겹친다.

리수퉁은 1880년 톈진에서 태어났다. 부친 리스전(李世珍)은 쉰 살에야 진사(進仕)가 되어 잠시 관리 생활을 했지만 오래지 않아 퇴직했다. 이후 소금 판매업을 했는데 상당한 부를 축적했다. 그는 양명학과 참선에 심취해 있었다. 리스전은 본처 외에도 첩을 두고 있었는데, 그들에게서 아들 둘을 보았다. 하지만 첫아들은 일찍 잃었고 둘째아들은 병약했다. 후사를 걱정해서 다시 첩을 들였다. 예순여덟에 아들을 보았는데 그가 리수퉁이다. 그때 모친은 겨우 스무 살이었다. 아들을 보고 부친은 기뻤지만 그만큼 슬펐다. 아들을 얼마나 오래 볼 수 있을까. 독실한 불교도인 부친의 영향으로 리수퉁은 서너 살에 어른들이 외는 불교의 신주(神呪)를 무슨 뜻인지도 모르고 돌돌돌 따라했다. 불교에서 신주는 손오공이 외는 주문처럼 그 자체가 힘을 가졌다고 생각했다. 의미보다는 소리가 훨씬 중요하다. 그래서 꽤 긴 신주를 외는 것 자체를 수행이라고 여겼다. 일종의 정신 집중이다.

리수퉁이 다섯 살 되던 해 부친이 세상을 떠났다. 리수퉁은 일곱 살 때부터 사서나 삼경 등 전통 고전을 배우기 시작했다. 열서너 살 때 벌써 전서(篆書)를 쓰기 시작했고, 전각이나 서예를 전문적으로 익혔다. 그의 솜씨는 문인들의 교양 수준을 훨씬 뛰어넘었다. 예술의 경지로 치달았다. 물질적 풍요와 충만한 재능은 일찌감치 리수퉁을 예술계와 사교계로 떠밀었다. 그는 귀공자였다. 그것은 사치일 수도 있었고, 예술적 향유일 수도 있었다. 열여덟 살에 톈진 현립학교에 입학했다. 그리고 1898년 모친의 명에 따라 혼례를 올렸다. 그해 무술정변이 있었고, 변법유신의 주인공인 캉유웨이와 량치차오는 망명하고 탄쓰퉁은 처형됐다. 톈진은 당시 보수 세력의 군사적 버팀목이던 북양 해군의 주둔지였다. 리수퉁은 이런 어수선함을 뒤로하고 모친과 함께 상하이로 이사했다.

상하이는 톈진과 사뭇 달랐다. 그곳은 중국 남방의 문화와 지식이 집중된 곳이었다. 아울러 서양 문물이나 문화가 이미 자리 잡고 있었다. 새로운 문화는 리수퉁을 자극했다. 리수퉁은 자신의 문학적 감수성이나 예술적 정취를 한껏 펼칠 수 있었다. 톈진에서처럼 그는 충분히 풍요로웠다. 1899년 예술 귀재 리수퉁은 왕자처럼 상하이를 누볐다. 이미 결혼했지만 예술계 여성들과 염문을 뿌렸다. 시를 짓고, 그림을 그리고, 노래를 부르고, 글씨를 썼다. 그의 재주는 자신이 어찌하지 못할 정도로 넘쳤다. 이런 과정에서 리수퉁은 1901년 남양공학(南洋公學) 특과에 입학했다. 남양공학은 상하이 교통대학의 전신으로 성쉬안화이(盛宣懷, 1844~1916)가 1897년 설립한 중국에서 가장 오래된 신식 학교다. 남양공학 특과는 중국과 서방의 학문을 강도 높게 교육하려는 의도로 차이위안페이(蔡元培)가 주도하여 개설했다. 차이위안페이는 수업 시간에 외국어로 된 교재로 민주 사상이나 혁명 사상을 가르쳤다. 1903년 남양공학 학생들은 실정을 거듭하던 청 정부에 반대하여 수업을 거부했다. 그해 리수퉁은 학교를 그만두었다. 그는 친구들과 호학회(滬學會)를 설립해서 공부하고 강연을 했다. 일종의 사회 계몽 활동이었다. 리수퉁은 훗날 혁명 화상으로 알려진 쭝양(宗仰)과 함께 '상하이 서화회(書畵會)'를 조직하고 서화 전문 신문을 매주 펴내기도 했다. 승려 쭝양은 쑨원에 동조하여 반청 혁명운동을 전개한 고승이다. 당시 상하이 감옥에 수감된 장타이옌의 불교 공부를 돕기도 했다.

1905년 4월 리수퉁의 모친이 사망했다. 상하이의 행복도 한풀 꺾였다. 시신을 톈진의 본가로 모셨는데 분란이 일었다. 형은 리수퉁의 모친이 객지에서 사망했기 때문에 시신을 집안으로 들일 수 없다고 맞섰다. 모친의 죽음이 슬프기도 했지만 관습을 들먹이면서 영구(靈柩)의 진입을 막는 형의 처사에 분노했다. 결국 친구의 중재로 리수퉁이 출생한 구택으로 영구를 모셨다. 장례를 치르는 동안 『톈진 신문』은 장례식을 소개했다. 장례식은 그야말로 파격이었다. 상주인 리수퉁은 기존의 장례 방식을 거의 무시했다. 번잡한 절차를 단순화하고, 사람들에게는 서양 음식을 대접했다. 아울러 그가 직접 피아노를 치면서 추모곡을 불렀다. 이 특별한 장례식에 사람들이 놀란 것은 당연했다. 그는 모친의 장례가 무거운 관습이 아니라 예술적 승화이길 원했다. 리수퉁은 훗날 모친이 사망하기 전 상하이에서 보낸 몇 년이 인생에서 가장 행복한 시기였다고 회상했다. 모친의 죽음 이후 그의 삶은 다른 길을 원했다. 그는 일본 유학을 결심했다.

아름다움의 훈련

1905년 가을, 리수퉁은 일본에 도착했다. 일본어를 배우는 한편 『음악소잡지』를 편집했다. 그는 원고를 중국에 보내 그곳에서 출간하게 했다. 음악에 대한 그의 조예는 출가 이후 찬불가 보급에서 나타나기도 했다. 이듬해인 1906년 9월에 도쿄 미술학교에 입학했다. 그는 같이 공부하던 중국인 유학생 쩡옌녠(曾延年, 1873~1936)과 함께 중국 최초의 극단인 춘유사(春柳社)를 창립했다. 직접 연출하고 여장 배우로 출연했다. 아마도 서양 연극기법으로 중국인이 공연한 첫 연극일 것이다. 리수퉁은 미술학교에서, 아직 중국에선 생소한 서양 유화를 배웠다. 아울러 음악학교에서 피아노와 작곡 이론을 공부했다. 그리고 당시 유명한 연극배우들에게서 연기 기술을 배웠다. 상하이의 귀공자가 아니라 학생이었다. 그는 배움에 남달랐다.

리수퉁은 1910년 도쿄 미술학교를 졸업하고 귀국해 톈진의 고등 공업학교에서 학생들을 가르치기 시작했다. 1913년에는 상하이에서 창간된 『태평양보』의 자매지 『태평양화보』의 주편을 맡아 문학과 미술 방면에서 왕성하게 활동했다. 그러다 『태평양보』가 그해 말 정간하자

1914년 친구의 초청으로 항저우(杭州) 저장 제일사범학교의 미술 및 음악 교원으로 선임되어 갔다. 이듬해 난징의 고등사범 미술 담당 교수가 되었다. 이때부터 사찰에 보존된 금석문을 연구했고 전통 예술의 정리와 보존에 힘썼다. 항저우와 난징 등지에서 근무하면서 점점 불교에 심취하게 됐다. 항저우에 근무하는 동안 서구 미술이나 음악을 소개했다. 특히 기존에는 전혀 없던 석고 데생이나 인체 데생을 시도했다. 중국 근대 미술사에서 획기적인 사건이었다. 또 서양 음악 이론과 작곡 이론을 학생들에게 가르쳤다. 그로부터 훗날 중국 예술계를 이끈 인물들이 많이 배출됐다. 서구 이론을 가르친다고 해서 그의 음악이나 미술이 서구에 경도된 것은 전혀 아니었다. 기존과 다른 새로움이나 가능성을 추출할 뿐이었다.

당시 그에게 중요한 만남이 있었다. 리수퉁은 이학대사(理學大師)로 칭송받던 마이푸(馬一浮, 1883~1967)와 교류했다. 리수퉁은 마이푸에게 불교를 배웠다. 마이푸는 흔히 유학자로 알려졌지만 당시 전통 학자들이 대부분 그랬듯이 불학에 심취했다. 독학으로 불학을 연마했다. 아울러 그 자신 불교 거사로 자처했다. 그는 틈나는 대로 리수퉁에게 불교에 대한 이야기를 해줬고 자신이 소장하고 있던 불전을 건네서 읽게 했다. 마이푸는 꼬마 때부터 신동이라 불린 인물이다. 리수퉁은 제자에게 이렇게 말했다. "마(馬) 선생은 생이지지(生而知之)일세. 뭔가 하나 나오면 곧 읽어 내는데 매일 두 권씩 책을 읽는다는군. 뿐만 아니라 아예 통째로 외워 버릴 정도일세." 예술 귀재로 불린 리수퉁조차 경탄한 인물이다.

항저우 생활이 한창 재미있을 때 동료 샤몐쭌(夏丏尊, 1886~1946)이 일본 잡지에서 읽은 단식 수행법을 리수퉁에게 소개했다. '단식 수행법'으로 몸을 바꿀 수 있다고 했다. 샤몐쭌은 단지 소개만 했지만 리수퉁은 진지했다. 리수퉁은 단식 수행에 대한 호기심으로 1916년 여름휴가를 이용해서 항저우 서호(西湖) 근처에 있던 정혜사(定慧寺)에서 단식을 행했다. 17일간의 단식을 통해서 리수퉁은 전혀 새로운 경험을 했다. 상당히 긴 단식이었지만 아무런 고통도 없었다. 오히려 의식이 맑아지고 몸이 가벼워졌다. 사물이 훨씬 투명하게 시야에 들어왔다. 몸이 바뀐다는 것, 다시 태어난다는 것, 그런 것을 어렴풋이 느꼈다. 아울러 절간에 있는 동안 출가 생활에 대해 호감을 갖게 됐다. 이렇게 평범하던 일상은 조금씩 균열이 생겼다.

미(美)의 발견

균열은 점점 커져 갔다. 단식 수행 이후 삶은 완전히 바뀌었다. 이름도 잉(嬰)으로 고쳤다. 『도덕경』에 등장하는 "기운을 집중하면서도 지극히 유연하여 '어린아이'〔嬰兒〕 같을 수 있겠는가?"라는 구절에서 이름을 가져왔다. 자신의 단식 수행 경험이 바로 이와 같았다. 의식은 지극히 집중됐지만 몸은 한없이 편안하여 마치 어린아이 같았다. 그는 육식을 끊고 틈만 나면 불경을 읽고 불상도 모셨다. 이듬해인 1917년부터는 자주 정혜사에 들러 법문을 듣고 스님들과 참선했다. 리수퉁은 당시 마이푸의 소개로 펑쉰즈(彭遜之)와 함께 정혜사에 있었다. 며칠 지나지 않아 펑쉰즈는 발심하여 출가를 단행했다. 리수퉁은 옆에서 그의 발심 출가를 지켜보았다. 우리는 흔히 세속인 아니면 탈속인을 본다. 둘 사이 간극을 도약하는 과정을 엿보기란 쉽지 않다. 리수퉁은 그것을 보고 말았다. 커다란 충격이었다. 그 또한 상당한 동요가 일었다. 이리하

속세에선 온갖 아름다움을 추구한 예술가 리수퉁. 그런 그가 출가하여 계행으로 이름 높은 고승 훙이(弘一)가 되었다.

여 정혜사 랴오우(了悟) 스님의 재가 제자가 되었다.

정혜사에서 돌아온 리수퉁은 마이푸에게서 불전을 빌려 읽었다. 계율에 관한 책이었다. 1918년 여름, 출가를 결심했다. 평생 모은 예술 작품과 서적을 친구와 학생들에게 나눠 주었다. 음력 7월 13일 친구들과 작별하고 간단한 짐을 꾸려 정혜사에 도착했다. 곧 랴오우 스님을 은사로 출가했다. 일세를 풍미한 예술 귀재 리수퉁이 옌인(演音) 사미가 되는 순간이었다. 부처님의 음성〔佛音〕을 펼쳐야 할〔演說〕 출가자가 된 것이다. 법호가 훙이(弘一)였다. 서른아홉 나이였다. 그해 가을 항저우의 영은사(靈隱寺)에서 구족계를 받았다. 영은사는 송대 선승 영명연수(永明延壽)가 주석한 강남의 고찰이다. 아름다움과 화려함을 꽤나 즐겼던 리수퉁은 머리칼을 떨고〔削髮〕 먹물 옷을 입고〔染依〕 다시 태어났다. 이제 다른 아름다움을 향했다.

이후 사람들은 그의 출가를 두고 여러 말을 했다. 사실 그의 출가 인연을 우리가 어떻게 일일이 다 들출 수 있겠는가. 온갖 상상으로 신비의 덮개를 씌워 봐도 단지 짐작일 뿐이다. 예술가로서 속세에서 추구하던 아름다움, 단식을 통해 감각한 심신의 몰락 ……. 리수퉁은 아름다움 자체의 무상성을 깨달았다. 아름다움을 와락 부둥켜안으려 한 자신의 무상함 또한 깨달았다. 무상함을 확인했다고 그가 얼른 주저앉은 건 아니다. 오히려 그런 무상성에서 그는 아름다움을 찾고야 말았다.

홍이가 출가 이후 처음 붙잡은 책은 『범망경』(梵網經) 주석서였다. 그것은 계율에 관한 텍스트다. 너무도 화려한 삶을 살다가 너무도 경건한 삶으로 돌변했다. 붓다가 육체적 죽음을 맞이한 후 그의 가르침은 경전으로 정리되었다. 시간이 흘러서 그것은 삼장(三藏)이라는 형식으로 묶였다. 여기서 '장'은 물건을 보관하는 바구니나 창고의 의미다. 붓다의 가르침인 법(法)을 담고 있는 것이 경장(經藏)이다. 붓다가 수행 공동체를 이끌면서 제시한 삶의 규범이 율장(律藏)에 담겨 있다. 또한 이후 불교인들이 이런 경과 율을 분석하거나 해석한 글들이 논(論)인데, 그것은 논장(論藏)에 귀속된다. 이렇게 경·율·논이 삼장이다. 이 삼장에 통달한 승려를 흔히 삼장법사라고 부른다. 『서유기』의 주인공인 삼장법사가 바로 그러한 승려다. 경·율·논 가운데 율은 수행자가 보이는 구체적 삶과 관련된다. 몸, 말, 의식 모두에 해당한다. 발걸음 하나, 말 한마디, 한순간 떠오르는 생각. 그것이 모두 수행의 시공이다. 고타마 붓다가 제자들에게 제시한 최초의 덕목은 불교의 가치관을 곧장 드러낸다. 절대 해서는 안 될 일 넷을 제시했다. 그것을 4바라이 (波羅夷)라고 한다. 바라이는 보통 '극악'으로 한역된다. 이것을 범할 경우 바라이죄라고 한다.

첫째, 음행하지 마라. 둘째, 훔치지 마라. 셋째, 생명을 죽이지 마라. 넷째, 거짓말을 하지 마라. 만약 어기면 청정한 수행자들과 공동체에서 함께 있을 수 없다.

이것은 가장 근본적인 몇 가지지만 실제 출가 수행자가 지켜야 할 것은 훨씬 세부적이다. 계율은 불교 교단을 유지하는 데 앞서 수행자 자신을 지킨다. 우리는 깨달음이 아니라 깨달은 자의 삶을 흉내 냄으로써 자신을 바꿀 수 있다. 수행자의 모습을 고민하는 것은 그래서 중요하다. 중국에 불교가 들어온 이후 불교인들은 불교의 가르침뿐만 아니라 불교적 생활이란 것이 어떤 것인지 무척 궁금해했다. 그래서 율장을 구하려고 인도를 방문한 승려가 꽤 된다. 그리고 당대(唐代)에 도선(道宣, 596~667) 등이 율에 대해 집중적인 연구를 진행했다. 도선이 장안 남쪽 종남산(終南山) 풍복사에 거처하면서 이런 작업을 진행했기 때문에 남산 율종이라고 한다. 물론 율종의 전통이 꼭 이것만은 아니지만, 당말 이후 지속된 것은 남산 율종이 유일하다. 그래서 중국 율종을 대표하게 되었다. 도선은 율종뿐만 아니라 여러 방면에서 능력을 보였다. 특히 불교사와 관련된 문헌들을 많이 남겼는데, 그가 정리한 『대당내전록』(大唐內典錄)이나 『광홍명집』(廣弘明集) 등은 중국 불교사를 이해하는 데 도구적 텍스트다.

도선에서 시작된 남산 율종이 중시한 문헌은 『사분율』(四分律)이다. 크게 네 부분으로 구성됐기 때문에 이런 이름이 붙었는데, 출가의 방식이나 출가자가 지켜야 할 구체적 생활 규범 등이 제시되었다. 그런데 『사분율』은 흔히 소승이라고 폄하하는 상좌부 계통의 문헌이다. 도선은 『사분율』의 내용은 대승이나 소승 할 것 없이 통용된다고 말한다.

아울러 그는 대승의 입장에서 『사분율』을 재해석했다. 『사분율산번보궐행사초』(四分律刪繁補闕行事鈔)가 대표적 예다. 여기서 '산번'은 『사분율』에 대한 이전 연구가들의 분석이나 해석을 요약했다는 말이다. '보궐'은 기존 연구가들이 다루지 못한 부분을 첨부했다는 뜻이다. '행사초'는 『사분율』의 내용을 승려의 행동이나 지계의 원칙과 관련해서 분류했다는 의미다. 결국 『사분율』에 대한 논의를 정리하고 다시 구체적인 활용 방안을 제시한 것이다. 중국 율종 연구의 텍스트라고 할 수 있다. 홍이도 여기서 출발한다.

남산 율종의 부활

불교 수행자에게서 계율은 하나의 스승이다. 이것을 놓치면 다 놓친다. 그래서 항상 긴장해야 한다. 그 긴장이 때론 불편하다 못해 귀찮고, 심지어 허구 같기도 하다. 그러나 실은 그런 생각이 허구고 변명이다. 지계(持戒)를 통해서 수행자는 끊임없이 자신에게 질문하고 또한 답변한다. 이런 문답이 끊기는 날 수행은 멈출 수밖에 없다. 홍이도 바로 이런 점을 중시했다. 홍이는 1931년 2월에 남산율을 전문적으로 연구하겠다고 서원했다. 그리고 1933년에는 취안저우(泉州) 개원사(開元寺)에 남산율학원을 설립했다. 이후 홍이는 일본에서 남산 율종의 사라진 주석서를 들여와 본격적으로 연구를 시작했다. 그는 이런 작업을 통해서 매우 정교한 율학의 이론화를 꾀했다.

율종에서는 계체론(戒體論)을 제시하는데 계법, 계체, 계행, 계상으로 구성된다. 계법(戒法)은 붓다가 정한 각종 계율이다. 계체(戒體)는 계를 받은 사람이 그것을 지키려는 심리적 활동이나 노력 자체를 말한다. 간단히 마음이라고 할 수 있다. 계행(戒行)은 계에 걸맞은 행위다. 계상(戒相)은 사람들의 상이한 상황에 따라 규정되는 외형적 규범이다. 홍이는 1921년 『사분율비구계본』의 조목을 계법, 계체, 계상, 계행으로 구성하고, 또 미세한 지범(持犯)을 하나씩 가려내 『사분율비구계상표기』(四分律比丘戒相表記)의 초고를 완성했다. 여기서 지범(持犯)은 지키고 어기는 것에 관한 이야기이다. 출가자의 생활규범이 천고불변의 것은 아니다. 그렇다고 늘 바뀌어야 하는 것도 아니다. 지키고 어기는 가림이 있어야 한다.

서문에서 그는 이렇게 적었다. "계상(戒相)이 번잡하여 기억하기도 쉽지 않다. 그 핵심을 가려 표시했다. 개인적 생각으로 몇 장 편집했다. 분명하게 해서 처음 배우는 사람들이 편리하길 바란다." 그는 직접 해서(楷書)로 그 내용을 써서 간행했다.

홍이는 『유부율』(有部律)에서 말하는 '색법 계체론'을 상대해서 남산 율종이 제기한 '심법 계체론' 전통을 복원하고자 했다. 이른바 소승불교라불리는 불교의 흐름 가운데 '설일체유부'(說一切有部)가 있다. "일체가 존재한다"고 주장하기 때문에 붙은 이름이다. 줄여서 유부(有部)라고 한다. 그들은 자아의 비실체성은 인정하지만 자아를 구성하는 요소는 실재한다고 말한다. 대승불교는 이 학파의 견해를 적극적으로 비판한다. 계율에 대한 입장도 마찬가지다. 유부는 구체적인 지계 행위를 계의 본질로 본다. 이에 반해 대승률을 말하는 남산 율종에서는 실제 계를 지키는 계행이 핵심이 아니라 그때 일어나는 마음의 작용이나 변화에 더 주목한다. 그가 자비와 지혜를 함께 닦아야 한다고 말한 것도 이런 맥락이다.

유명한 만화가이자 리수퉁의 제자인 펑쯔카이다. 그는 1929년 스승 훙이 법사와 『호생화집』을 출간했다. 만화라는 대중적인 형식을 빌려서 불교 가치를 적극적으로 선전했다. 그는 스승을 대신해서 리수퉁의 벗 마이푸와 오랫동안 교류한다.

자비만 있고 지혜가 없는 이를 범부라고 한다. 자비와 지혜를 모두 갖춘 이를 보살이라고 한다. 내가 가만히 사람들을 보니 자비심은 절실하다. 그렇다면 마땅히 열심히 노력해서 지혜를 구해야 할 것이다.

— 「자비와 지혜의 노래」(悲智頌)

훙이는 지혜의 기초로 지계와 선정을 말한다. 둘을 당연히 병행해야 함에도 현실에서는 늘 하나가 밀려나기 일쑤다. 명말 고승 운서주굉도 송대 이후 선종의 영향으로 지계 의식이 약해졌다고 말했다. 1929년 훙이는 저장 제일사범학교에 근무할 때 가르친 만화가 펑쯔카이(豐子愷, 1898~1975)와 함께 『호생화집』(護生畵集)을 출간했다. '산목숨 그만 죽이고 제발 보호하자'는 취지를 만화로 표현한 작품이다. 펑쯔카이가 그림을 그리고 그것에 훙이가 시를 지었다. 마이푸가 책의 서문을 썼다. 훙이는 발문에서 말한다. "나는 그림의 메시지에 따라 일상의 언어로 시를 지었다. 세속 사람들을 인도하고자 하는 게지 무슨 글재주를 부리려고 그런 게 아니다. 중생들이 그 공덕을 계승해서 보리심을 내고 극락왕생하길 진심으로 바란다." 또 말한다. "대개 예술을 방편으로 삼고 인도주의를 핵심으로 삼았다."『호생화집』의 그림과 글을 보고 있노라면 눈물이 난다. 펑쯔카이는 만화가일 뿐만 아니라 번역가로도 유명했다. 일본의 문호 나쓰메 소세키의 글이나 일본의 고전인『겐지 이야기』를 중국어로 번역한 인물이다. 펑쯔카이는 스승이 출가한 이후 마이푸와 가장 가깝게 교류한 인물이다. 리수퉁이 못다 나눈 우정을 제자 펑쯔카이가 대신 한 셈이다.

　　홍이는 율종을 연구하는 데 그치지 않았다. 자신이 직접 그것을 보였다. 그는 불경을 읽고 강의하고, 글을 쓰고 예불하는 것으로 일상을 삼았다. 아울러 정오가 지나면 식사를 하지 않는다는 오후 불식 전통을 꼭 지켰고, 아무리 추워도 옷을 세 겹 이상 입지 않았다. 보시금을 받아도 출판 경비 외에는 일절 사용하지 않았다. 특별히 절을 정해 두고 거처하지도 않았다. 한 곳에 오래 머물면 물건도 쌓이고 마음도 쌓인다. 그래서 무거워진다. 그는 그야말로 운수행각을 일삼았다. 고이지 않고 흐를 수 있는 능력이 바로 여기에 있다. 그는 푸젠 성(福建省)과 저장 성을 오가면서 생활하다 1942년 10월 13일 취안저우에서 입적했다. 제자에게 '비흔교집'(悲欣交集)이라는 넉 자를 써 주고 눈을 감았다. 세수 63세였고 승랍은 25년이었다. 슬픔과 기쁨은 늘 교차한다. 어느 것이 앞서고 뒤선다는 말이 아니다. 둘은 겹쳐 있다는 말이다. 그렇다면 그것은 기쁨일까 슬픔일까. 홍이의 수행은 그 무더기를 빠져나오는 일이었다.

세속의 삶 못지않게 탈속의 삶도 힘들다. 편하자고 출가했다가는 낭패 본다. 그것은 다른 삶일 뿐이다. 쑤만수는
불면 꺼질 듯한 상태에서 출가했다. 세간과 출세간의 삶을 여러 차례 번갈았다. 그래서 많이 불안했다. 눈빛에도
보인다.

10_ 비승비속의 고독, 쑤만수

운명의 탄생

예나 지금이나 비승비속(非僧非俗)으로 살아가는 사람이 더러 있다. 그것이 무슨 영광일 리는 없다. 우리가 승속의 경계를 지키는 것은 스스로 경책하기 위해서다. 그것은 불교를 지키는 방법이기도 하다. 이 점이 흔들리면 다른 것도 빠짐없이 흔들린다. 비승비속의 행위가 굳이 환영받지 못하는 이유가 여기에 있다. 출가자와 재가자로 겹쳐 사는 삶은 이상적이지만 그리 아름답지 못하다. 많이 실수하고 쉽게 자신을 잃어버리기 때문이다. 매우 힘든 삶을 살아야 할지도 모른다. 신라의 원효는 요석 공주와 사이에서 설총을 낳고는 거사로 자처했다. 하지만 우리가 아는 원효의 삶과 원효의 글은 대부분 파계 이후의 것이다. 그는 결코 거사만은 아니었다. 여전히 수행자였고 학자였다. 중국에서도 비승비속의 삶을 견지한 인물이 몇 있다. 근대 불교에서 가장 유명한 이는 쑤만수(蘇曼殊, 1884~1918)다.

쑤만수의 삶은 한마디로 역경이었다. 태어남이 그러했고, 자람이 그러했고, 서른넷 죽음이 또한 그러했다. 본명은 젠(戩)인데 나중에 위안잉(元瑛)으로 고쳤다. 만수(曼殊)는 법호다. 만수는 대표적 대승 보살인 만쥬슈리(Mañjuśrī)의 음역인 만수스리(曼殊室利)에서 온 것이다. 『화엄경』에 등장하는 문수 보살이 바로 만쥬슈리다. 일설에는 '만주'라는 말도 여기서 왔다고 한다.

쑤만수는 1884년 일본 요코하마에서 태어났다. 부친 쑤제성(蘇杰生)은 유명한 차상(茶商)이었다. 본적은 광둥 성(省) 샹산(香山)이다. 쑤만수의 조부 때부터 국외에 진출해서 장사를 했다. 조부는 많은 자식을 두었고 고향에서 거대한 가계(家系)를 형성했다. 쑤제성과 그의 회사에서 근무하던 일본인 직공 사이에서 쑤만수가 태어났다. 하녀 같은 신분으로 모친이 쑤만수를 지키기는 힘들었다. 주변 사람 누구도 그녀의 존재를 바라지 않았다. 사라져야 했다. 쑤만수는 당시 부친과 동거하고 있던 일본인 여성 가와이 센(河合仙)이 보살폈다. 그녀는 일찍이 쑤제성의 첫아들을 낳았다. 쑤만수는 한동안 가와이 센이 자신의 생모인 줄 알고 자랐다. 어린 시절 쑤만수의 좋은 기억들은 대부분 그녀와 관련된다.

1894년 조선에서는 동학 농민군이 봉기했다. 농민군의 봉기를 기화로 청나라와 일본은 각각 자신들의 조선 내 권익을 지킨다는 명목으로 출병했다. 결국 청일전쟁으로 발전한다. 청일전쟁의 발발은 일본에 거주하고 있던 중국인들을 곤경에 빠뜨렸다. 쑤만수의 부친은 쑤만수를 데리고 고향으로 돌아왔다. 쑤만수가 난생처음 그의 본적지를 방문했을 때 그를 맞이한 것은 친지의 따뜻함이 아니었다. 큰어머니와 집안 식구들은 질시와 학대로 그를 맞았다. 쑤만수는 혼혈아이자 사생아로 취급됐다. 그들에게 쑤만수는 지우고 싶은 기억이었다. 한번은 쑤만수가 병을 앓았다. 집안 식구들은 특별히 손을 쓰지 않고 그를 골방에 방치했다. 그들은 기다렸다. 불편한 기억이 사라지기를. 쑤만수는 죽지 않았다. 그는 깨어났다. 그렇다고 그에게 무슨 분노나 원한이 생긴 것은 아니었다. 그는 여전히 섬이었다. 섬은 자신을 가둔 바다를 미워하는 법이 없다.

출가의 불순함

1895년 쑤만수가 열두 살 되던 해 부친은 그를 결혼시키려 했다. 쑤만수는 문득 사라졌다. 그는 그해 11월 광저우(廣州) 혜룡사(慧龍寺)를 찾았다. 그는 울고 있었다. 절 밖에서 한참 서 있다가 결심을 하고 육중한 문고리를 들어서 자신을 때리듯 문을 두들겼다. 적막을 깨는 소리도 잠깐, 고요가 다시 닥치고서야 문은 열렸다. 한 노스님이 나와 물었다. "젊은 거사님, 무슨 일이라도 있으신가?" 쑤만수는 대답했다. "예, 일이 있습니다." 그에게는 정말 큰일이 있었다. 그는 출가를 해야 했다. 노스님은 그를 방으로 데리고 가 앉히고는 몇 가지 물었다. "무슨 일로 왔는가?" 쑤만수는 대답했다. "스님이 되려 합니다." "왜 스님이 되려 하는가?" "모든 번뇌를 타파하고자 합니다." 이 말을 들은 스님은 한바탕 크게 웃었다. 마치 처음 웃는 사람처럼. 스님의 눈에는 소년의 흔들림이 너무도 역력했다. 허나 소년의 불안은 충분히 진실했다.

"자네 집은 어딘가?" 스님의 질문에 쑤만수는 "저는 집이 없습니다"라고 대답하고 울음을 터뜨렸다. 스님은 다시 물었다. "부처님이 누구신가?" 쑤만수는 동냥한 불교 지식을 꺼내 놓았다. 노스님은 그의 대답을 끊고는 일러준다. "외우기는 쉬워도 행하기는 어렵다네." 쑤만수의 출가는 인생 도피다. 분명하다. 너무 일찍 닥친 인생고를 감당하지 못하고 도망치듯 산을 올랐다. 하지만 그래도 괜찮다. 깨달음에 대한 집념이 없어도 삭발염의가 필요한 자가 있다. 비록 바람일지라도 그들에게 출가는 한 자락 인연이리라. 쑤만수는 이렇게 해서 노스님의 제자가 되었다. 석 달 만에 홍콩에 나타난 쑤만수는 삭발을 하고 법복을 입고 있었다. 어린 사미였다. 하지만 쑤만수의 그런 생활은 길지 못했다.

쑤만수가 이렇게 방황하는 동안 부친은 사업에 실패하고 그의 회사는 파산했다. 1896년 쑤만수는 고모님이 있는 상하이로 갔다. 그곳에서 전통 학문과 함께 영어를 배웠다. 상하이에서 2년여를 보냈다. 쑤만수는 기억력이 대단히 좋았다. 아울러 공부에 강한 집착을 보였다. 오래지 않아 윗반을 따라잡았다. 얼마 후 쑤만수는 사촌 형을 따라서 일본으로 유학을 떠났다. 요코하마의 화교 학교인 대동학교(大同學校)에서 4년을 공부했다. 대동학교는 청말 개혁가 캉유웨이의 제자들이 운영한 곳이다. 대동학교라는 이름만 보더라도 캉유웨이의 『대동서』를 떠올려 봄직하다. 이 이름은 바로 캉유웨이가 지었다. 대동학교에는 그의 제자가 여럿 있었다. 1898년 무술년 캉유웨이가 주도한 변법운동이 실패하자 그 영향은 곧바로 대동학교에 미쳤다. 그곳에 주재하던 중국인들은 대동학교를 매우 불순한 곳으로 여겼다. 그들은 청 정부 관리들의 묵인 아래 직접 학교를 공격하기 시작했다. 심지어 학교에 난입해서 학교 기물을 부수기까지 했다.

쑤만수는 결국 도쿄로 나와 와세다 대학 예비과를 1년 다녔다. 극히 고통스런 시간이었다. 경제적으로 힘들었기 때문에 생활은 매우 열악했다. 석회가 섞인 밥을 먹었고 저녁에 등을 켜지도 못했다. 불교에선 우리가 사는 세상을 사바(sahā)세계라고 한다. 참고 견뎌야 할 세계라는 뜻이다. 중생은 이 세상을 참고 살아야 하고, 부처는 인내하며 중생을 교화해야 한다. 그래서 사바세계임이 틀림없다. 쑤만수는 무던히도 참았다. 1902년 도쿄에서 중국 유학생 혁명 단체에 가입했다. 그는 유학 중에 중국 유학생들과 청 정부에 반대하는 청년 조직을 만들어서 활동했다. 그는 군사학교인 성성학교에 다니면서 군사기술을 배우기도 했다. 청 정부를 실질적으로 타도하고 싶었다. 그리고 그는 1903년 4월에 성립된 항러 의용대 대원으로 참여했다. 당시 제정 러시아의 중국 침탈에 대항하여 학생들이 일본에서 자발적으로 의용대를 조직한 것이다. 실제 전투에 참여한 것은 아니지만 학생들은 매우 구체적인 계획을 세우고 그것을 실행했다.

이때 쑤만수는 자신의 양모 가와이 센을 찾았다. 그곳에서 기쿠코(菊子)라는 일본 아가씨를 만났다. 10대 후반에 닥친 사랑이었다. 이 사실을 알게 된 쑤만수의 집안에서는 난리가 났다. 쑤만수라는 존재 자체가 자신들의 불명예인데 그런 일이 반복될 듯했다. 쑤만수의 삼촌은 기쿠코의 부모에게 사람을 보내 심하게 따졌다. 기쿠코의 부모는 딸을 야단쳤다. 이런 말도 안 되는 상황에서 여린 기쿠코는 그날 저녁 바다에 몸을 던졌다. 사랑은 이렇게 힘들다. 그것이 진실할수록 더욱 그렇다. 쑤만수는 또 한 번 무너졌다. 도저히 저 공기를 들이킬 수 없었다. 1903년 귀국했다. 그는 다시 절을 찾았고, 그곳에서 또 계를 받았다. 두번째 출가였다. 그리고 3개월간 폐관했다. 그는 여전히 저 세계에 대해 연민이 있었다. 결국 절을 내려왔다.

일본 유학에서 돌아와 처음에는 쑤저우에서 교사로 근무했다. 그러나 오래지 않아 그만두고 상하이로 왔다. 『국민일일보』(國民日日報)에서 번역 일을 맡았고, 자신이 번역한 글을 발표하기 시작했다. 당시 함께 일한 인물이 중국공산당의 설계자 천두슈(陳獨秀)였다. 중국 근대 지식인 가운데 상당수가 잡지사에서 기자나 번역가로 활동했다. 그들은 단지 문학작품이나 철학작품을 번역한 것이 아니라 중국 밖의 다른 세계를 번역했다. 그들은 하고 싶은 말이 있었다. 중국 근대의 대표적 번역가인 옌푸(嚴復)의 경우에서 잘 알 수 있듯, 당시 번역자들은 원문에 그다지 얽매이지 않았다. 그들의 번역은 일종의 창작이었다. 쑤만수가 행한 번역도 이런 식이었다. 빅토르 위고의 『레 미제라블』(*Les Miserables*)을 『참혹한 세계』(慘世界)로 번역했다. 장발장의 고통과 슬픔은 자신의 선택에 따른 결과가 아니었다. 주어진 조건에서 그는 그 이상은 할 수 없었다. 우리가 살고 있는 사바세계가 바로 그렇다. 하지만 장발장은 여기서 멈추지 않았다. 그는 발버둥이 아니라 빛나는 도약을 보였다. 쑤만수는 『레 미제라블』을 통해서 한 인간의 삶과 그가 버티고 선 세계의 참혹함을 발견했다. 그리고 그것을 돌파하는 한 인간의 투지와 힘을 보여 주었다. 쑤만수는 단지 번역 문장만이 아니라 자신의 창작 소설을 발표하기도 했다. 번역가로서 혹은 작가로서 쑤만수의 삶은 본격적으로 시작됐다.

산스크리트 불전의 소개

1904년 『국민일일보』가 여러 가지 사정으로 정간했다. 상하이에 있던 쑤만수는 양쯔 강을 거슬러 올라 쓰촨(四川)에 도착했다. 다음엔 윈난(雲南)이었다. 그리고 국경을 넘어 베트남에 도착했고 다음에는 태국 방콕에 도착했다. 그는 방콕에서 산스크리트를 배우기 시작했다. 다시 스리랑카에 도착했다. 계속해서 산스크리트를 공부했다. 상당히 힘든 여행이었지만 그는 계속 움직였다. 그는 다시 항저우로 돌아왔다. 넌들 여행에서 배우는 게 없겠는가. 중요한 것은 그 배움이 자신을 얼마나 바꾸는가이다. 만약 아무런 변화가 없다면 그것은 힘없는 기억일 뿐이다. 쑤만수는 동남아와 스리랑카로 이어진 여행에서 불교뿐만 아니라 인도 고전문학의 세계를 경험했다. 더구나 이 여행에서 그는 산스크리트에 대한 기초를 마련했다. 항저우 영은사에서 『범문전』(梵文典) 집필을 시작했다.

> 유럽에서 통용되는 문자는 대부분 라틴어에서 나왔다. 라틴어는 희랍어에서 나왔는데 이렇게 따져 올라가면 실제는 산스크리트에서 근원한다. 고대 언어학을 보면 범문과 한문 둘 외에 나머지는 거론할 게 못 된다. ─『범문전』「자서」(自序)

1907년 쑤만수는 류스페이(劉師培)와 그의 부인 허전(何震)과 함께 일본에 도착했다. 그들이 처음 머문 곳은 당시 장타이옌이 편집장으로 있던 『민보』사 사무실이었다. 이곳에서 몇 개월을 거처한 후에 류스페이가 설립한 『천의보』(天義報)사로 이사한다. 『천의보』는 중국 최초의 무정부주의 계열 잡지다. 이 잡지는 무정부주의와 공산주의를 함께 소개했다. 맑스의 『공산당선언』도 이 잡지에서 최초로 소개했다. 쑤만수는 『민보』와 『천의보』에 여러 편 문장을 발표했다. 때론 수필을, 때론 번역을, 때론 그림을 실었다. 장타이옌과 류스페이는 유명한 국학자지만 당시 그들은 국학보다는 사회사상에 훨씬 관심을 가지고 있었다. 류스페이는 단지 서구의 무정부주의 수입에 노력한 것이 아니라 중국적 무정부주의를 상상하기도 했다. 그는 장자적 무정부주의를 꿈꾸었다. 일본 체류 기간 쑤만수는 장타이옌과 매우 가깝게 지냈다. 장타이옌은 쑤만수를 무척 아꼈다. 장타이옌이 『민보』에 불교 논설을 발표하던 시기도 바로 이때다. 쑤만수는 불교 연구의 선배이자 혁명 동지인 장타이 옌을 무척 따랐다. 둘은 인도 여행을 꿈꾸었다. 붓다가 탄생한 그곳을 방문하고 싶었다. 장타이옌은 심지어 인도에 가서 출가하겠다고 결심했다. 둘은 불교라는 매개로 결합했다.

쑤만수는 일본에 있는 동안 범어 학습서를 출간했다. 당시 그와 친분이 있던 장타이옌, 류스페이, 천두슈 등이 서문을 써 준다. 장타이옌은 서문에서 현장(玄奘)이 산스크리트를 중국어로 번역하는 과정에서 겪은 여러 가지 언어 문제를 기록해 놓지 않은 것이 아쉽다고 말했다. "광저우 만수 비구가 이런 점을 근심하다가 영국인 막스 뮐러 등이 범어 교본을 내놓았다는 이야기를 들었다. 비록 너무 간단해서 대승의 교의를 제대로 전달하지는 못했지만 개념 운용이 매우 정확했다. 그래서 뮐러의『초보자를 위한 산스크리트 문법』(*A Sanskrit Grammar For Beginner*)을『초보범문전』(初步梵文典) 4권으로 편집 번역했다. 한 번 일람할 필요가 있다고 생각한다." 막스 뮐러는 독일계 영국 학자로서 『동방성서』로 이름 높은 인도학 연구가다. 아울러 그의 동양인 제자들은 아시아에서 근대적 불교학을 정초한 최초의 인물들이기도 했다. 쑤만수의 이 책은 중국인이 출간한 최초의 범어 교본이었다. 이 책이 실제 큰 영향력을 발휘한 것은 아니지만 불교 연구에서 산스크리트 학습이 시야에 들어왔다는 사실은 근대 불교학을 이해하는 데 매우 중요한 사건이다.

일본에서 돌아온 쑤만수는 1908년 10월 양런산의 부름을 받아서 난징으로 갔다. 양런산은 금릉각경처에 교육기관인 '기원정사'를 준비했다. 양런산은 다방면의 전문가를 초빙했다. 불교뿐만 아니라 신학문을 가르치기도 했다. 쑤만수는 기원정사에서 산스크리트와 영어를 가르쳤다. 그는 불교의 세계성에 대해서 말했다. 기원정사가 자금 사정으로 오래지 않아 문을 닫자 쑤만수는 이곳 저곳을 떠돌아다녔다. 언제나 혼자였고 그래서 고독했지만, 그 고독을 치유하려 들지 않았다.

붓다는 제자들에게 수행처 고르는 법을 일러준 적이 있다. 마을에서 너무 멀지도 않고 너무 가깝지도 않는 곳에 수행처를 마련하라고 일렀다. 세간에서 멀리 달아난다고 탈속을 성취하는 것은 아니다. 그렇다고 세속의 살림살이 속에서 탈속의 묘(妙)를 보이기란 또 어렵다. 수행처에는 긴장이 도사리고 있어야 한다. 쑤만수를 보고 사람들은 '비승비속'(非僧非俗)이라고 이야기했다. 출가한 적은 있지만 계를 지키는 것도 복장을 제대로 갖추는 것도 아니었다. 정식으로 비구계를 받은 것도 아니다. 승복을 걸치고 육식을 즐기고 음주를 하기도 했다. 주위에선 그냥 양복을 걸치라고 했지만 "고기 먹고 술 마시는 데 양복이 더 편한가?"라고 반문할 뿐이었다. 물론 이 말이 대단한 것은 아니다. 그는 그만큼이었다. 스스로 '만수 화상'(曼殊和尙)이라고 불렀지만, 그것이 꼭 자신을 스님으로 알아달라는 요청은 아니었다. 단지 자신이 그리 살고 싶었을 뿐이다. 스스로 납자라고 했고, 행각승이라고 했고, 시승(詩僧)이라고 했다.

신라의 원효는 이런 노래를 부르면서 다닌 적이 있다. "누가 자루 없는 도끼를 빌려 주겠는가. 나는 하늘 받칠 기둥을 찍으련다." 이 이야기를 들은 무열왕은 "이 스님께서 아마 귀부인을 얻어 훌륭한 아들을 낳고 싶으신가 보다"고 생각했다. 그때 요석궁에는 과부가 된 요석 공주가 머물고 있었다. 얼마 후 물에 빠진 원효를 옷 말린다는 핑계로 요석궁으로 모셨다. 그곳에서 한동안 머문 후 요석 공주가 아기를 가졌는데 훗날의 설총이었다. 원효는 분명 파계했다. 이 사실을 번복할 수

쑤만수는 세속에 있으면서 시를 쓰고 소설을 지었다. 산스크리트 교재를 편찬하기도 했다. 열심히 움직였지만 여전히 고독했다. 무슨 수로도 그 영혼을 달랠 수가 없었다. 멋진 양복을 입고 있지만 그는 여전히 '만수 비구'로 자처했다. 세속인이 될 수 없는 자의 불행이다.

는 없다. 설총을 낳은 후 속인의 옷으로 갈아입은 원효는 거사로 자처했다. 무애박을 두드리면서 거리에서 춤추고 노래했다. 사람들은 그를 따라서 나무아미타불을 읊조렸다. 가난하고 배운 것 없는 사람들이 원효를 통해서 불교를 일상으로 받아들였다. 파계했다고 무슨 원수가 되는 것은 아니다. 파계했다고 몹쓸 놈이 되는 것도 아니다. 자신의 약속을 어겼으니 이제 다른 모습을 보여야 할 뿐이다. 원효는 그랬다. 그것은 일종의 이벤트였다. 마치 굿판을 벌이듯 사람들을 웅성거리게 했다. 당기고 밀었다. 원효에 비하면 쑤만수가 훨씬 더 불편하고 모자랐다. 어설퍼 보이기까지 한다. 출가나 그 이후 모습에서 원효와 같은 깊이를 맛보기란 근본적으로 불가능한 것인지도 모른다.

그리움에 매달리지 말지어다

쑤만수에게는 어디나 타향이었다. 늘 어색했다. 하지만 그는 멈추지 않고 움직였다. 그의 움직임에 자유가 깃든 것은 아니다. 단지 그가 할 수 있는 최소이자 최대였다. 쑤만수는 1910년 친구 류쌘에게 보내는 편지에서 시 한 수로 자신의 신세를 읊었다. "세상에 나 부처 된다는 걸 내 감당할 수 있을까? 어두운 꿈속 기댈 곳 하나 없음에 누르지 못하는 고통 있네. 소식 묻는 그대 류쌘 너무도 고맙네만, 나는 늘 변변찮은 목숨 부지하며 시 짓는 중으로 살고자 하네." 그는 어둠을 개척할 희미한 손전등 하나 없이 그냥 서 있었다. 만수 비구는 부처의 꿈도 저버렸나 보다. 허투루라도 가져 봄직한 성불의 꿈을. 그는 시로써 자신을 위안하겠단다. 1909년 쑤만수는 영국의 유명한 시인 바이런(Byron)의 시를 번역 출간했다. 특히 「슬픈 그리스」(哀希臘)가 유명하다. 이 글은 량치차오도 앞서 번역한 적이 있고, 이후 마쥔우(馬君武)도 상하이에서 번역 출판했다. 쑤만수의 번역은 매우 완정한 고문 형식을 띠고 있다. 그것은 장타이옌의 영향이었다.

리수퉁이 문학이나 예술 영역에서 엄청난 성취를 맛본 후에 그것과 완전히 단절하면서 출가를 감행했다면, 쑤만수는 지속적으로 자신의 문학에 불교를 침투시켰다. 불교 설화에서 영감과 소재를 끌어왔다. 쑤만수의 성취는 불교 사상이나 학술의 측면이 아니라 불교 문학에 있다. 1912년 발표한 『단홍령안기』(斷鴻零雁記)는 1인칭 시점으로 마치 그림을 그리듯 한 남자의 힘든 영혼을 묘사했다. 이 글은 사실 자전적 소설이다. 사랑하는 여자는 계모의 핍박에 부잣집으로 시집 가 버리고 자신은 출가를 한다. 출가한 이후 다시 일본으로 생모를 찾아 나서고 또 그곳에서 우여곡절을 겪는다. 진정으로 불문에 귀의하면서 감정의 실타래를 끊고 중국으로 돌아와 보니 사랑했던 여인은 단식으로 이미 목숨을 끊었다. 쑤만수의 소설은 중국적 정서와 서양 소설의 뛰어난 묘사 능력을 함께 갖추고 있었다. 그래서 당시 젊은이들 사이에 크게 유행했다.

소설처럼 그는 홀로 나는 한 마리 기러기로 살았다. 집도 없었고, 가족도 없었고, 심지어 끼니도 제대로 때우지 못했다. 하지만 그것을 개선해야 할 무엇으로 여기지도 않았다. 이런 것을 유유자적이라는 말로 꾸미지 말자. 분명 외롭고 많이 고독했다. 그는 그것을 자꾸만 안으로 빨아들였고 문학이란 유리구슬로 내보였을 뿐이다. 그것뿐이었다. 엄청난 명문가에 태어났지만, 변변한 거처 없었고 병들어도 약 쓸 처지 못 됐다. 1918년 봄날 서른다섯 쑤만수는 홍진의 세계를 마감했다. 쑨원은 쑤만수가 죽자 그의 장례를 치러 주었다. 중국의 문호 린위탕(林語堂)은 쑤만수를 "선명한 개성, 영원한 매혹"이라고 요약했다. 예술가의 삶이 꼭 슬퍼야 아름답거나 매혹일 턱은 없다.

제3부
불교와 유교

1898년 변법운동의 주인공 캉유웨이다. 그의 정치 개혁은 100일 천하로 끝났지만 중국 사회를 밑둥부터 뒤흔들었다. 그는 시차오 산의 생명 체험을 통해서 자유와 더불어 자비를 얻었다. 아파하는 능력을 배운 셈이다.

11_ 성현인가 보살인가, 캉유웨이

전통 학술의 동요

한 사람의 인생이나 사상을 단지 하나의 맥락으로 붙들기란 그리 녹록지 않다. 삶은 그렇게 단순하지도 논리적이지도 않기 때문이다. 이럴 때 우리는 곧잘 당혹스럽다. 한 인물이 가진, 일면 모순처럼 보이는 혼란을 어떻게 처리해야 하나. 하지만 우리에게 필요한 것은 그 삶을 매끈하게 정리하는 능력이 아니다. 중요한 건 하나하나 사실에 대한 충실함이다. 그래야 그 삶의 가치가 온전히 드러난다. 근대 중국의 혼란을 살면서 사람들은 역사의 혼돈과 함께 의식의 혼돈을 경험한다. 자신도 그 혼돈을 어찌하지 못한다. 이런 혼돈의 대표적인 인물이 캉유웨이(康有爲, 1858~1927)다. 사실 그를 완전히 불교 인물로 취급하기는 곤란하다. 너무도 많은 촉수로 지식을 흡입했고, 너무도 많은 관심으로 주위를 두리번거렸기 때문이다. 그가 구성한 지식 체계도 단지 불교만으로 포괄할 수 없다. 유교에 훨씬 가깝다. 그럼에도 근대 불교사에서 그를 다루는 이유는 그의 유토피아론 때문이다. 그는 불교적 이상세계와 유교적 가치를 결합해서 대동(大同)세계를 상상했다.

훗날 캉유웨이를 따르는 사람들은 그를 남해성인이라고 불렀다.

광둥 성 난하이(南海) 출신이기 때문이다. 이곳은 지금 광저우(廣州)에 해당한다. 고대에는 변방에 지나지 않았다. 하지만 아편전쟁 때문에 홍콩이 조차되자 새로운 지식의 통로가 되었다. 더 이상 궁벽한 곳이 아니었다. 그렇다고 전통적 지식이 부재했던 것은 아니다. 이 지역 출신인 쑨원과 비교해 보면 캉유웨이는 훨씬 더 전통적이었다. 그것은 집안분위기와 관련된다. 캉유웨이의 어릴 적 이름은 쭈이(祖詒)였다. 집안은 대대로 송명이학을 공부한 명문세가였다. 고조부는 가경(嘉慶, 1736~1812) 연간에 거인(擧人)이었고, 당시 그 지역에서 이름난 학자였다. 조부도 도광(道光, 1812~1850) 연간에 거인이 되어 교육 관련 업무에 종사했다. 송명이학을 독실하게 지켰다. 부친은 광둥 지역의 저명한 학자 주츠치(朱次琦, 1807~1881)의 학생이었다. 대대로 교육가 집안임을 알 수 있다. 열한 살 때 부친을 잃었고, 이후 조부에게 배웠다. 유교 경전뿐만 아니라 제자학(諸子學) 서적 및 당시 위인들의 전기를 읽었다. 하지만 이때까지 그는 단순히 배움의 기초를 놓았을 뿐이었다. 1876년 열여덟 살의 캉유웨이는 광저우에서 향시에 참여했지만 낙방했다. 할아버지는 향시에 낙방한 손자를 자신의 친구이자 아들의 스승이기도 한 주츠치에게 맡겼다.

고향 근처 주장(九江)의 예산(禮山)초당에 입학했다. 주츠치는 광둥 지역에서 가장 유명한 학자였고 주장 선생으로 불렸다. 주츠치를 만나고서야 그는 그야말로 학문의 길로 접어들 수 있었다. 1876년부터 주츠치에게서 경세치용(經世致用)의 학문을 배웠다. 주츠치는 말한다. "독서를 통해서 이치를 밝히고 이치를 밝힘으로써 일을 처리한다. 먼저 스스로 몸과 마음을 바르게 하고 세상의 쓰임에 호응한다." 그의 목적은 분명했다. 이런 이유 때문에 그의 방법 또한 분명했다. "공자의

학문을 배우는 데 한학이니 송학이니 이런 것 없다. 수신과 독서가 그
것의 본질이다." 한학은 한나라 때 형성된 경학(經學) 전통을 가리킨
다. 당시 유행한 고증학은 이것을 계승했다. 한학은 엄밀한 고증을 통
해 텍스트를 파헤치고, 송학은 천리와 인성을 운운하며 형이상학을 논
했다. 주츠치는 한학의 번쇄함과 송학의 공허함을 비판했다. 분명 공자
의 말은 단순하고 실질적이다. 왜냐하면 당시 그는 매우 구체적인 문제
로 고민했기 때문이다. 공자는 자신의 견해가 현실 정치에 반영되길 바
랐다. 그래서 경세치용이 무엇보다도 중요했다. 주츠치는 기존 학문을
배척한 것이 아니라 어느 하나만을 정통으로 내세우는 방법을 거부한
것이다.

　　캉유웨이는 스승 주츠치의 인격이나 학문을 칭송했다. 고상한 인
격을 가졌고, 학문에서는 편협하지 않았다. 명말(明末)의 고염무나 왕
부지를 닮았다고 했다. 캉유웨이도 이런 스승의 영향으로 한학이나 송
학 어느 한쪽에 치우치지 않고 매우 다양하게 독서했다. 이런 습관은
이후에도 지속된다. 특히 그의 경세(經世) 의식은 그가 한 시대를 풍미
할 수 있었던 이유기도 했다. 고염무나 왕부지는 각기 다른 사상 맥락
을 갖지만 학문이 단지 학자의 서재 속에 갇힐 수 없음을 보여 준 인물
이다. 청대 지식인의 우상이기도 했다. 캉유웨이는 스승에게서 학문하
는 자의 모범을 보았다.

시차오 산의 생명 체험

캉유웨이가 예산초당에 입학한 이듬해에 조부가 홍수에 떠밀려 익사
했다. 그는 귀향해서 100일 동안 소복을 입고 조부의 묘소를 지켰다.

이후 스승이 운명했을 때도 정성을 다했다. 이런 것은 그가 훗날 전통 비판의 거대한 물결 속에서도 공자교(孔子敎) 운동을 전개할 수 있었던 하나의 배경이다. 허례일지도 모르나 자신은 의미를 발견하고자 했다. 조부의 죽음은 열한 살 적 부친의 죽음과 달랐다. 적어도 그의 느낌은 그러했다. 인생에서 죽음의 의미가 뭔지 가만히 물었다. 누구도 대답해 주지 않는 이런 물음을 갖고 예산초당에서 3년간 학습했다. 스승으로부터 중국 고전에 대한 매우 단정한 교육을 받았지만 심중의 답답함을 어찌하지 못했다. 깊고 고요한 것에 대한 뜨거운 열정이 그에게 있었다. 그는 고서에 묻힌 죽은 말씀은 싫었다. 그는 실감을 원했다. 몸에 척척 달라붙는 그런 경험 말이다. 괴로워도 좋다. 슬퍼도 좋다. 그는 말한다.

사고전서(四庫全書)에서 주요한 저작의 대의를 대략 파악했다. 매일 종이더미에 묻혀 그것의 오묘함에 빠져 있었는데 점점 그게 싫어졌다. 매일같이 떠오르는 생각이 있었다. 대진 같은 고증학자의 책들이 집안 가득 있었지만 도대체 무슨 쓸모가 있을까 생각했다. 그래서 그것을 버리고 혼자 안심입명(安心立命)할 곳을 찾았다. 책을 물리치고 공부하는 것도 멈추고 문을 닫아걸고 동료들의 방문을 막았다. 조용히 앉아서 마음을 닦았다. ……문득 천지만물이 나와 하나 되고 큰 빛이 쏟아졌다. 성인이 되었다고 여겨 기뻐 미소 짓다가도 문득 창생의 고난을 생각하니 불쌍해서 곡을 했다. 동료들은 내가 웃다가 울다 하니 정신이 나갔다고 여겼다.

— 『캉난하이가 스스로 편집한 연보』(康南海自編年譜)

사고전서는 중국 전통 지식의 전부라고 감히 말할 수 있을 정도로 방대하다. 청대의 문화 역량을 상징하는 것이기도 하다. 때론 바다 같고, 때론 수렁 같다. 캉유웨이는 이곳에서 기분 좋게 순풍을 맞기도 했고 두려움 속에서 허우적대기도 했다. 자칫하면 깔려 죽을 것 같은 엄청난 종이 뭉치에서 뭔가를 발굴하듯 뒤지는 자신에게 최소한 동기라도 지불해야 하지 않을까 생각했다. 그는 결국 책이 아니라 심중의 문제로 되돌아왔다. 마치 선사가 마음 도리를 이야기하듯 그도 이제 문헌이 아니라 자신을 다루고자 했다.

캉유웨이는 1878년 겨울 스승에게 인사하고 고향으로 돌아왔다. 1879년 어느 봄날 고향 근처 시차오 산(西樵山) 백운동에 들어서 불서를 열람하고 참선에 매진했다. "처음에는 온갖 마(魔)가 달려들었고, 참선을 계속하자 갖가지 꿈이 멈췄다. 신명이 밝아지고 흔연히 깨달음이 있었다." 그는 안심의 길을 찾았다. 무엇도 견주지 못하는 즐거움이 거기에 있었다. 불교에서는 법열(法悅)이라고 한다. 붓다가 깨달음 속에 누린 기쁨 같은 거다. 하지만 그것이 있기에 곧 닥치는 슬픔, 이게 자비다. 자비는 좋아하는 마음이 아니다. 아파하는 마음이다. 자비는 중생의 아픔을 자신의 온몸으로 아파하는 능력을 말한다. 대승불교의 빛나는 보살 선언이 여기에 있다. 캉유웨이는 저 창생(蒼生)을 생각하니 다시 눈물이 났다. 어찌할 것인가.

한 경계를 돌파하여 활발발(活潑潑)한 상태로 진입했을지는 몰라도 어김없이 중생들의 살림살이는 가시처럼 눈을 찌른다. 입세인가 탈속인가. 하지만 그의 태도는 얼른 분명해졌다. 어떻게 살아야 하는지, 무엇을 지향해야 하는지가 분명해지면서 그의 방황은 사라졌다. 고통은 피하는 것이 아니라 해결하는 것이다. 불교에서 말하는 고통〔苦〕·

집착[集]·소멸[滅]·방법[道] 네 가지 진리, 즉 사제(四諦) 가운데 하나인 고제도 마찬가지다. 입세와 탈속은 선택 상황이 아니다. 하나를 선택하면 나머지 하나를 버릴 수 있는 게 아니다. 그것은 여전히 따라온다. 이것이 보살의 자비이고 유자(儒者)의 안심입명이다. 바로 아파하는 능력이야말로 그들의 가장 훌륭한 미덕이자 수행의 방법이다.

시차오 산의 경험 이후 캉유웨이는 현실에 대해 매우 분명한 입장을 가지게 되었다. 적극적으로 현실에 참여했다. 그는 홍콩을 여행하면서 서구에 대한 새로운 시각을 가졌다. 세계적 시각에서 중국이 처한 상황을 가늠했다. 그는 분명 전통적 학술인이었다. 하지만 서양 학술 속에서도 진리가 가능함을 발견했다. 더구나 청 제국이 처한 상황을 보자면 오히려 서양에서 배워야 함을 자각했다. 서양은 이제 오랑캐나 야만국이 아니다. 어떻게 보면 이것은 일종의 균열이다. 중국 지식인이 가지고 있던 천하관이나 우월의식이 흔들렸기 때문이다. 물론 사람마다 균열의 편차는 있지만 새로운 지식인은 두렵기도 했고, 이것 때문에 용기를 내기도 했다. 뭔가를 얼른 찾아야 한다는 긴박감이 생겼기 때문이다. 절대 정통 학술일 수 없었던 불교를 많은 지식인들이 공개적으로 학습한 것도 이와 무관하지 않다. 그들은 어떤 식으로든 자신과 사회의 돌파구를 찾고 싶었다. 그것이 양명학이든 불교든 중요치 않았다.

캉유웨이는 양명학을 디딤돌로 불교에 도달했는데 이런 경향은 중국 근대에 많이 볼 수 있다. 근대 중국 지식인들이 말하는 유교는 대부분 양명학이다. 중요한 점은 그들이 불교나 양명학을 선호한 시기가 인생의 황혼기가 아니라 혈기 왕성한 젊은 날이었다는 사실이다. 세상의 혼란을 치유할 도구로서 그들은 불교를 선택했다. 둔세가 아니라 입세의 방식인 셈이다. 캉유웨이의 제자 량치차오(梁啓超)는 스승의 불교신앙을 이렇게 평가했다. "선생은 양명학에서 불교로 진입했는데 선종에 가장 뛰어났고, 화엄종을 귀의처로 삼았다." 선종은 뭐고 화엄종은 또 무엇인가. 캉유웨이 자신의 수양은 분명 참선을 통했지만 그가 그리는 세상은 화엄적 국토였다. 화엄세계의 꿈은 그의 『대동서』에서 잘 나타난다.

전투의 시작

유학이라는 커다란 테두리 안에서 캉유웨이는 이리저리 편력했다. 하기야 편력도 자기 발전일 수 있다. 흔히 송학이라고 불리는 이학에서부터 한학이라고 일컬어지는 고문 경학이나 금문 경학, 우리에게는 양명학으로 익숙한 심학에 이르기까지 매우 큰 폭으로 횡단했다. 하지만 결국 그는 금문학, 즉 공양학가로 자신을 내세웠다. 청대 공양학(公羊學)의 독자성은 유봉록(劉逢祿, 1776~1829)에 의해 가능했다. 그의 제자가 유명한 궁쯔전(龔自珍, 1772~1856)과 웨이위안(魏源, 1794~1856)이다. 두 사람은 청말 개혁가로 활동했고, 모두 공양학을 근거로 자신의 주장을 펼쳤다. 그들은 이학이 아니라 심학에 심취했고, 나아가 불교를 신앙했다. 이들의 영향으로 공양가는 불교에 상당히 호의적이었다. 웨이위안은 정토신앙에 몰두했고, 궁쯔전은 천태종의 수행법을 따랐다. 이들은 고문 경학 등의 기존 학문을 비판하면서 현실 문제에 강한 관심을 표명했다. 량치차오는 『청대학술개론』에서 금문학 운동의 중심에 선 사람이 바로 캉유웨이라고 적고 있다.

캉유웨이는 『신학위경고』(新學僞經考)에서 당시 유행하던 고문 경학의 주요 텍스트가 날조된 문헌임을 주장했다. 여기서 '신'은 왕망(王

莽)이 한(漢) 왕조를 찬탈하고 세운 나라를 말한다. 캉유웨이는 전한 말 유흠(劉歆)이 왕망을 도와 한을 찬탈하기 위해서 고문을 조작했다고 보았다. 량치차오는 『신학위경고』의 위력에 대해서 다음과 같이 평가한다. "첫째, 청대 학술 정통파의 발판이 근본부터 흔들렸다. 둘째, 모든 옛 문헌을 전부 다시 점검하고 평가하지 않으면 안 되었다. 이는 실로 사상계의 일대 태풍이었다." 캉유웨이는 『춘추공양전』의 삼세설을 이용해서 일종의 진보 사관을 제기했다. 지극히 혼란한 시대(거란세), 태평세로 지향하는 사회(승평세), 태평한 시대(태평세)를 말하고 『예기』「예운」의 '대동'과 '소강' 개념을 다시 이것과 결합했다. 결국 현실 사회는 대동사회를 향해 가야 하고, 그것을 향해 부단히 노력해야 한다는 입장이다. 캉유웨이의 이런 생각은 분명 서구 진화론의 영향 속에 있다. 캉유웨이의 발언은 변화의 요구다.

옛날 거란세에는 인류를 정함으로써 가족제도를 만들었다. 그러므로 부득이 마음을 괴롭히며 바른 이치를 해치면서까지 그들을 억압하였다. 그러나 지금은 승평세를 만나 전 인류가 진보하여 문명을 이루었으므로 당연히 그것을 변화시켜야 한다. 혼란한 세상과 태평한 세상은 마치 겨울과 여름처럼 상반된 것이므로 겨울에는 겨울옷을, 여름에는 여름옷을 입는 것이 마땅하다. 『역경』에서 "궁하면 변하고, 변하면 통하며, 통하면 오래 간다"고 했다. 지금은 당연히 궁한 때이니 천리, 인심, 국세, 지운이 모두 시세에 순응하여 변해야 마땅하다.

―『대동서』

그가 『역』을 인용한다고 해서 순환론적 역사관을 떠올릴 필요는 없다. 캉유웨이는 분명 서구적인 진화론을 염두에 두고 있다. 순환하는 역사를 꿈꾼 게 아니라 전진하는 역사를 상상했다. 당시 상황을 감안한다면 이 정도만으로도 지식인을 두들길 만했다. 또한 청대 금문 경학가가 내세운 미언대의(微言大義)의 추구도 실은 이런 것과 맞닿아 있다. "미묘하게 쓰인 말 속에 중요한 뜻이 담겨 있다"는 발상은 어떤 경서를 읽든지 그것의 대의를 장악하려는 매우 대담한 발상을 낳았다. 자구(字句)에 대한 해석이 아니라 그것이 지향하는 궁극을 간파해야 한다. 량치차오는 캉유웨이의 이런 학문을 다음과 같이 평가한다.

> 고전을 읽을 때 장구(章句), 훈고(訓詁), 명물(名物), 제도(制度) 등 지엽적인 것에 치우치지 말고, 마땅히 그 의리를 탐구하는 데 힘쓰도록 하였다. 이른바 의리란 심이나 성을 말하는 것이 아니라, 옛사람이 법을 만들고 제도를 세우는 오묘한 뜻을 말하는 것이다. 그리하여 한학과 송학을 모두 버렸고 학계에는 새로운 영역이 개척되었다.
>
> —『청대학술개론』

고문 경학가가 고대 문헌을 읽을 때 가장 중시하는 점이 바로 장구, 훈고 등이다. 문헌 자체에 대한 엄밀한 이해와 당시 상황을 정확히 파악하겠다는 의도다. 물론 그들이 단지 이것만 한 것은 아니지만 캉유웨이가 보기에 많이 모자랐다. 그는 텍스트에서 옛사람의 의도를 파악하기만 하면 된다고 말한다. 그것은 경전에서 보이는 제도와 풍물이 어떤 의도를 가지고 어떤 문제를 해결하려 했는지를 되짚는 것이다. 이것이 그야말로 경세치용이다. 캉유웨이는 각 문헌에서 현재적 의미를 포착하려 했다. 캉유웨이는 『신학위경고』와 『공자개제고』(孔子改制考) 등

고전 다시 쓰기를 통해서 현재를 개척하고자 했다. 물론 그가 그리는 세계는 고전적 세계에 있지 않았다. 이런 생각은 1894년 청일전쟁의 발발과 청의 참패로 더욱 강해졌다.

조선의 갑오년 동학 농민군의 봉기가 발단이 된 청일 간의 전쟁은 허무하게 끝이 났다. 당시 리훙장(李鴻章)이 이끌던 거대한 북양(北洋) 해군은 거의 전멸한다. 일본군이 산둥 성 웨이하이(威海)의 북양해군 기지를 점령하자 청 정부는 서둘러 휴전 협상을 시작했다. '시모노세키(下關) 조약'으로 청일전쟁은 종결한다. 청일전쟁의 패배로 당시 권력의 두 중추였던 서태후와 리훙장의 무능함이 여실히 드러났다. 이런 분위기 속에서 그들은 다소 주춤했다. 이때 젊은 광서(光緒) 황제와 청년 지식인이 결합한다. 지식인들의 중심에 캉유웨이가 있었다. 1898년 6월 11일부터 9월 21일까지 100일 동안 진행된 정치 개혁[變法]은 서태후의 복귀로 종결했다. 광서제는 연금 상태에 들어가고 개혁의 중심 인물들은 처형되거나 망명했다. 캉유웨이도 이때부터 오랜 망명 생활을 시작한다. 청말 신흥 지식인이 시도한 최초의 현실 도전은 이렇게 좌초했다.

대동세계의 상상

캉유웨이는 『대동서』에서 현실에 대한 도전보다는 미래에 대한 꿈을 노래했다. 이 책은 불교적 색채를 강하게 띠고 있다. 그 내용이 너무도 급진적이어서 쉽게 세상에 나오지 못했다. 캉유웨이 자신도 세상에 알리기를 꺼렸다. 여성해방과 계급해방, 심지어 가족 부정까지 언급하고 있다. 캉유웨이의 제자 량치차오는 이 글의 초고를 읽고 빨리 출판해야 한다고 말했지만 캉유웨이는 현실이 『대동서』를 감당할 수 없다고 말했다. 그래서 원고를 숨겼다. 명대 이탁오가 자신의 글을 『분서』(焚書)나 『장서』(藏書)라고 이름 붙인 것을 연상할 수 있다. 급진적인 양명학자인 그는 자신의 글이 세상에 나가면 사람들이 태워 없애려 들 것이고, 그래서 고이고이 숨겨야 한다고 말했다. 그래서 저렇게 이름을 붙였다. 다행히 두 글은 살아남아서 우리에게 그의 강렬함을 선물한다. 마찬가지로 캉유웨이가 생각한 대동세계는 당시로서는 도저히 수용할 수 없는 거였다. 지선지락의 완전한 평등 세계다. 불교에서 말하는 극락이자 정토인 셈이다.

『대동서』는 전체 열 부분으로 구성되었다. 첫 장은 「세계에 들어 중생의 고통을 살핀다」이고 마지막 장이 「고통의 세계에서 극락에 이르다」이다. 이것을 봐도 쉽게 그가 무엇을 염두에 두고 있는지 알 수 있다. 이 글은 불교에서 말하는 사성제의 원칙으로 이루어졌다. 고통〔苦〕, 그것의 원인인 집착〔集〕, 고통이 소멸한 세계〔滅〕, 그리고 고통을 소멸하는 방법〔道〕 등이 불교에서 말하는 네 가지 진리〔諦〕다. 각각 고제, 집제, 멸제, 도제다. 붓다는 이를 통해서 세계의 실상을 알렸다. 캉유웨이는 붓다가 제시한 네 가지 진리를 통해서 현실의 고통과 그것을 넘어선 세계의 환희를 언급하고 있다. 『아함경』에서 사리불은 붓다를 대신해서 사성제를 설한다.

사성제란 어떤 것이겠습니까? 이른바 괴로움의 범위에 대한 진리, 괴로움의 원인에 대한 진리, 괴로움의 소멸에 대한 진리, 괴로움의 소멸을 위해 실천해야 할 방법에 대한 진리입니다. 여러분, 괴로움의 범위에 대한 진리란 어떤 것이겠습니까? 이른바 태어나는 것은 괴로움이

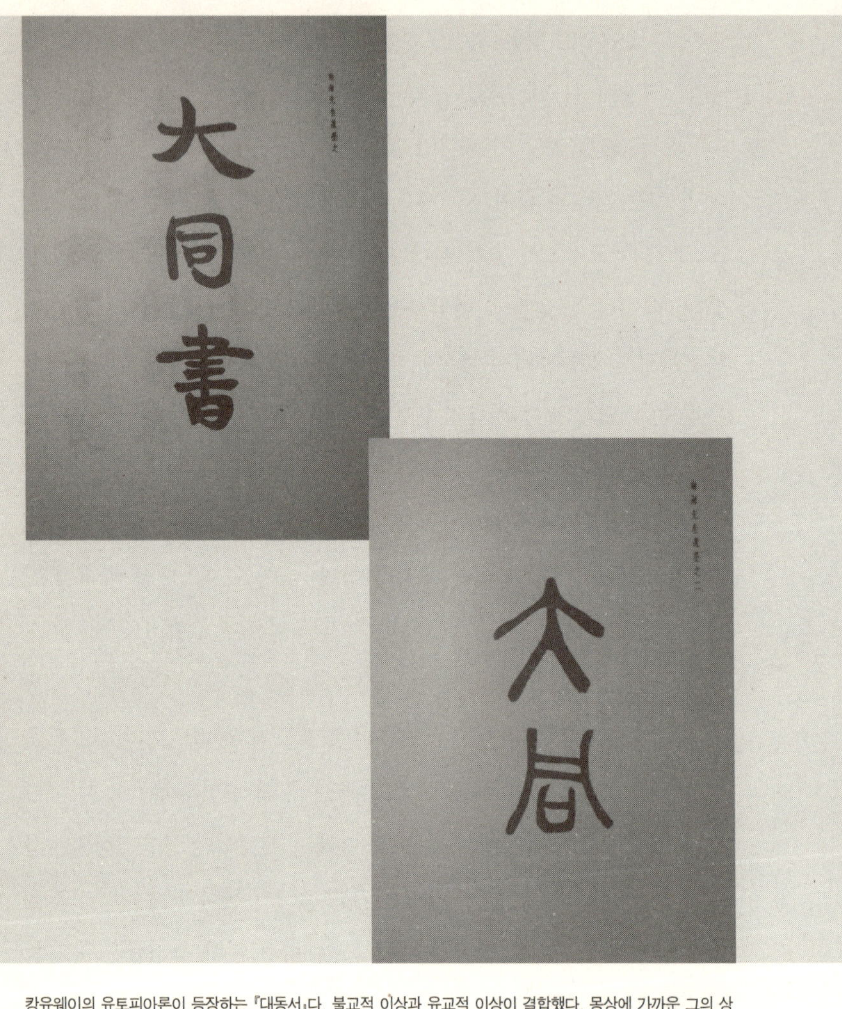

캉유웨이의 유토피아론이 등장하는 『대동서』다. 불교적 이상과 유교적 이상이 결합했다. 몽상에 가까운 그의 상상을 나무랄 수도 있겠지만 꿈꾸지 못하는 자는 건설하지도 못한다는 사실을 알아야 한다.

요, 늙는 것도 괴로움이며, 병드는 것도 괴로움이요, 죽는 것도 괴로 움이며, 원수와 만나는 것도 괴로움이요, 사랑하는 이와 헤어지는 것도 괴로움이며, 구하는 것을 얻지 못하는 것도 괴로움이요, 다섯 가지 요소로 구성된 이 몸도 괴로움입니다.　　　　　　　　　―『중아함경』

현실고의 확인은 현실에서 벗어나기 위해서가 아니다. 그것은 현실의 문제에 접근하는 방식이면서 동시에 현실에 참여하는 방식이다. 캉유웨이가 그리는 극락은 일체의 차별이나 고통이 사라진 곳이다. 그는 말한다. "사람의 삶은 안락을 구한다. 천심은 오직 인(仁)을 가질 뿐이다. 먼저 고통의 이유를 제거하고 점점 태평세계를 드러낸다. 낱낱 사물은 꽃으로 장엄된 세계를 낳고, 낱낱 사람은 불신(佛身)을 나툰다. 대동도 오히려 길이 있으니 나는 백성을 구제하고자 하네." 이 대목에서 량치차오의 "선생은 화엄종을 귀의처로 삼았다"는 이야기가 떠오른다. 화엄종에서는 한 사물은 한 사건이다. 이 사건 위로 세상 모든 존재가 지나간다. 숱한 사물 가운데 하나가 아니라 그 하나에 숱한 사연이 포착된다고 말했다. 그래서 화엄 수행자는 도둑 바람에 정처 없이 흩어지는 낱낱 벚꽃에서도 세계를 볼 수 있다.

여기서 캉유웨이가 말하는 극락이 단지 서방 극락세계가 아님을 알 수 있다. 그가 말하는 극락정토는 현세에 건설된다. 그의 중생 구제는 사람들이 각각 부처 몸으로 현현하는 것이다. 그는 현실 세계를 버리고 따로 법계가 존재할 것이라고 생각하지는 않았다. 그래서『대동서』에서는 이렇게 이야기한다. "부처가 억지로 번뇌세계에서 도망치려 한다면 극락세계를 찾는 게 불가능할 것이다." 그래서 마땅히 "온 세계에 극락세계를 연출해야 할 것이다." 근대의 특징 가운데 하나인 현실주의는 여기서도 작동한다. 캉유웨이는 현실을 사는 중생과 강하게 밀착한다.

> 캉유웨이는 『대동서』를 지었을 때 아무도 동조하는 사람이 없었지만 30년 전 그 이상과 오늘날의 세계주의, 사회주의와 부합하는 점이 많으니 그는 참으로 뜻이 높은 호걸지사라고 하겠다. 캉유웨이는 이 책을 지었지만 남에게 보이지도 않았으며 또 그대로 가르치지도 않았다. 그는 당시 세상은 거란의 세상이므로 단지 소강만을 말할 수 있을 뿐 대동은 말할 수 없다고 하였다. 만약 대동을 말한다면 세상을 홍수와 맹수의 위험에 빠지게 하는 것이라고 하였다.
>
> ─『청대학술개론』 24장

사람은 꿈이 필요하다. 그것이 비록 허황할지라도. 꿈은 일종의 믿음이다. 믿음은 논리적 귀결이 아니다. 이유가 별로 없지만 믿는 행위다. 그래서 여기엔 비약이 있다. 성불에 대한 꿈이나 정토에 대한 기대도 사실은 이런 거다. 하지만 별로 허무맹랑하지 않은 까닭은 그것과 자신의 현실이 결부되기 때문이다. 신라의 원효는 『대승열반경』의 핵심을 정리한 『열반종요』(涅槃宗要)에서 열반문과 불성문이라는 형식으로 이 문제를 다룬다. 열반이 현실성이라면 불성은 잠재성이다. 이 잠재성은 깨달음의 현실로서 붓다에 의해 확인된다. 일체중생이 모두 잠재성을 지녔다는 엄청난 선언은 논리적 정당성을 통해서 증명되지 않는다. 그것은 구체적 사실을 통해서 확인되는데 바로 정각자(正覺者) 붓다다.

캉유웨이가 떠올린 세계는 정말 오지 않을 미래인지도 모른다. 무술년 실패처럼 처참하게 몰락할 수밖에 없는 꿈인지도 모른다. 그러나 믿음 없는 자가 수행할 수 없듯, 꿈을 저버린 자가 현실을 뚫을 리 만무하다. 잠금 없는 문도 밀치려 하지 않으면 그냥 벽이다. 그래서 언제나 꿈은 그 자체로 반쯤은 성공이다. 마치 첫 마음 일으킴을 불교에서 바로 부처됨이라고 하듯. 캉유웨이는 꿈이 많았기에 행복했다.

저장 성 최고 수재 마이푸. 하지만 그는 세상에 자신을 드러내지 않았다. 평생 항저우에서 은거했다. 면벽하는 수행승이자 산림에 묻힌 처사였다. 유가와 불교 경서를 품고서 깊은 고요에 빠졌다.

12_ 은자의 함성, 마이푸

불교와 유교의 거리

후한(後漢) 시대 중국에 불교가 전래됐다고 불교사가는 말한다. 어림
잡으면 중국 불교는 2000년 역사다. 물론 역사의 길고 짧음이 어떤 것
의 가치를 온통 결정하지는 않는다. 만약 그렇다면 1600년을 이야기하
는 한국 불교는 중국 불교보다 못한 것이 되고 만다. 이런 판단은 사실
유치하다. 우리는 계량화된 시간의 축적이 아니라 오히려 그런 시간을
메운 불교인의 삶을 먼저 떠올려야 한다. 좀더 나아가면 불교가 버티고
선 그 현실을 상상해 봄직도 하다. 2000년 역사 속에서 중국 불교인은
많은 일을 치렀다. 투쟁하고 건설하고 도망하고 다시 나섰다. 그들은
도대체 뭘 위해 그리도 분주했던가. 불교적 가치의 실현 때문이다. 그
것 때문에 다소 성급하기도 했고, 더러 서툴기도 했다. 그것 때문에 영
광스러웠고 또한 찬란했다. 그래서 불교는 중국의 전통이 되었고 문화
가 되었다. 중국에서 불교는 분명 도래한 종교지만 이제 결코 외래 종
교가 아니다. 익숙함 때문이 아니다. 말 못할 깊이 때문이다.

불교는 중국 문화의 일부가 되기까지 유교와 도교(도가)라는 막강
한 전통을 상대해야 했다. 위진 시대에도 그러했고, 수 · 당 시대에도

그러했다. 송대(宋代)에는 더욱 심했다. 성리학이나 양명학의 발흥은 불교에 대한 유교의 자기 혁신이었다. 일종의 윤리학에서 출발한 유교는 철학성이 부족했다. 정교한 사상 체계로 발돋움하기가 힘들었다. 불교의 중국화 이후 그들은 불교에서 많은 점을 배웠다. 화엄의 우주론과 선종의 심성론은 송대 유학으로 고스란히 스며들었다. 새로운 인간 이해를 마련했다. 예를 들면 당대(唐代) 유학자 이고(李翶)는 『복성서』(復姓書)에서 이렇게 말한다.

> 사람이 성인이 되는 까닭은 본성 때문이다. 사람이 이 본성을 가리는 이유는 감정〔情〕 때문이다. 기쁨·성냄·슬픔·두려움·사랑·미움·욕구 등 일곱은 모두 감정이 저지른 짓인데 감정이 혼란해지면 본성은 숨어 버린다. ──『복성서』 상편

이 대목은 이후 송명이학의 심성론에 결정적인 영향을 주었다. 이것은 상당 부분 선종의 심성론에 기반하고 있다. 이고는 당시 대표적 선승 약산유엄(藥山惟儼)을 방문한 적이 있다. 그는 좌선을 배우기도 했다. 선종에서는 의식에서 일어나는 온갖 번뇌를 지우면 곧바로 부처라고 말한다. 이때 부처는 잠재가 아니라 현재다. 물론 유교가 불교를 만나는 과정에서 불교 이론의 변형은 불가피했다. 이렇게 유교는 많은 부분 불교에 빚지고 있지만 도리어 불교를 공격했고 기존의 불교가 가진 현실적 권위를 몰수했다. 다시 강고한 정통으로 복귀했다. 북송대의 유학자와 그들을 계승한 남송의 주희는 송대 신유학을 발동했다. 이런 흐름은 원대를 거쳐 명대에 이르기까지 계속됐다. 그래서 흔히 송명이학이란 말로 주희 이후 성리학 체계를 가리킨다. 하지만 명대에는 양명

학의 영향이 커졌고, 기존의 성리학 체계와는 다른 학술 흐름도 발생했다. 이는 왕부지, 고염무, 황종희 등 명말청초 거유들이 잘 보여 준다.

청대 들어 경학을 중심으로 한 학술 체계가 성립했다. 그것은 성리학 같은 송대의 학술이 아니라 고문 경학이나 금문 경학 같은 한대(漢代)의 학술이었다. 송학과 한학의 대립이라고 말하기도 한다. 고증학 전통은 고염무에서 출발했고, 대진에서 큰 흐름을 형성했다. 이학을 중심으로 한 송학의 전통은 많이 약화됐다. 정통과 이단의 나뉨도 약화되기 시작했다. 유명한 경학자들은 굳이 공자 등 유교 성인의 권위에 매달리지 않았다. 자신의 학문 뿌리를 굳이 주희에 가져다 대지도 않았다. 이학에 의해 이단으로 몰린 양명학이나 사상의 변방에 있던 불교를 기웃거리기도 했다. 청말이 되면서 이런 경향은 더욱 강해졌다. 더구나 신해혁명 이후 유학은 아예 사라진 듯했다. 하지만 여전히 중국의 가장 대표적인 사유로 유학을 강조하는 인물이 있었다. 그들은 신문화운동 시기에도 여전히 유학 전통을 고수했고, 나름의 새로운 사유를 제시했다. 이후 그들은 현대 신유가로 불렸다. 대표적인 인물이 마이푸(馬一浮, 1883~1967), 슝스리(熊十力), 량수밍(梁漱溟)이다. 슝스리나 량수밍이 양명학 전통에서 유학을 수용했다면 마이푸는 이학 전통에 있었다. 그리고 마이푸는 다른 두 사람과 달리 상당히 전통적인 방식으로 유학을 공부한 인물이다.

이들 세 명은 모두 불교와 놓지 못하는 인연이 있다. 량수밍은 평생 불교를 종교로 간직한 사람이다. 슝스리는 지나내학원에서 유식학을 공부하고서 『신유식론』을 저술했다. 마이푸는 고향 항저우에서 거사로 자처하며 불교 공부를 했다. 그리고 그의 벗 리수퉁은 출가하여 고승 홍이(弘一)로 살았다. 홍이의 출가 현장에도 마이푸가 있었다. 마이푸는 중국 근대에 유일하게 이학대사(理學大師)로 칭송된 인물이다. 그러나 오해해서는 안 된다. '이학'이라는 말에서 불교와의 대립을 상상할 필요는 없다. 그는 이학을 중심에 놓고 중국 전통 문화나 사상을 재구성했을 뿐이다. 그는 이학가였지만 또한 불학가였다. 이런 것이 모순일 수 없었다. 그는 서호가에 있는 절간에서 숱한 중국 고전과 불경을 읽었다.

저장의 천재 소년

마이푸는 중국 강남의 문화 중심지인 저장 성(浙江省) 출신이다. 그의 본적은 중국의 문호 루쉰(魯迅, 1881~1936)의 고향인 샤오싱(紹興)이다. 그는 1883년 부친이 관리로 일하던 쓰촨 청두에서 태어났다. 어릴 적 이름이 푸톈(福田)이었고 나중에 푸(浮)로 개명했다. 자(字)는 이푸(一浮)와 이포(一佛) 둘을 썼다. 불가에서 출가한 사문을 복전(福田)이라고 부른다. 출가자에 대한 공양은 엄청난 복덕이 있기 때문이다. 그래서 출가자는 복의 밭이 된다. 다시 속세의 삶을 의미하는 부(浮) 자를 썼다. 부평초(浮萍草) 같은 한 인생을 의미하는지도 모른다. 일부(一浮)와 중국어 발음이 흡사한 일불(一佛)은 다시 탈속의 경지를 표방한다. 이런 이름이 운명이라도 된 듯 이후 그의 삶은 지극히 조용했다. 그는 평생 은자였다.

　마이푸는 다섯 살 때 저장으로 왔다. 열 살 때 병고에 시달리는 모친에게 율시(律詩)를 지어 올렸다. 율시는 꽤나 까다로운 형식미를 강조한다. 그래서 고문에 상당히 익숙해야 겨우 흉내라도 낼 수 있다. 이듬해 부친은 선생을 모셔서 아들의 교육을 맡겼다. 하지만 오래지 않아 선생은 부친을 찾았다. 그는 마이푸를 가르칠 수 없다고 했다. 부친은 행여 아들이 실수라도 한 게 아닌가 생각했다. 그런데 그게 아니었다. 선생은 마이푸의 천재성을 보았다. 도저히 감당할 수 없을 정도의 총기에 두려웠다. 자칫 자신이 마이푸을 가리기라도 하면 어쩌나 덜컥 겁이 난 것이다. 어쩔 수 없었다. 부친은 책을 나르고 아들은 거의 혼자서 책을 읽었다. 독학으로 고전을 공부한다는 것은 어려움을 떠나서 위험하기까지 하다. 하지만 마이푸는 얌전하게 그리고 야무지게 한 권씩 독파했다.

열다섯 살이 된 마이푸는 샤오싱의 현시(縣試)에 참여했다. 같은 지역 출신이자 비슷한 또래인 루쉰 형제가 당시 이 시험에 참여했다. 루쉰의 동생 저우쭤런은 형과 함께 현시에 참가한 기억을 다음과 같이 적고 있다. "모두 11개 반으로 나뉘어 시험을 치렀는데 수석은 마푸톈(馬福田)이었다. 나는 10반의 34등이었고 형은 3반 37등이었다." 각 반에 50명씩이었기 때문에 시험 참가자는 550명이었다. 마이푸는 당당히 장원으로 급제했다. 이후 상급 시험에서도 그는 거푸 장원으로 합격했다. 마이푸의 총기를 누구도 가릴 수 없었다. 마이푸를 눈여겨본 당시 시험 감독관은 그를 사위로 삼고자 했다. 1899년 결혼한 마이푸는 고향에 아내를 두고 상하이로 나가 영어와 프랑스어를 배웠다. 배움의 열정이 넘칠 때였다. 친구 셰우량(謝無量) 등과 『번역세계』라는 잡지를 창간해서 서양 서적을 소개했다.

누구보다도 배움을 즐기고 또 그것을 잘하는 마이푸였다. 상하이 생활이 한창 재미있을 무렵 고향에서 전보가 날아들었다. 아내가 위독하다고 했다. 밤을 새워 고향으로 달려갔다. 집에 도착했을 때 그는 차갑게 식어 버린 아내를 만났다. 애통했다. 10대에 생을 다 산 듯 쓰라렸다. 마이푸는 이후 수십 년간 혼자서 살았다. 임종시에는 아내도 없었고 자식도 없었다. 기실 아내는 어처구니없이 죽었다. 몇 달 전 집안 어른의 상을 당했다. 상중에 임신을 한다는 것은 전통적인 예법에 크게 어긋나는 짓이었다. 하지만 아내는 임신을 했다. 그 아이를 떼려고 노력했고, 결국 약을 복용했다. 하지만 그 약이 그만 부작용을 일으켰다. 결과는 죽음이었다. 젊은 마이푸는 얼마나 비통했을까. 말리지 못한 자신을 탓했는지도 모른다. 이후 마이푸는 평생 독신으로 살았다.

마이푸는 1903년 6월 미국 주재 중국 유학생 관리 기관에서 근무하다 이후 독일과 스페인에서 잠시 공부한다. 1904년에는 일본에서 일본어를 공부하기도 했다. 이후 그는 항저우에 은거하면서 자신의 공부를 진척시켰다. 이후 베이징 대학 교장 차이위안페이가 그를 교수로 초빙했지만 그는 "예부터 와서 배운다는 이야기는 들었어도 가서 가리킨다는 말은 듣지 못했다"는 말로 거절했다. 누군가 배우고자 하면 자기에게 오면 될 일이다. 자신이 대학이라는 울타리로 들어갈 필요는 없다. 마이푸의 이런 생각은 대단히 전통적인 태도다. 나중에도 이런 태도는 변함이 없었다. 마이푸는 현실에 나서지도, 학교 강단에 서지도 않았다. 많은 학자가 캠퍼스의 교수로 전향할 때 그는 전통 지식인으로 그냥 남길 바랐다.

1906년 항저우 서호 주변에 있는 광화사에 거처했다. 근처에 『사고전서』를 소장한 문란각(文瀾閣)이 있었다. 마이푸는 이후 3년 동안 매일 문란각에 가서 『사고전서』를 읽었다. 마이푸는 방대한 중국 고전의 바다에 몸을 던졌지만 허우적대지 않았다. 1912년 마이푸는 싱가포르를 여행하고서 중국 문화 연구의 필요성을 절감했다. 국학 연구에 더욱 집중했다. 이때부터 불교 공부를 시작했다. 항저우의 여러 고승과 교류하면서 대장경을 통독했다. 유교와 불교의 상호 교류를 이야기했다. 아울러 거사 조직인 반야회를 설립하기도 했다. 그는 정토신앙을 주로 했다.

리수퉁과 인연

1917년 무렵부터 마이푸는 리수퉁과 빈번하게 왕래했다. 1918년에는 출가자로서 세속인의 삶을 살던 쑤만수가 다녀갔다. 그는 마이푸의 천재성에 감복했다. 리수퉁은 문학, 서예, 음악, 전각, 연극 등 거의 모든 예술 분야에서 발군의 실력을 발휘한 예술 귀재다. 그는 당시 항저우 사범학교에서 미술과 음악을 가르치고 있었다. 리수퉁은 예술이 아니라 수행에 관심을 갖기 시작했다. 그는 절간에서 단식 수행을 하고 나서 새로운 세계를 경험했다. 점점 불문으로 다가섰다. 그리고 한 번은 마이푸를 방문했다. 리수퉁의 제자 펑쯔카이(豐子愷)는 훗날 이 일을 기억했다. 이때 리수퉁은 출가를 준비하고 있었다.

> 출가하기 얼마 전 리수퉁 선생은 나를 데리고 이 골목으로 와서 마(馬) 선생을 방문했다. 나는 리(李) 선생을 따라서 골목의 낡은 집으로 들어섰다. 키가 작고 몸집이 있는 중년 남자가 나와서 우리를 맞았다. 나는 소개를 받고 이분에게 인사를 했다. 그러곤 의자에 앉아서 저들의 대화를 들었다. 사실 나는 저들의 대화를 도무지 이해할 수 없었다. 단지 간간이 무슨 능엄이니 원각이니 하는 말만 들렸다. 그리고 '필로소피'라는 말도 대화 가운데 등장했다.
>
> ―펑쯔카이, 『누항』(陋巷)

펑쯔카이는 리수퉁의 제자이다. 그는 두 사람의 대화 내용을 이해할 수 없었다. 리수퉁은 출가 전에 여러 차례 마이푸를 만나 불교 이야기를 나누었다. 그에게서 불교 서적을 빌려서 탐독하기도 했다. 리수퉁도 마이푸와 마찬가지로 유명한 서예가이자 전각가였다. 단지 불교뿐만 아니라 여러 가지 주제로 이야기를 나누었다. 리수퉁이 수행에 마음을 내어 서호 근처 절에서 기거할 때 마이푸의 친구 펑쉰즈(彭遜之)를 만났다. 펑쉰즈는 마이푸와 『주역』(周易)을 공부한 인물이다. 그는 리수퉁과 함께 절간에 며칠 보내더니 곧바로 출가를 감행했다. 리수퉁은 그의 결단에 대단히 놀랐다. 리수퉁도 결국 결단을 내렸다. 물론 펑쉰즈의 이런 태도는 상당히 충동적이었다. 오래지 않아 환속하지만 적어도 당시에 리수퉁에게는 강한 인상을 남겼다. 마이푸는 사실 생각이 좀 달랐다. 불교 공부를 하는데 꼭 출가를 해야 한다고 생각하지는 않았다. 하지만 리수퉁의 출가에 대해서는 상당히 진지했다. 1918년 리수퉁이 출가하여 항저우 영은사에서 계를 받았다. 리수퉁은 홍이(弘一) 비구가 되었다. 이때 마이푸도 참석했다. 그는 홍이에게 명대 고승 지욱(智旭)이 쓴 계율 관련 서적을 선물했다. 홍이가 이후 남산 율종으로 귀의하게 된 인연이었다. 훗날 그는 마이푸의 이런 호의 때문에 계율을 공부하게 됐다고 밝혔다.

격물치지와 불교 수행

마이푸는 물론 유학을 종지로 했지만 불교를 신앙하고 연구했다. 이런 태도는 전혀 이상하지 않았다. 그는 유교나 불교, 도교 등의 다툼이 부질없는 짓이라고 생각했다. 그는 역사상 존재한 삼교의 논쟁에 대해서

마이푸는 벗 리수퉁이 출가하는 자리에 있었다. 유학자로 살았지만 평생 불교를 신앙했고 고승과 교류했다. 마이푸가 건넨 책 때문에 고승 홍이는 율종을 공부했다. 이렇게 친구의 몸짓이 자신의 삶이 되기도 한다. 오른쪽 끝이 마이푸고 그의 왼쪽에 홍이가 앉았다.

다음과 같이 평가한다. "유교와 불교의 논쟁이나 불교와 노장사상의 다툼을 보면 유자는 불교와 도교를 이단으로 배척했고, 불교는 유가를 인천교로 취급했고, 노자나 장자를 자연외도로 간주했다. 노장사상과 불교도 서로 배척했다." 당대(唐代) 화엄가이자 선사 규봉종밀(圭峯宗密)은 『화엄원인론』(華嚴原人論)에서 인도와 중국의 여러 사상과 대승 불교를 비교 평가한 적이 있다. 그는 유교를 인천교(人天敎)에 위치시켰다. 인천교는 깨달음을 말하지 않고 인간계와 천상계에 태어남만 이야기하는 세간의 종교다. 그리고 주목할 것은 노장사상에 대한 불교의 비판이다. 흔히 노장사상과 불교가 친근하다고 생각하는 사람이 많은데 불교에서는 연기법을 기준으로 노장사상을 '자연설'로 규정했다. 존재의 원인을 '저절로 그러함'〔自然〕이라는 개념으로 설명한 도가 사상에 반대했다. 자연외도라는 말도 여기서 나왔다. 마이푸는 이렇게 논쟁의 핵심을 정확히 파악하고 있었다. 하지만 그는 논쟁의 재점화가 아니라 삼교의 조화를 추구했다.

> 성인의 가르침이 일어남은 모두 본성의 갖춤에 의거한다. 단지 교화 방법이 다르고 표현이 다를 뿐이다. 그래서 중국에서는 육예(六藝)를 통해서 드러났고, 인도에서는 삼장(三藏)의 심오한 의미로 드러났다. 법계는 하나고 마음자리는 둘이 아닌지라 그것을 끝까지 밀고 가면 결합하고 만다. 결국 망정이나 집착만 사라진다면 유교나 불교는 함께 사라질 것이다. ―『장짜이탕에게 불교와 유교의 의미에 대해서 논함』(與蔣再唐論儒佛義)

마이푸는 순수한 본성을 상정했다. 이것은 맹자 이후 유학의 기본 전제다. 유학뿐만 아니다. 중국 불교의 인성론이나 심성론에서도 인간의 본성은 매우 깨끗한 것이라고 말한다. 성리학에서는 망정(妄情)이 본성을 가린다고 말한다. 불교에서도 마찬가지로 집착이 청정한 본래 마음을 가린다고 말한다. 결국 망정을 걷어 내기만 하면 순수한 본성은 드러난다. 이것이 유교나 불교가 추구하는 경지다. 마이푸는 이런 점에서 유교와 불교는 크게 다르지 않다는 입장이다. 더구나 만약 그렇게만 된다면 굳이 유교나 불교의 역할은 필요 없다고 생각했다. 이것은 초기 경전에서 등장하는 뗏목 비유와 유사하다. 뗏목은 강을 건너기 위해서 필요한 방법이자 도구다. 강을 건너면 더 이상 그것이 필요하지 않다. 뗏목을 짊어지고 언덕을 오르는 자는 바보다. 유교나 불교는 그저 뗏목일 뿐이다. 적어도 불교에서는 이런 표현을 쉽게 받아들이지만 유교에서는 그렇지 못하다. 그런데 마이푸가 이런 식으로 말했다는 점은 그가 상당히 나아가 있음을 알린다. 이렇게 불교와 유학을 결합시켰을 뿐만 아니라, 그는 또 하나의 전통인 노자와 장자 사상에 대해서도 상당히 관대한 태도를 취했다. 그는 『노자주』(老子注)에서 노자의 '무'와 불교의 '반야'를 비교했다. 그는 『노자』를 불교적으로 풀이한다.

모든 존재의 실상은 인연이 화합하여 발생했기 때문에 자기라고 할 만한 본성은 존재하지 않는다. 인연이 화합하여 발생했기 때문에 도(진리)라고 할 수 있고, 자성이 없기 때문에 항상 된 도가 아니다. 일체의 언어 표현은 임의적인 명칭일 뿐 실질이 없다. 가명이기 때문에 이름이라고 말하고, 실질이 없기 때문에 항상 된 이름이 아니다. 참되고 영원한 실체는 언어로 묘사할 수 없다.

마이푸의 이런 『노자』 해석이 꼭 정확하다고 말할 수는 없다. 나름의 의견이 많이 투여됐다. 그는 적어도 전통 사상이 대립이 아니라 조화하기를 바랐다. 항저우에서 오랫동안 몸을 숨기고 있던 마이푸는 중일전쟁이 폭발하자 비로소 자신을 드러냈다. 피난 와중에 그는 저장 대학 학생들을 위해서 국학 강연을 했다. 장시(江西)의 타이허(泰和)와 광시(廣西)의 이산(宜山)에서 두 차례에 걸쳐 이루어졌다. 이후 이 글을 『타이허 · 이산 회어(會語)』로 묶었다. 『이산 회어』에서 그는 여섯 편의 '의리명상'(義理名相)을 발표했다. 마이푸의 불교 연구와 수행이 직접 드러났다. 「치지와 지관을 함양했다」(涵養致知與止觀)라는 글에서 그는 『대학』의 '치지'를 불교 전통의 지관과 관련해서 설명했다. 또한 불교와 유교가 서로 도울 수 있는 점을 제시했다. 결국 지관을 통해서 자신의 마음을 다스리는 것은 사물에 다가서 앎을 극진히 하는 것과 관련된다는 이야기다. 마이푸는 여기서 매우 다양한 불교 경전과 논서를 인용하면서 자신의 논의를 끌고 가는데, 특히 선과 관련된 이야기를 많이 한다.

마이푸는 독행(篤行)을 매우 강조했다. 그것은 덕성을 향상시키는 요체다. 그는 덕행을 이(理)와 사(事)의 관계로 풀었다. 그리고 덕을 성덕(性德)과 수덕(修德)으로 나눈다. 성덕은 선천적으로 내재하는 것이고 수덕은 수양을 통해서 획득하는 것이다. 성덕은 본래 있지만 수양을 통하지 않으면 결코 드러나지 않는다. 둘의 관계는 『대승기신론』에서 말하는 본각과 시각의 관계와 동일하다. 본각(本覺)은 본래 갖춘 깨달음이다. 이것은 중생에게 부여된 부처 됨의 확신 같은 거다. 하지만 가만히 있어도 그것이 드러나는 것은 아니다. 아주 열심히 수행하고 노력해야 그것을 현실로 만들 수 있다. 그것이 현실이 되는 순간, 즉 범부가 실제 수행으로 깨닫는 것을 시각(始覺)이라고 말한다. 마이푸는 이런 의미에서 독행(篤行)을 강조한 것이다. 그것은 곧바로 수행이다. 앞서 말한 지관과 '치지'의 관계는 여기서 또 한 번 드러난다. 그는 이렇게 유·불의 조화를 통해서 철학과 삶의 완성을 시도했다.

복성서원과 전통 교육

마이푸는 대학교수 초빙을 몇 차례 거부한 적이 있다. 그는 당시 근대적 대학 제도에 반대했다. 그는 미국과 일본, 유럽에서 공부하고 세계 여러 곳을 여행했다. 비교적 다양한 외국 경험 때문에 서구식 교육을 동경하거나 아니면 적어도 동조할 법했지만 그는 완고할 정도로 전통 교육과 내용을 중시했다. 현대 신유학을 대표한 량수밍이나 슝스리가

마이푸는 1939년 전통적 교육기관인 복성서원을 쓰촨에 설립했다. 현대 신유가로 이름 높은 슝스리도 방문했다. 그도 복성서원에서 한동안 가르쳤다. 앞줄 중앙이 마이푸고 오른쪽이 슝스리다. 현대 신유학 역사의 한 장면이라고 할 법하다.

대학교수로서 자신의 입지를 굳히고 사상을 구축할 때 마이푸는 칩거했다. 그는 매우 전통적인 학술기관을 꿈꾸었다. 중일전쟁의 폭발로 피난 간 쓰촨에서 그는 자신의 소원을 이루었다. 그는 1939년 쓰촨 성 남부의 오우사(烏尤寺)에 복성서원(復性書院)을 정식으로 설립했다. 당시 국민당 정부의 지원을 받았다. 오우사는 당나라 현종 때 창건된 절이다. 마이푸는 서원 설립의 의의를 밝힌다.

옛날 서원은 오직 지역 이름을 땄다. 아호서원이나 백록동서원 등이 그렇다. 근세 비로소 의의나 의도를 가지고 이름을 지었다. 고경정사

(詁經精舍)나 존경정사(尊經精舍)가 그런 부류다. 지금 의미를 취해서
복성서원이라고 명명하고자 한다. 학술이나 사람 마음이 갖가지로 갈
리는 까닭은 개인적인 습속에 빠져서 그것을 상실했기 때문이다.

—『서원의 명칭 취지와 중요한 운영 방안』(書院之稱旨趣及簡要辦法)

복성서원의 명칭에서 알 수 있듯 마이푸의 교육 핵심은 '본성의
회복'이다. 이것은 당나라의 유학자인 이고가『복성서』에서 제출한 개
념이다. 1939년 3월 복성서원 설립 준비위원이 확정됐다. 셰우량, 슝
스리, 량수밍 등이 참여했다. 셰우량은 마이푸의 절친한 친구이자 유명
한 불교 거사다. 마이푸와 마찬가지로 유명한 서예가이기도 했다. 그리
고 슝스리와 량수밍은 당시 유학 전통을 대표하는 인물이었다. 그해 9
월 15일 서원은 개학했다. 이때 슝스리도 참여했다. 그는 복성서원에
서 강의를 맡아 진행했다. 하지만 오래지 않아 마이푸와 서원 운영 방
침이나 학생 훈도 방법에서 이견이 발생했다. 마이푸는 학생들이 자발
적으로 강의를 듣고 학습에 열중하면 다른 것에 대해 별로 관여하지 않
았다. 이에 반해 슝스리는 학생들의 생활 전반에 대해 여러 가지 고려
를 했다. 같은 해 11월 슝스리는 서원을 떠났다. 하지만 둘 사이에 엄
청난 문제가 있었던 것은 아니다. 비교적 자신의 의견을 강하게 드러내
는 슝스리지만 마이푸에 대한 존경은 대단했다.

복성서원은 신해혁명으로 청조가 무너진 이후 드물게 설립된 전
통적 교육기관이었다. 그것이 사람들에게 시대에 역행하는 걸로 보였
는지도 모른다. 하지만 전통적 학제나 교육을 지킨다는 것이 사실 비난
받을 일은 아니었다. 당시 시대가 그러하여 보수적으로 비치기도 했을
것이다. 복성서원은 설립된 지 1년 8개월 만인 1941년 5월 수업을 멈

추었다. 이유는 경제적인 어려움뿐만이 아니었다. 시대가 그것에 무관심했다. 복성서원은 마이푸가 자신의 생각을 펼친 공간이었다. 마이푸의 복성서원은 중국 근대에 마지막으로 시도된 전통 교육의 부활이었다. 시대의 속도와 색깔은 그런 것을 오래 두지 않았지만 마이푸는 깊이와 두터움으로 전통 가치를 확인했다. 복성서원이 멈추고 나서 마이푸는 서적의 판각을 통해서 중국 고전을 지키고자 했다. 1946년 5월에 쓰촨에서 항저우로 돌아왔다.

　국공내전의 종결과 신중국의 성립은 늙은 유학자에게 새로운 시련이었다. 1950년대 상당히 호의적인 분위기가 60년대 급변했다. 1966년 문화혁명이 발동하자 가족 없이 혼자서 지키고 있던 서호(西湖)가의 장장(蔣庄)에서 쫓겨났다. 홍위병은 마이푸가 평생 수집한 서적과 그의 서예 작품을 불 속에 던졌다. 이듬해 홍위병의 거친 구호가 여전히 길거리를 울리던 상황에서 여든네 살의 이학대사이자 불학가인 마이푸는 생을 마감했다. 그가 살던 장장에는 항저우 사범대학에서 운영하는 마이푸 연구소가 들어섰다.

소년 량수밍은 인생이 고통임을 실감하고 불교에 빠졌다. 그러다가 양명학을 통해서 욕망을 긍정하게 됐다. 그리고 유교 공동체를 실험했다. 문화혁명 기간 "삼군의 장수를 뺏을 순 있어도 필부의 의지를 뺏을 순 없다"며 자신을 잃지 않았다. 순수한 영혼의 용기였다. 아흔이 넘은 량수밍의 눈빛을 보라. 그가 늙었는가?

13_ 순수한 영혼의 용기, 량수밍

소년의 사색

1953년 9월 베이징에서 개최된 중앙인민정부위원회 제27차 회의에서 마오쩌둥은 한 인물을 심하게 질책했다. 그는 "당신을 보면 구역질이 난다"고 말했다. 상대는 두터운 안경을 끼고 구식 복장을 하고서 구부정하게 앉아 있었다. 공개석상에서 마오쩌둥이 이렇게 심하게 상대를 비판한 경우는 드물었다. 그를 화나게 한 인물은 량수밍(梁漱溟, 1893~1988)이었다. 량수밍은 앞서 몇 차례 중앙 정부를 비판했다. 그는 중국공산당이 갓 결정한 소련식 경제 발전 모델은 그 부담이 고스란히 농민에게 돌아갈 것이라고 진단했다. 사회주의 경제 발전이 왜 농민에게 부담을 안겨야 하는가. 사회주의 중국에서 농민은 무엇인가. 이걸 질문한 것이다.

국공내전 시기 농민은 공산 홍군의 토대였다. 수많은 농민이 농기구가 아니라 총칼을 들어야 했다. 농촌을 해방시켜 도시를 포위한다는 마오쩌둥의 전술도 광대한 농민의 힘을 겨냥한 것이었다. 하지만 사회주의 국가가 건설되자 중국공산당의 경제 발전 프로그램은 중공업 위주로 기획됐다. 농민은 봉건시대 열악한 상황에서 한 뼘도 벗어나지 못했다. 그래서 량수밍의 비판에 마오쩌둥은 꽤나 쓰라렸을 것이다. 량수밍이 제대로 찔렀기 때문이다. 마오쩌둥이 화가 난 것도 자신보다 량수밍이 훨씬 더 사회주의 이념에 부합했기 때문이었다. 그 자리에서 량수밍은 매우 조용했지만 당당했다.

량수밍은 1893년 베이징에서 태어났다. 원래 이름은 환딩(煥鼎)이고 자(字)가 서우밍(壽銘)이었는데 나중에 수밍(漱溟)으로 개명했다. 본적은 구이린(桂林)이다. 량수밍의 선조는 원나라 황족이었다. 원나라 세조 쿠빌라이까지 올라간다. 원나라가 멸망한 이후 몽고로 복귀하지 않고 중국에 남았다. 당시 그들이 살던 곳이 허난 성 루양(汝陽)이었는데 그곳이 옛날 위(魏)나라 때는 량(梁)이었다. 중국에 남게 된 량수밍의 선조는 몽고의 성을 버리고 량을 성으로 삼았다. 이후 선조는 중국 남부인 구이린으로 생활 터전을 옮겼고 조부 때부터 베이징에 거주했다. 조부는 여러 곳에서 벼슬살이를 했다. 부친은 청(淸) 황실의 가정교사를 지냈다. 진사나 거인을 대대로 배출했기 때문에 집안은 서향이 짙었다. 부친이 뛰어난 학문을 갖추고 있었음에도 량수밍은 어린 시절 전통적 교육을 거의 받지 못했다. 량수밍이 여섯 살 때『삼자경』(三字經) 등을 배운 이후 부친은 그에게『지구운언』(地球韻言)이라는 책을 주었다. 요즘 말로는 인문지리에 관한 책이다. 각국의 역사와 지리를 소개하고 있었다. 당시 지리학은 세계를 이해하는 통로였다. 부친은 분명 전통 지식인이었다. 그렇지만 결코 세계에 대해 눈감고 침묵하는 식이 아니었다. 그리고 그는 전통 지식인의 가식을 경멸했다. 그래서 오히려 량수밍을 신식 소학교에 다니게 했다. 이 때문에 이후 견고한 전통 옹호자가 된 량수밍은 의외로 전통 교육의 토대가 약했다. 나중에 그는 "나는 육경을 제대로 읽어 보지도 못했다"고 말하기도 했다.

1906년 순톈 중학당(順天中學堂)에 입학했다. 그때 『한위양진남북조불교사』로 유명한 탕융퉁(湯用彤)도 이 학교를 다녔다. 순톈 중학을 다니던 시절 량수밍은 불교에 귀의했다. 량수밍의 내면은 유난히도 깊었다. 그 깊이만큼이나 삶은 무거웠다. 그는 열일곱 살 때부터 벌써 인생 문제와 마주했다. 그는 생각했다. 인생의 고통은 욕망에서 기인하지만 사람들은 욕망을 끊을 생각도 하지 않고 있다. 이게 도대체 어찌된 일인가. 이런 문제를 떠안은 젊은 량수밍은 점점 불교에 침잠했다. 불교나 인도철학에 빠지기 전 그는 공리주의나 실용주의에 경도됐다. 시비선악이나, 나아가 이해득실을 따졌다. 순톈 중학교 시절 이런 그의 태도는 일변했다. 그는 말한다.

나는 선천적으로 사고하기 좋아하는 머리를 가졌다. 그래서 이해득실도 그냥 우물쭈물 넘기지 않고 그것의 함의나 지향을 따져 물어야 했다. 이해란 무엇인가. 득실이란 무엇인가. 사실 둘이 아니다. 이름은 다르지만 실질은 동일하다. 그것의 실질을 끝까지 따져 보면 결국 고(苦)와 낙(樂)에 귀착될 것이다. 고와 낙은 사람이 살면서 가장 절실하게 느끼는 것이다. 사람이 보이는, 이득을 쫓고 해악을 피하려는 노력은 실은 고를 없애고 낙을 추구하는 것이다. 한 개의 이해득실이 아니고 한 집안이나 국가, 더 나아가 세계 단위의 이해득실도 결국엔 그 사람이 받아들이는 고락에 낙착하지 않을까?

— 『초기 사상 변천에 대한 자술』

십대의 량수밍에게도 지식인의 우환 의식이 있었다. 사회를 걱정하고 옳고 그름을 따지고 이해득실을 판단했다. 그는 이런 것이 결국 인간이 느끼는 고통이나 쾌락과 관련된다고 생각했다. 만약 그렇다면 여기에 옳고 그름이 어디 있겠는가. 시비 판단이 가능하겠는가. 무슨 대단한 천리를 운운할 수 있겠는가. 그는 계속해서 욕망 추구와 고통 거부라는 문제를 고민해야 했다. 인생의 문제는 악귀처럼 그를 따라다 녔다. 도대체 어떻게 살아야 하나. '나' 란 존재는 당최 무엇인가. 그는 너무도 순수했고 솔직했다. 그는 결론 내렸다. "결국 인생은 고(苦)다." 그는 나중에 젊은 날을 회상했다. "열여덟 살에 부친은 나를 정혼시키 려 했지만 나는 거부했다. 열아홉에 채식을 시작했고 줄곧 출가할 생각 만 했다." 두 번의 자살 시도 끝에 그의 염세 의식은 잠복했다. 답을 찾 았기 때문이 아니라 적어도 인생 회피가 답이 아님을 알았기 때문이다. 량수밍은 불교에 더욱 매달렸다. 1913년부터 본격적으로 불교 공부를 시작했다. 그는 불교를 단지 이론이 아니라 삶의 한 방법으로 받아들였 다. 마치 출가자처럼 생활했다. 채식과 독신을 고집했다. 이후 유가(儒 家)를 수용하고서 결혼했지만 채식 습관만은 생을 마감할 때까지 계속 했다.

문제와 방법

1916년 량수밍은 자신의 체험과 그간의 불교 공부를 글로 정리했다. 그는 유명한 불교 거사 장웨이차오(蔣維喬, 1873~1958)의 도움으로 『구원결의론』(究元決疑論)을 세 차례에 걸쳐 『동방잡지』에 연재했다. 여기서 '구원' 은 참된 근원[眞元]을 탐구한다는 말이다. 무엇의 근원인 가. 그것은 그가 어려서부터 쫓던 인생 문제다. '결의' 는 의심이나 막 힌 부분을 푼다는 말이다. 이러지도 저러지도 못하는 망설임을 타파하

는 것이기도 하다. 량수밍은 길고 어두운 터널을 통과한 자신의 체험을
매우 신중한 언어로 적었다.

> 지금 기존 가치관은 사라졌지만 아직 새로운 가치관을 찾지 못했다.
> 그래서 혼란과 번뇌를 스스로 해결하지 못하고 있다. 어떤 이는 잘못
> 된 생각이나 이론을 내고, 어떤 이는 퇴폐에 빠진다. 어떤 이는 미치
> 고, 어떤 이는 신경병에 걸린다. 이런 것은 재물이나 물질로 해결할
> 수 없다. 오직 법(法)을 통해서만 풀 수 있다.   ―『구원결의론』

량수밍도 한때 어리석었고 미친 짓도 했다. 자살을 통해서 이 세
상을 벗어나려고 한 적이 있다. 나름 진지했지만 지금 보면 못난 짓일
뿐이다. 량수밍은 자신의 이런 문제를 풀었다고 말한다. 법을 통해서
풀었다고 했다. 여기서 법은 무엇인가. 그것은 불법(佛法)이다. 가장 뛰
어난 방법이자 그에게 유일한 길이었다. 그는 줄곧『신발심론』(新發心
論)을 짓고자 발원했다. '새로 마음 냄'을 촉구한 것이다. 그는『구원결
의론』을 크게 두 부분으로 구성했다. 제목대로 '근원 탐구와 문제 해
결'이다. 각각 불학여실론(佛學如實論)과 불학방편론으로 명명했다.
'여실'은 진여(眞如)라는 말로 대체할 수도 있다. 산스크리트로 타타타
(tathātā)다. '진실 그대로', 아니면 '사실 그대로'라는 말이다. 변함없
는 모습이기도 하다. 그래서 본질에 상당한다. 좀더 전통적인 용어를
빌리면 실상(實相)이라고 표현할 수 있다.

량수밍은 실상을 두 측면으로 설명했다. 본성과 현상이다. 선종에
서는 "본성을 볼 때 부처 된다"(見性成佛)고 자주 말한다. 여기서 본성
이라는 놈은 무엇인가. 그것은 중생이 갖춘 본래 청정한 마음이다. 하

지만 본래 마음을 강조하면 마치 그것이 실체처럼 보인다. 그래서 불교 전통에서는 그것의 비실체성을 함께 강조한다. 이것은 연기법에 대한 강조이기도 하다. 량수밍은 본성의 비실체성을 강조하기 위해서 불교 인식론에 해당하는 유식학을 이용한다. 유식학은 현상은 결국 인간의 의식과 관련된다는 사실을 매우 정교하게 밝힌다. 하지만 유식학은 단지 여기서 멈추지 않는다. 아울러 의식이 초래하는 여러 가지 문제를 해결한다. 이렇게 비실체성의 체득은 분별을 통해서 일으키는 온갖 번뇌를 차단한다. 유식학은 의식의 불안정한 상황을 극복하는 데 목표가 있기 때문에 단지 인식론만은 아니다. 그것은 실존적 변화를 견인하기 때문에 차라리 존재론이다.

생명에 대한 깊은 사색을 통해서 량수밍은 그것의 근원적인 부분을 건드린다. 아울러 그는 말한다. "근원 추구는 당처를 벗어나지 않는다." 당처(當處)는 '내가 선 바로 이 자리'다. 자신의 무게가 미치고 실감이 작동하는 시간이자 공간이다. 인생이 놓인 자리기도 하다. 여기에 형이상학이란 없다. 량수밍은『구원결의론』의 두번째 부분으로 불학방편론을 말한다. 방편은 당연히 방법이나 기술을 의미하지 않는다. 여실과 방편을 나누는 기준은 삶에서 드러난 구체성이다. 방편이라는 말은 삶의 구체를 말한다. "참된 근원〔眞元〕은 알맹이를 가진 물질도 아니고, 표상하는 인간의 마음도 아니다. 단지 생활이고 창조적 진화일 뿐이다."(『구원결의론』)

량수밍의 근원 추구는 머나먼 곳을 향한 여행이 아니다. 그는 철저하게 세간의 구체적 사실에서 이런 일을 진행한다. 선종에서 '물 긷고 빨래하는 일상사에 도가 있고 깨달음이 있다'고 말하는 것과 유사하다. 이 '생활'이라는 개념은 량수밍의 대표작『동서 문화와 철학』에서도 등장한다. 그것은 생명 활동이다. 그것은 삶이다. 량수밍의 입장에 따르면 존재의 진실은 바로 여기에 있다. 한 존재가 순간순간 보이는 생명 활동은 그것의 모두다. 존재 전체를 보이고 있다. 량수밍의 이런 논의는 당시 그가 받아들인 서양철학의 영향이다. 그는 프랑스철학자 베르그송(Henri Bergson, 1859~1941)의 창조적 진화 개념을 차용했다. 하지만 그가 받아들인 서양철학 개념이 꼭 정확한 것은 아니다. 그런데 개념의 정확성을 요구하기엔 시대가 너무 딱했다. 량수밍은 철학을 하자는 게 아니라 문제를 풀려 했다. 절실하게 온몸으로 다가선, 도저히 피할 수 없는 문제 말이다.

『구원결의론』은 발표되자 대단한 반향을 일으켰다. 당시 거사 불학을 대표한 '금릉각경처'의 어우양징우는 칭찬을 아끼지 않았다. 베이징 대학 교장이던 차이위안페이는 이 글을 보고 량수밍에게 베이징 대학에서 인도철학을 강의해 줄 것을 요청했다. 1917년 24세의 량수밍은 베이징 대학에서 7년 교수 생활을 시작한다. 베이징 대학에서 불교 강의가 이루어진 첫 해이기도 하다. 그는 인도철학을 강의했다. 강의안을 토대로 『인도철학개론』을 출간했다. 그는 「서문」에서 기존의 인도철학 서술에 대해 불만을 토로한다.

내가 본 인도철학 소개서는 대부분 6파 철학에 그친다. 인도철학사나 인도 종교사를 강의할 때는 처음부터 모름지기 각 학파에 대해 거론해야 한다. 나는 지금 6파 철학을 여러 종파 가운데 포함시켰다. 아울러 불교와 그것을 대비시켰는데, 불교가 여러 종파의 내용을 잘 갖추고 있기 때문이다.　　　　　　　　　　　　―『인도철학개론』「서문」

인도철학을 다룰 때 보통 철학성이 강하고 베다(Veda) 전통에 기반을 둔 여섯 개 학파를 이야기한다. 이것은 근대 서구 학자에 의해 굳어졌는데, 이를 일본 연구자들이 동아시아에 소개했다. 량수밍이 보기에 이것은 많이 모자랐다. 물론 불교가 인도철학 전반을 모두 포괄할 수는 없다. 적어도 그에게 불교는 인도철학이나 인도 종교의 결정판이었다. 량수밍의 불교 공부나 인도철학 이해는 거의 독학에 가까웠다. 스승에게 불교를 배운 게 아니라 불교 관련 서적과 논문을 읽고, 그 내용을 자신의 사유로 이해했다. 어쩌면 바로 이런 이유 때문에 사상가가 될 수 있었는지도 모른다.

인생고와 생의 약동

1918년은 량수밍에게 충격적인 해였다. 그해 11월 부친 량지(梁濟)가 60회 생일을 며칠 남기고 베이징 성(城) 북쪽의 징예 호(淨業湖)에 몸을 던졌다. 마치 업장을 씻기라도 하듯 자신을 지웠다. 부친은 자신의 유일한 수단인 생명을 걸고서 전통 가치를 옹호하려 했다. 서양 가치로 급격하게 매몰되던 시점에서 발생한 사건이었다. 량지는 결코 봉건 체제를 고집한 것이 아니었다. 사라진 청조에 향수를 느낀 것도 아니다. 전통에 대한 전면 부정으로 치닫고 있던 시대에 전통의 가치를 매우 안타까운 방법으로 지키려 한 것이다. 부친의 죽음은 량수밍에게 커다란 충격이었다. 그가 젊은 날 미수에 그친 자살. 부친은 상실감으로 상처 날 나이도 아닌데 그렇게 인생을 접었다. 량수밍은 혼란스러웠다. 아울러 전통 가치에 대해 다시 질문했다.

1919년 량수밍은 슝스리(熊十力)에게서 편지 한 통을 받았다. 슝

스리는 당시 톈진에서 학생을 가르치고 있었다. 슝스리는 『구원결의
론』에 대한 자신의 생각을 밝히고 토의를 제안했다. 둘은 베이징 시내
광제사에서 만났다. 논의 끝에 량수밍에게 탄복한 슝스리는 불교 공부
를 결심했다. 량수밍은 슝스리에게 난징의 지나내학원과 어우양징우
를 소개했다. 현대 신유학을 대표하는 두 인물의 첫 만남은 이러했다.
1919년은 5·4 신문화운동이라는 엄청난 사건이 있었다. 신문화운동
의 격랑 속에서 량수밍은 자신의 깃발을 올렸다. 어찌 보면 전통문화를
옹호한 것 같지만, 그래서 신문화운동에 반대한 것 같지만 실상은 그렇
지 않다. 중국의 유명한 철학가이자 철학사가인 펑유란(馮友蘭)은 『현
대 중국철학사』에서 량수밍이 문화 논쟁에 적극적으로 참여함으로써
신문화운동 내부에 있었다고 말했다. 신문화운동 기간 그는 계속 발언
했다. 아울러 동서 문화에 대한 깊은 사색에 잠겼다. 1920년 봄부터 인
도철학과 불교를 중심으로 한 량수밍의 입장은 동요하기 시작했다. 우
연한 기회에 양명학을 접하고 뭔가 다른 것을 발견했다. 그리고 유가서
를 다시 뒤적였다.

　　당초 불법에 귀의하여 인생은 고(苦)라고 생각했다. 유가서인 『논어』
　　의 서두에서 "배우고 때마다 익히면 또한 즐겁지(樂) 아니한가!"라는
　　구절을 발견한 후 내리 읽어갔다. 『논어』 전체에서 '고' 자를 한 번도
　　발견할 수 없었고, '낙' 자는 대단히 많이 나와서 큰 흥미를 일으켰다.
　　『논어』에서 '낙' 자와 대립되는 것은 '우(憂)' 자다. 그러나 '어진 자는
　　근심하지 않는다' 고 하여 낙관적인 분위기가 충만함이 명백한데, 왜
　　그런가? 세심하게 살펴보고 나서 나는 스스로 이전의 편향된 관점을
　　수정했다. 이것이 『동서 문화와 철학』을 쓰게 된 유래이고, 또 출가하

려는 소망을 버리고 세간으로 돌아오려는 생각을 갖게 된 연유다.

—『자학소사』

  량수밍의 화두가 '고'에서 '낙'으로 넘어갔다. 현실에서 벗어나는 방식이 아니라 현실에 개입하는 방식으로 선회했다. 그는 명대 양명학자 왕간(王艮)의 논의를 끌어 온다. "낙은 학문을 즐김이다. 학문은 즐거움을 배움이다. 즐겁지 않으면 학문이 아니요, 배우지 않으면 즐겁지 않다."(『명유학안·태주학안』) 왕간은 양명학의 한 지파인 태주학파의 대표적 인물이다. 왕간은 "사람의 마음은 본래 아무런 일(事)이 없다. 일이 있으면 마음이 즐겁지 않다"고 말한다. '일이 없음'은 마음이 느낌에 따라 호응하여 어떤 머뭇거림이 없음을 가리킨다. 이런 상황에서야 즐거움은 가능하다는 이야기다. 이것은 일상적인 즐거움과 다르다. 일상적인 즐거움은 외부에 대해서 획득하는 것이다. 량슈밍은 양명학을 디딤돌로 불교의 출세주의에서 유학의 입세주의로 넘어간다.

  좀더 구체적으로 말하면 양명학의 논리를 수용함으로써 인간이 가진 욕망을 더 이상 부정하지 않았다. "욕망을 긍정하면 인생을 긍정한다. 욕망이 곧 인생의 전부이기 때문이다. 욕망이 미망에서 나왔다고 해서 욕망을 부정하면 모든 인생을 부정하게 된다. 그렇게 되면 인생은 부정 가운데 있게 된다. 인류는 다른 동물과 다르게 욕망의 소굴로 떨어지지 않을 가능성을 가지고 있다. 그래서 인생을 긍정하고 굳이 욕망을 배척하지 않는다."(『초기 사상 변천에 대한 자술』) 량슈밍에게 좀 전까지 욕망은 극복 대상이었다. 그는 욕망의 극복이야말로 인생의 하염없는 고통을 해소하는 방법이라고 여겼다. 그러나 이제 인간의 삶과 욕망을 동일시함으로써 욕망 긍정의 단계에 도달했다.

량수밍의 사상 전환은 신문화운동과 겹쳐 있다. 그는 신문화운동 기간 베이징 대학에서 동서 문화론에 대해 강연하고, 강연 내용을 토대로 1922년『동서 문화와 철학』을 출판했다. 이 한 권의 책은 세상에 량수밍의 존재와 고민을 알렸다. 같은 해에 네 번에 걸쳐서 출간됐다. 또한 일 년 만에 백여 편에 가까운 관련 논문이 발표되고 책들이 따라 나왔다. 외국어로 번역되기까지 했다. 그는 말한다.

문화란 무엇인가? 한 민족의 생활양식일 뿐이다. 생활은 또 무엇인가? 생활은 다함이 없는 의욕(意欲, Will)과 그것의 부단한 충족과 불충족일 뿐이다. 전체 민족과 전체 생활이 어떻게 생활양식에 다른 특색이 있게 되는가? 그것은 단지 생활양식의 근본 원인인 의욕이 다른 방향으로 분출되어 다르게 발휘되기 때문이다. 그렇다면 문화의 근본 혹은 원천을 탐구하려면, 문화의 근원인 의욕에 주목하여 그들의 방향이 다른 이들과 어떻게 다른지 보기만 하면 된다.

—『동서 문화와 철학』

량수밍은 '의욕'을 기준으로 문화의 상이한 세 가지 방향을 구분했다. 첫째, 욕구하는 것을 애써 성취하려는 방식. 둘째, 문제에 직면하면 그 상황에 만족하는 방식. 셋째, 문제에 직면하면 그 문제를 취소하는 방식. 량수밍의 이런 구분은 당시 서화파 지식인들이 천편일률적으로 주장하던 발전 사관에 대한 비판이다. 저들은 중국 문화는 아직 서양 문화까지 발전하지 못했다, 이렇게 보면 중국 문화는 낙후한 문화다, 당연히 그것에 대한 배척이나 부정을 통해서 서양 문화로 나아가야 한다고 주장했다. 량수밍은 이런 도식을 거부했다. 세 문화 양식은 각각 상이한 내용과 방식으로 전진한다. 그래서 그들 사이에 우열을 따질 수 없다고 말한다. 특히 그는 의욕과 생명을 설명하면서 프랑스철학자 앙리 베르그송의 개념을 빌려 온다. 그는 베르그송의 '지속' 개념에 주목한다. 그리고 그것을 불교의 '상속'(相續) 이론과 연결시킨다. 량수밍은 베르그송이 말한 '생의 약동'을 생활(生活)이라고 표현했다. 생명의 활동이다. 사실은 활동이 생명 자체다. 량수밍은 말한다.

> 생명 활동은 어떤 의미에선 사건의 상속이다. 내가 보기엔 사건이란 하나의 물음에 내미는 하나의 대답이다. 즉 유식학에서 말하는 하나의 견분(見分)과 하나의 상분(相分)이 하나의 사건이 됨이다. 하나의 사건, 그리고 또 하나의 사건, 이렇게 끊임없이 일어나는데 이것이 상속이다. 왜 이렇게 끊임없이 일어날까? 우리가 끊임없이 묻고 찾기 때문이다. 하나의 질문이 제기되자 곧바로 하나의 답이 있다. 스스로 내민 답 말이다.　　　　　　　　　　　　　　　—『동서 문화와 철학』

이에 앞서 량수밍은 생명 활동과 생명 활동을 하는 당사자가 둘이 아니라고 했다. 인간의 삶과 그것을 영위하는 인간이 둘이 아니라는 말이기도 하다. 생명 사건이 바로 생명체라는 말이다. 상속은 불교에서 주체 없는 존재나 삶의 지속을 설명하면서 꺼낸 개념이다. 불교에서는 무아를 이야기하고 윤회를 이야기한다. 그렇다면 윤회하는 그놈은 무엇이냐고 질문할 수 있다. 윤회뿐만 아니다. 모든 존재는 찰나 생멸하는데 어떻게 저 현상적 존재는 가능할까. 이때 불교에서 제기한 이론이 행위의 상속이다. 상속이란 개념에는 단절과 연속이 중첩된다. 존재는 그것을 통해서 지속한다. 윤회도 일종의 지속이다. 상속 이론이 불교 전체에 통용되는 말은 아니지만 매우 중요한 단서를 제공하기도 한다.

　대승불교 이론인 유식학에서는 의식의 상속을 말한다. 우리가 파악하고 있는 대상이나 그 대상을 포착하는 주체까지 모두 의식의 흐름일 뿐이라고 말한다. '식(識)의 상속'이라고 할 법하다. 량수밍은 바로 이 점을 끌어 왔다. 유식학에 따르면, 우리가 대상을 인식하는 과정 자체가 커다란 의식의 장에서 이루어진다. 인식 주체로서 역할을 견분(見分)이라고 했고, 인식 대상의 역할을 상분(相分)이라고 했다. 그것은 보고[見] 보이는[相] 역할[分]이다. 유식학에서는 '보이는 놈' 뿐만 아니라 '보는 놈'도 허구라고 말한다. 그런데 량수밍은 이런 비실체성을 중시한 게 아니다. 현실 삶에서 의식이 일어나는 순간의 진실성을 중시한 것이다. 바로 이 점에서 원래 불교 이론과 갈라진다. 의식 현상이 일어나는 삶에 훨씬 밀착하고 있다. 그는 이렇게 적극적으로 세상을 만나고 생명의 순간을 긍정하려 했다. 그것은 베르그송이 말하는 생명의 약동이다.

향촌 건설과 유교 공동체

1924년 여름 량수밍은 베이징 대학 교수직을 사임하고 '학교 설립'과 '향촌 건설' 운동에 나섰다. 유학을 수용한 이후 그에게 중요한 것은 사상이나 이론의 정립보다는 실천과 실험이었다. 산둥과 광둥 등지를 오가며 향촌 건설을 실험했다. 『동서 문화와 철학』에서 중국과 서구의 문화는 분명 다르기 때문에 서양 근대의 제도를 곧바로 중국에 적용할 수 없다고 말했다. 그렇다고 봉건적 체제를 유지하자는 것도 아니다. 그는 중국은 새로운 사회조직을 필요로 하고 그것은 문화에 기반해야 한다고 천명했다. 그것의 구체적 방안이 향촌 자치의 실현이었다. 량수밍은 통치의 대상이 아니라 통치의 주체로서 농민을 떠올렸다. 유교 공동체라고 부를 수도 있고, 유교 사회주의라고 부를 수도 있다.

1930년대와 40년대 량수밍은 향촌 건설이라는 커다란 과제에 매달렸다. 바로 이런 점 때문에 여느 철학자나 사상가와 달라진다. 그는 현대 신유학자로 함께 거론되는 슝스리와 사뭇 다르다. 슝스리의 웅대한 철학 체계가 학생과 학자들을 유혹했다면, 량수밍의 철학은 거친 농민의 손을 붙잡고 있었다. 흙 속에 묻힐 수도 있던 농촌 젊은이들을 학교로 불러냈다. 량수밍의 철학은 이렇게 대학이나 연구실이 아니라 먼지 이는 들녘에서 실패와 성공이 확인됐다. 그래서 그는 달랐다. 생에 대한 깊은 통찰은 현실을 살고 있는 낱낱 삶에 대한 엄청난 애정으로 나타났다. 지식인은 대부분 국가 단위나 세계 단위로 삶과 역사를 운용했다. 그래서 그들은 이념으로 대결하고, 결국 총칼로 승부를 겨뤘다. 량수밍은 개별 삶의 단위로 역사를 좁혔다. 특히 그의 시선은 농민과 마을 공동체에 있었다.

량수밍은 국공내전 시기 공산당 근거지인 옌안에서 마오쩌둥과 면담했다. 신중국 성립 이후 공산당에 참여하지는 않았지만 농민의 삶을 대변했다. 문화혁명 기간에도 량수밍은 자신의 선명함을 잃지 않았다. 바로 이 때문에 모진 박해를 받았다. 군중집회나 정치 회의에 끌려다니면서 자아비판을 강요당했다. 특히 공자 비판을 정치투쟁과 연관시킨 당시 분위기에서 공자를 긍정한 그에게 많은 공격이 가해졌다. 하지만 량수밍은 자신을 잃지 않았다. 그는 말한다. "삼군의 장수를 뺏을 순 있어도 필부의 의지는 뺏을 수 없다."(『비림비공운동 이후 학습회상 발언과 그 경과 사정에 대한 약술』) 량수밍 연구가 알리토(Guy S, Alito)

는 「더 라스트 컨퓨전」(*The last Confusion*)에서 그를 두고 '최후의 유자(儒者)'라고 했다. 유학자가 자고로 세상을 위해 자신의 뜻을 세우고 굽힘 없이 발언하는 자라고 정의한다면, 이 말은 옳다.

> 나는 애초 학문을 하려는 뜻이 없었고, 저술로 학설을 세우려는 생각도 없었다. 지금도 여전히 그렇다. 더욱이 나는 학문을 논하고 저술을 하여 학설을 세울 능력도 없다. 나는 단지 나 자신의 사상을 소중하게 여기고 나 자신의 견해와 생활을 주체적으로 영위하기 위해 사상과 견해를 아낄 따름이다.
>
> ─『동서 문화와 철학』「인심과 인생 머리말」

잘 살기 위해서 무슨 이론이나 학설이 필요한 것은 아니다. 몇 마디 신념만 있으면 사실 충분하다. 필요한 것은 자신을 밀고 가는 힘이다. 적어도 량수밍에게는 이게 있었다. 이것은 불타는 용기가 아니다. 쉽게 드러나지 않는 거대한 움직임이다. 한때 사람들은 량수밍이 불가(佛家)인지 유가(儒家)인지 궁금해했다. 유학으로 전향했지만 그에게는 늘 불가의 기풍이 있었다. 량수밍은 말년에 이야기했다. 자신이 유가를 이야기했지만 한 번도 불교 신앙을 놓친 적은 없다고. 그렇다고 유가를 이야기한 것이 거짓도 아니다. 그는 출세와 구세(救世)의 방식으로 그것을 취했을 뿐이다. 그에게는 아무래도 좋았다. 그는 두 가지 가치를 충분히 드러냈다. 감동은 일의 성공이 아니라 하나의 물음에 온 생명을 걸고 하나의 답변을 내밀 때 있다. 량수밍은 바로 그것을 보여주었다. 문화혁명이 지나고 개혁개방이 10년이나 흐른 1988년 95세의 량수밍은 베이징에서 사망했다.

현대 신유가의 창시자로 불리는 슝스리다. 지나내학원에서 어우양징우에게 유식학을 배우고도 『신유식론』을 통해서 유식학을 비판했다. 결국 그가 도달한 곳은 『주역』에서 말하는 생성 철학이었다. 슝스리는 존재의 본질은 끊임없이 새로 태어남이라고 선언했다.

14_ 현대 신유학의 완성자, 슝스리

소년 혁명가

중국 근대사상사에서 유식학은 일종의 유행이었다. 비단 불교계 인사
뿐만 아니라 수준급 지식인들은 대개 유식학에 대해 어느 정도 이해를
갖추고 있었다. 물론 그들이 모두 전통적인 유식학 이해를 충실히 따른
것은 아니다. 다양한 기반과 각도에서 유식학에 접근했다. 이 때문에
유식학에 대한 새로운 이해가 가능했고, 때론 그것을 통해서 불교라는
틀을 깨고 나서기도 했다. 중국 불교사에서 보면 남북조 시대의 다양한
유식학 이해가 이후 당대 화엄학을 태동시킨 것과 유사하다. 충실한 계
승이 아니라 빗나간 계승쯤 될까. 이와 관련해서 단연 돋보이는 저작은
슝스리(熊十力, 1885~1968)의 『신유식론』(新唯識論)이다. 제목에서
알 수 있듯이 그것은 유식학을 다루고 있지만 전통 유식학이 아니다.
새롭다는 '신' 자는 다르다는 뜻이기도 하다. 그는 유식학을 통과해서
유학으로 빠져나왔다. 양명학을 발판으로 해서 결국 『주역』에 도달한
다. 그는 자신의 학문을 유학이라고 했지만, 그것에도 '신'(新)자를
붙여야 할 것이다. 그래서 사상사에서 그의 유학을 현대 신유학이라
고 부른다.

슝스리는 후베이 성(湖北省) 황강(黃岡) 출신이다. 본래 이름은 지즈(繼智), 성헝(升恒)이고 자(字)가 쯔전(子眞)이다. 스리(十力)는 호(號)다. 조부는 목수였다. 부친은 현시에 합격하여 수재가 되었지만 관직에 나아가지 못했고 고향에서 서당 선생 노릇을 했다. 남자 형제가 여섯이었고 여동생 둘이 있었다. 그는 셋째였다. 대가족이었다. 시골 훈장 노릇으로는 도저히 넉넉할 수 없는 처지였다. 여덟 살 때부터 이웃집 소를 먹이면서 집안 살림을 도왔다. 1896년 슝스리가 열두 살 때 부친은 폐렴에 걸려 자주 각혈을 했다. 병을 무릅쓰고 계속해서 학생을 가르쳤지만, 초여름에 일을 그만두고 집으로 돌아왔다. 병색이 짙었다. 슝스리는 불안했다. 열두 살 꼬마가 부친의 죽음을 맞아야 했다. 슝스리는 훗날 이날을 회상한다.

부친께서 병이 깊었다. 임종 때 내 머리를 어루만지면서 눈물을 흘리셨다. "네가 결국 공부를 접겠구나, 운명이란! 몸도 허약하고 병도 많으니 농사일도 제대로 감당하지 못할 게다. 옷 짓는 일이라도 배워야 스스로 생활이 가능할 것이다." 그때 나는 일어나 부친 앞에서 맹세했다. "무슨 일이 있어도 뜻을 받들어 공부를 포기하지 않겠습니다." 부친은 아무 말 없이 눈을 감았다. ─『십력어요』(十力語要)

부친이 임종한 후 오래지 않아 모친도 사망했다. 큰형이 집안 살림을 맡았다. 큰형도 열다섯에 학교 공부를 접었지만 농사일을 하면서도 늘 책을 들고 다녔다. 슝스리도 형을 본받아 소를 치면서 틈나는 대로 품고 있던 책을 꺼내 읽었다. 형은 동생 슝스리를 계속해서 공부하도록 했다. 하지만 함께 공부하던 친구들은 가난한 슝스리를 멸시했다.

분노한 슝스리는 박차고 나와 집으로 돌아와 버렸다. 부친의 제자 가운데 한 분이 그를 불러 나무랐다. 그리고 한마디 더 일렀다. "돌아가신 아버님이 너의 이런 행동을 알면 어떻게 생각하시겠냐?" 흔한 이 말 한마디에 슝스리는 두려웠다. 그리고 자신의 맹세를 떠올렸다. 정녕 거짓말로 아버지를 떠나보냈는가. 그는 열심히 공부했다. 선진(先秦) 시대 저작이나 송명대 유학 서적을 섭렵했다. 비록 대단한 스승에게 배운 것은 아니지만 그는 전진했다.

중국 근대에 돌출한 많은 사상가 가운데 상당수는 특별한 스승이 없었다. 그들은 거의 자학(自學)으로 학문과 사상을 이룩했다. 그래서 삐뚤빼뚤했다. 하지만 독특했다. 량수밍도 그랬고 슝스리도 그랬다. 그들은 전통을 계승했지만 그렇다고 답습하지는 않았다. 이 때문에 그들의 유학에는 단절의 흔적이 뚜렷하다. 그들은 고전 속에서 직접 스승을 불러냈고, 친구를 찾았다. 슝스리는 명대 양명학자인 진백사(陳白沙, 1428~1500)의 『금수설』(禽獸說)을 읽고 심학에 빠졌다. 그는 그때 느낀 전율을 이렇게 표현했다. "갑자기 엄청난 흥분이 있었다. 마치 몸이 허공에 붕 뜬 것처럼 황홀했다. 영혼이 막힘없이 세계를 내달렸다." (『십력어요초독』) 진백사는 중국 광둥 출신이다. 흔히 '영남'이라 불리는 이 지역 출신 가운데 유일하게 문묘에 위패를 모신 인물이다. 진백사는 주희가 말하는 '격물치지'는 번쇄하고 딱딱할 뿐이라고 생각했다. 그는 자연을 쫓고 자기 증득을 중시했다. 그래서 정좌를 통해서 깨달음을 구하는 쪽을 택했다. 진백사를 통해 양명학을 만난 슝스리는 마음의 역할을 매우 강조했다. 그는 다시 왕부지(王夫之, 1619~1692)의 글을 읽었다. 진백사의 글보다 더 강하게 슝스리를 두드렸다. 그리고 왕부지에게 반청(反淸) 의식을 배웠다.

슝스리는 열여덟 살 때 고향을 떠나 우창(武昌)으로 갔다. 그리고 그곳 신군(新軍)에 입대했다. 당시 많은 젊은이가 신군에서 반청(反淸) 혁명을 꿈꾸었다. 1905년 후베이 신군특별학당에 입학하여 혁명 활동을 계속했다. 1911년 10월 10일 우창 봉기가 일어났다. 신군이 무력으로 도시를 장악했다. 봉화였다. 13일 슝스리의 고향 황강이 광복됐다. 그는 정치 일선에 직접 참여했다. 이듬해 불안한 중화민국이 출발했다. 하지만 오래지 않아 위안스카이가 정권을 탈취했다. 위안스카이는 자신이 황제가 됨으로써 무너진 봉건 제국을 다시 세웠다. 다시 전쟁이었다. 슝스리는 위안스카이에 반대하는 전쟁에도 참가했다. 신해혁명을 지키기 위한 열정이었다. 혁명에 대한 열정은 늘 순수하지만 혁명의 과정은 별로 그렇지 못하다. 슝스리는 정치 활동 중에 운동의 기만성과 혁명가들의 권력투쟁을 목도했다. 그는 정치운동을 포기했다. 슝스리는 스스로 다짐했다. 순수하게 학문에만 투신하겠노라고.

량수밍과 슝스리의 만남

슝스리는 1913년 왕부지 글에 관한 독서찰기(讀書札記)를 잡지 『용언』(庸言)에 발표했다. 여기서 슝스리는 불교를 비판했다. 그는 불교가 사람들을 허무에 빠뜨린다고 했다. 불교는 사람들로 하여금 현실과 맺는 긴장을 놓게 한다고 말했다. 1916년 『선산학자기』(船山學自記)를 지었다. 이 글에서 그가 불교로 조금씩 기울어지는 것을 볼 수 있다. 슝스리는 스스로 밝혔다. "근래 장타이옌(章太炎) 선생의 『건립종교론』을 읽었다. 선생의 삼성삼무성설(三性三無性說)을 듣고 인도사상에 대해 훨씬 더 이해가 깊어졌다. 비로소 왕부지의 학문이 아직 한참 모자람을 알았다." 장타이옌은 불교 유식학의 삼성설을 토대로 유식교를 건립해야 한다고 주장했다. 그것은 불교 유식학에 기반한 본체론의 건립이기도 하다. 당시 슝스리의 불교 지식 대부분이 장타이옌의 불교 논설에서 왔다.

삼성설에 따르면 모든 사물은 연기 관계에 의해 구성된다. 이것이 의타기성(依他起性)이다. 그런데 그것을 실체로 파악하여 매달리는 경우가 대부분이다. 이런 경우 사물은 모두 변계소집성(遍計所執性)이다. 불교 수행의 목표는 이런 왜곡 없이 사물의 비실체적 본성을 파악하여 집착을 없애는 것이다. 이때 사물은 원성실성(圓成實性)으로 드러난다. 이것을 존재의 세 측면 내지 세 성격이라고 말한다. 이것을 삼성설이라고 한다. 의타기성을 통해서 본성〔性〕이 실체 없음〔無自性〕을 알고, 변계소집성을 통해서 현상〔相〕이 실체 없음을 안다. 그리고 원성실성을 통해서 본질〔勝義〕의 실체 없음을 안다. 이것이 삼무자성이다. 슝스리는 이 삼성설을 만나고서 자신의 사상 지표인 왕부지의 한계를 인정했다. 그는 다시 왕부지를 살폈다. 이전에는 알아채지 못한 사실을 발견했다. 왕부지도 유식학을 공부했고『상종락색』(相宗絡索),『팔식규구송찬』(八識規矩頌贊) 등 불교 관련 저술을 남겼다. 여기서 상종은 바로 유식 법상종을 가리키고, '낙색'은 줄거리나 주요 골자를 말한다. 핵심이라고 말해도 가능하다. 팔식은 유식학에서 인간의 의식을 설명할 때 제기한 의식 분류다. '규구'는 잣대를 가리키는데, 표준이라는 말로 사용한다. 불교 유식학은 슝스리에게 충격을 가했다.

당시 불교에 심취한 량수밍은『구원결의론』에서 "이 땅의 범부 슝성헝(熊升恒)"이라고 직접 이름을 거명하면서『용언』에 실린 슝스리의 글을 심하게 비판했다. 량수밍은 슝스리가 불교에 대해 무지몽매하다고 생각했다. 『구원결의론』이 발표된 지 3년이 지난 1919년 슝스리는 베이징 대학에서 인도철학과 불교를 가르치고 있던 량수밍에게 편지를 한 통 썼다.

당신이 『동방잡지』에 발표한 『구원결의론』을 보았소. 내용 중에 나를 비판한 이야기는 매우 뛰어났소. 기회가 있으면 만나서 좀더 자세히 이야기할 수 있기를 바라오.　　　　　　　　—『기념 슝스리 선생』

텐진의 난카이(南開) 중학교에서 교편을 잡고 있던 슝스리가 방학을 이용해서 베이징을 방문했다. 량수밍은 베이징 시내의 광제사(廣濟寺)에 머물고 있던 슝스리를 찾았다. 만나자마자 곧바로 불교에 관한 토론을 벌였는데 슝스리는 탄복했다. 결국 량수밍은 슝스리에게 불교 공부를 권했고 슝스리도 그렇게 하겠노라고 했다. 1920년 여름 량수밍은 난징의 지나내학원을 방문했다. 어우양징우에게 가르침을 청할 목적이었다. 어우양징우가 누구던가. 당시 거사 불교를 대표한 불학 대가로 량수밍이 존경해 마지않던 인물이 아닌가. 량수밍은 그 자리에서 슝스리라는 인물을 소개했다. 그해 슝스리는 학교를 사직하고 난징으로 향했다.

슝스리는 지나내학원에서 유식학의 한 전통인 명상(名相)의 분석을 익혔다. 명상은 요즘 말로는 '개념'에 해당한다. 그것은 마치 벽돌처럼 우리의 사유를 축조한다. 우리는 개념을 통해서 사물이나 사건을 인식하고 사유하기 때문에 우리의 의식을 이해하는 데 개념 분석은 필수적이다. 그런데 명상 분석의 의도는 명상의 정확한 이해가 아니라 명상의 타파에 있다. 명상 분석의 훈련을 통해서 슝스리는 엄밀한 개념

운용과 불교 논리학을 습득했다. 아울러 그는 스승 어우양징우에게서 유식학을 배웠다. 당시 어우양징우는 『유가사지론』후반부 50권의 교감 작업을 마감하고 자신의 철학을 토했다.

1922년 량수밍은 베이징 대학에서 유식학 강의의 필요성을 깨닫고 강사 초빙을 교장인 차이위안페이(蔡元培)에게 건의했다. 원래는 자신이 유식학 강의를 담당했지만 부족함을 절감했다. 그래서 지나내학원에서 강사를 불러야 한다고 생각했다. 처음에는 어우양징우의 가장 뛰어난 제자인 뤼청(呂澂)을 초빙하려 했다. 하지만 스승인 어우양징우가 허락하지 않았다. 뤼청은 지나내학원을 지켜야 했기 때문이다. 량수밍은 3년째 지나내학원에서 유식학을 공부하고 있던 슝스리를 부르기로 결정했다. 이것이 슝스리가 베이징 대학이라는 공간을 만난 계기였다.

슝스리는 베이징 대학에 입성했다. 대학 출판부에서 강의안을 토대로 『유식학 개론』을 출판했다. 이 원고는 지나내학원에 있으면서 완성한 것이다. 이즈음 교장 차이위안페이가 스리(十力)라는 이름을 지어 주었다. 십력은 초기 불교에서 말하는 수행 방법 가운데 하나다. 슝스리는 오래지 않아 『유식학 개론』을 폐기하고 『신유식론』집필을 시작했다. 그는 유식학 전통에서 벗어나고자 했다. 슝스리를 베이징 대학에 불러들인 량수밍은 사실 자신보다 더 정교하게 유식학을 강의해 줄 것으로 믿었다. 하지만 슝스리는 불교에서 벗어나 자신의 생각을 전개했다. 량수밍의 의도는 완전히 빗나갔다. 량수밍은 당시 심정을 회상했다. "애석하게도 나는 슝스리에 대해 잘 몰랐다. 내 스스로 조심하고 삼가 행여 고인의 학문을 해칠까 봐 지나내학원에서 전문가를 초청했다."(『기념 슝스리 선생』) 자기가 유식학을 가르치는 게 두려워서 슝스리를 불렀는데 슝스리는 유식학을 아예 거부해 버렸다. 량수밍으로선 무척 당혹스런 일이었다.

　　1923년부터 슝스리는 그도록 열심히 공부한 유식학에 도전하기 시작했다. 이후 10년 동안 그는 골똘히 이 문제에 매달렸다. 1927년 그는 요양차 항저우의 서호 주변에 머물렀다. 서호 북쪽에 있는 고산(孤山)의 광화사에서 휴식과 독서를 함께 했다. 국민당 군대의 북벌전쟁이 한창이었고, 슝스리 자신의 병고가 겹쳤다. 집필은 끊어졌다가 다시 시작되는 과정을 반복했다. 하지만 결연한 의지로 작업을 진행했다. 『신유식론』의 초고가 모습을 조금씩 드러냈다. 계속해서 원고를 고쳤다. 1932년에야 퇴고할 수 있었다. 슝스리는 이 10년 동안 여러 곳에서 강의했다. 우창 대학에서는 미국 위스콘신 대학에서 박사 학위를 받고 돌아온 팡둥메이(方東美, 1899~1977)와 함께 근무했다. 팡둥메이는 청대 대표적 문학파인 동성파를 건립한 방포(方苞)의 직계손이다. 탕쥔이(唐君毅, 1909~1978)는 난징의 중앙대학에서 슝스리에게 배웠다. 그는 현대 신유학 2세대로 활동한 인물이다. 탕쥔이의 부친은 어우양징우의 제자였다. 하지만 탕쥔이는 끝까지 불교를 수용하지 않았다. 이렇게 슝스리는 강의를 통해서 제자를 길렀다. 그가 현대 신유가의 대표로 우뚝 선 것은 제자들의 작업이기도 하다.

　　슝스리는 당시 항저우에서 은거하고 있던 저명한 유학자 마이푸에게 원고를 보냈다. 그는 마이푸의 평가를 기대했다. 그런데 한 달이 다 되도록 아무런 연락이 없었다. 사실 이전부터 여러 차례 마이푸를 만나려고 시도했지만 번번이 거절당했다. 마이푸는 일체 방문객을 허용하지 않았다. 자존심이 무척이나 강한 슝스리는 다소 언짢았다. 그냥 편지 한 통만 보내 줘도 좋으련만. 그런데 어느 날 손님이 그를 찾았다.

마이푸였다. 사람들과 교류를 극히 삼가던 마이푸가 직접 슝스리를 방문한 것이다. 슝스리는 자신의 편지에 왜 회신이 없었냐고 물었다. 마이푸는 말했다. "단지 편지만 보냈으면 곧바로 회신을 하려고 했소. 그런데 책까지 보내는 바람에 그걸 다 읽고 회신을 할 수밖에 없었소. 보시오. 지금 이렇게 내가 왔지 않소."〔양위칭(楊玉清), 『슝스리에 관해서』〕 이렇게 해서 두 사람은 친구가 되었다. 이런 인연으로 문언문본 『신유식론』의 서문과 표제를 마이푸가 썼다.

유식학에 대한 저항

슝스리는 본래 경론(境論)과 양론(量論) 두 부분으로 『신유식론』을 구성하려 했다. 불교 인식론에서 '경'은 인식 대상을 말한다. 경계(境界)라는 말로 쓴다. '양'은 인식 작용을 말한다. 불교 전통에서 양을 셋으로 나눈다. 김치를 먹어 보고 김치맛을 아는 경우가 현량(現量)이다. 어둠 속에서 새끼줄을 얼른 보고 뱀이라고 소리치는 것은 잘못된 인식인데 비량(非量)이다. 산 너머 치솟는 연기를 보고 산불이 났음을 짐작하는 것은 비량(比量)이다. 이것 외에 성언량(聖言量)을 말하기도 한다. 경전에서 일러주는 성인의 말씀은 그 자체로 권위가 된다. 양론은 인식론이라고 할 법한데, 불교에서는 이것을 대단히 중요시한다. 뭔가를 안다고 할 때 그 앎의 형식을 슝스리는 양론이라고 말했다. 하지만 슝스리는 끝내 양론은 집필하지 못했다. 그래서 『신유식론』은 경론뿐이다.

　　대승불교의 중요한 두 가지 철학 사조는 중관학과 유식학이다. 중관학은 반야경을 기반으로 해서 전개된 철학이다. '공'이나 '중도'라는 개념을 통해서 일체 실체론적 관념이나 개념을 부순다. 중국 불교에서는 보통 '공종' (空宗)이라고 했다. 유식학에서는 현상이 어떻게 구성되는지 설명한다. 여기서 '유식'은 '유식무경' (唯識無境)을 의미한다. 우리는 눈앞에 놓인 책이나 컵 따위를 실체로 파악하지만 그것은 바라보는 우리의 의식과 무관하지 않다. 우리가 획득한 감각은 대부분 우리 의식의 조작이 곁들어 있다. 유식학은 여기서 좀더 나아간다. 유식학에서는 현상을 '식의 전변'을 통해서 설명한다. 의식에 의해 현상이 출현했다고 말한다. 중국에선 현상의 성립을 설명하는 유식학을 유종(有宗)이라고 했다. 물론 이런 표현은 오해의 소지가 있다. 유식학에서도 결국 대상의 공함과 인식 주체의 공함을 말하기 때문이다. 유식성의 체득은 공성의 체득과 맞먹는다. 『신유식론』의 경론은 크게는 '현상 성립'에 대한 설명이다. 『신유식론』의 체제나 목차를 보면 이런 유식학의 전통에 충실함을 알 수 있다. 하지만 실제 내용에서 슝스리는 유식학의 개념을 자기 식으로 비틀었다.

> 본서는 근본적으로는 불가에 속하지만 창작한 것이다. 사용하는 개념어는 기존의 개념을 계승하지만 의미를 변형시켰다. 일반적으로 통용되는 요즘 개념을 채용했지만 또한 그것의 의미를 바꾸었다.
>
> —『신유식론』「서언」

1932년 출판된 슝스리의 『신유식론』을 흔히 문언(文言)본이라고 한다. 1944년 출간한 구어체 『신유식론』과 구분하기 위해서다. 둘은 매우 다르다. 다소 단순화하면 불가에서 유가로 넘어가는 과정에 문언문본이 있다면, 유가로 완전히 전향한 이후 작품이 어체본이라고 할 수 있다. 문언문본이 출판되자 여러 분야의 학자가 슝스리를 비판했다. 당

시 한창 논쟁의 중심에 서 있던 맑스주의자들은 슝스리의 새로운 관념
론 체계를 비판했고, 서화론자는 그의 전통 복귀를 비판했다. 하지만
슝스리에 대한 가장 강력하고 끈질긴 비판은 불교계에서 일어났다. 더
구나 자신이 배웠고 학문 기초를 놓은 난징 지나내학원 출신자가 앞장
섰다. 어우양징우와 제자 뤼청, 왕언양이 이끌던 지나내학원은 슝스리
에 대해 일종의 배신감 같은 걸 느꼈다. 특히 어우양징우는 제자 슝스
리가 더없이 못마땅했다.

> 총명한 사람일수록 재기를 부리고, 그럴수록 도에서 멀어진다. 지나
> 침은 모자람과 마찬가지다. 현자가 그것에 어두워 지나침이 성인의
> 말씀을 없애는 데까지 이르렀구나. 쯔전(子眞)이 가장 심하도다. 헝루
> (衡如)가 그를 논박하니 심히 타당하다. 응당 수용하여 크게 반성하고
> 따라야 할 것이다. 언설이 진실하면 지혜와 평정을 얻고, 사견을 버리
> 면 모두 열반이다. 오호, 쯔전이여. 그가 과연 고인의 후인인가!
>
> —『'신유식론' 비판』「서」

어우양징우는 슝스리의 불학 스승이다. 슝스리가 지나내학원을
떠나 베이징 대학으로 갈 때 어우양징우는 병약한 아들을 맡기기도 했
다. 난징의 습한 날씨 때문에 아들의 병이 호전되지 않는다고 생각해서
건조한 북방으로 보낸 것이다. 이렇게 슝스리에 대해서 뭔가 믿음을 가
지고 있었다. 하지만 두 사람의 관계는 슝스리가 『신유식론』을 출판하
면서 완전히 부서졌다. 자존심이 대단히 강한 두 사람은 영영 화해할
수 없었다. 슝스리의 사상은 문언문본 『신유식론』의 출판까지는 여전
히 불교의 한 켠에 있었다고 할 수 있다. 그는 인도 불교의 성격이 짙은

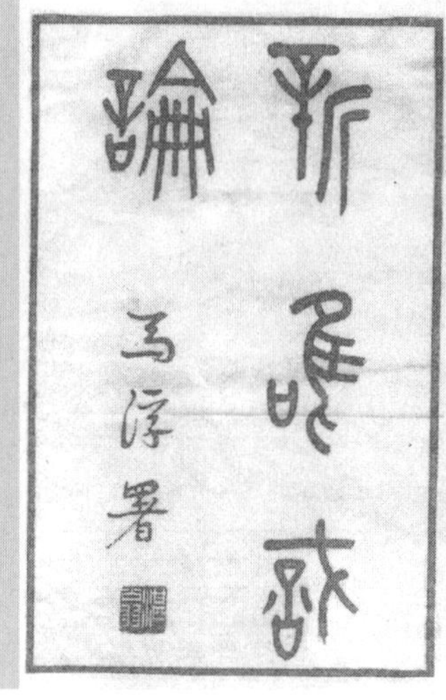

승스리는 1927년 항저우에 머물렀다. 그때 이학(理學)대사 마이푸와 교류하게 됐다. 마이푸가 승스리를 위해 써 준 『신유식론』 표제다.

유식학을 강하게 비판하는 대신 중국 불교의 개념을 자주 언급했다. 아울러 유가나 도가 개념들을 과감하게 가져왔다. 이 단계는 중국 사상을 유식학으로 끌어들이는 작업이라고 할 수 있다. 그래서 불교 개념을 자신 나름대로 변용한다. 그는 "『신론』 문언문본은 『역』을 융합해서 불교로 들어간 것이며, 어체본은 『역』을 종주로 삼은 것"이라고 개괄했다.

승스리의 『신유식론』은 분명 유식학에 대한 도전이다. 그런데 왜 『신유식론』인가. 그냥 자신의 철학 체계를 세우면 될 일이지 굳이 '유식'이라는 이름을 달 게 뭐람. '십력철학'. 이렇게 이름붙이면 됐을 텐데. 실제 승스리에게 이렇게 질문한 사람도 있었다. "이 책은 불가의 본지도 아닌데 신유식론이라고 이름한 것은 왜인가?" 승스리는 유식학에 대해 생각이 달라졌기 때문이라고 말한다. '신'은 기존의 것과 다름을 의미한다. '유'는 독특함이자 본질을 말한다. '식'은 마음(心)의 다른 표현이다. 불교 유식학에서도 마음에 대해서 이야기한다. 그런데 슝스리는 그것과 다른 천변만화의 근원으로서 마음의 본질에 대해 이야기하겠다고 말한다. (『신유식론전부인행기』)

『신유식론』과 『주역』

현대 중국의 저명한 철학사가인 허린(賀麟)은 량수밍과 슝스리 철학의 구분을 시도했다. 그가 보기에 둘은 육구연이나 왕양명이 세운 심학을 계승했다. 하지만 "량수밍은 '인생의 태도'에 집중했고, 슝스리는 본체론이나 우주론 건립에 주력했다."(『당대중국철학(當代中國哲學)』) 펑유란은 『중국철학사』에서 철학의 내용을 논하면서 본체론은 "존재의 본체와 실재(reality)의 본질"이고 이것은 우주론의 일종이라고 했다. 슝스리의 철학을 분류하면 본체론이라고 할 법하다. 좀더 전통적인 개념을 빌리자면 그의 철학은 체용론이다. 이것은 그가 본체가 가지는 실체성을 탈각하기 위해서 취한 방법이다. 아울러 슝스리가 불교를 관통하면서 획득한 결과이다.

그런데 그가 공부한 유식학은 얼핏 보기에 본체론적인 성격이 약하다. 그것은 인식론 차원의 진리 접근이라고 할 수 있다. 그래서 그가 주목한 것은 '식의 전변' 개념과 『주역』의 결합이다. 일본의 중국 사상사 연구자인 시마다 겐지(島田虔次)는 『신유식론』의 「전변장」(轉變章)과 「공능장」(功能章)을 각각 '체의 전변'과 '용의 공능'으로 이해했다.(『슝스리와 신유가 철학』) 전변은 의식이 변화하고 전개되는 것을 말한다. 공능은 식의 변화 과정에서 보이는 그것의 활동 능력이다. 체용론을 통한 『신유식론』의 해석이다. 슝스리의 본체는 변화 자체다. 그는 「전변장」에서 말한다.

움직여서 붙들 수 없고 엉뚱해서 짐작할 수 없는 것, 아마도 변화일 것이다. 능변은 어떤 놈인가. 변화는 항상에서 일어나지 않는데 항상은 변동하지 않기 때문이다. 변화는 전혀 없음에서 일어나지 않는데 전혀 없음이 변화를 일으킬 수 없기 때문이다. 이에 대단한 물건이 있으니 항전(恒轉)이다. ㅡ문언문본 『신유식론』 「전변장」

'전변' 이라는 말은 불교 유식학의 주요 논서인 『유식 30송』 제1송에 등장하는 개념이다. "가설된 자아와 법은 갖가지 모습으로 달라지는데〔轉〕, 그것은 식이 나타난〔變〕 것이다. 이 식은 오직 세 가지다." 유식학의 입장에 따르면 일상적인 인식 주체인 자아와 인식 대상인 법(法)은 '전변(변화)의 결과' 〔所變〕다. 그렇다면 이런 '변화를 견인한 놈' 〔能變〕은 누구인가. 능변으로 여덟 가지 식을 말한다. 이 팔식 가운데 가장 미세하고 근원적인 역할을 하는 게 제8 아뢰야식이다. 요즘 말로 하면 잠재의식이나 심층의식이다. 그런데 슝스리는 여기서 비틀기를 시도한다. 먼저 그의 본체는 항상과 전혀 없음의 범주를 벗어난다. 이것은 불교의 '공' 개념이 있음과 없음을 비켜나는 것과 유사하다. '중' 이나 '중도' 라는 개념은 바로 이렇게 생겼다.

슝스리가 말하는 본체, 바로 대물(大物)은 '항전' 이다. 영원한 변화 그 자체다. 이 항전을 설명하는 과정에서 슝스리의 본체론은 드러난다. "'항' 은 끊임없음을 말하고, '전' 은 항상하지 않음을 가리킨다. 단멸하지도 않고 항상하지도 않는, 즉 찰나마다 기존의 것을 버리고 끊임없이 새롭게 태어나는 것을 말한다." 슝스리가 능변이라는 말을 썼지만 '능변과 소변' 이라는 상대적 구별은 없다. 벌써 『주역』에서 말하는 '생생불식' (生生不息)의 개념이 떠오른다. 생멸을 일종의 운동으로 표현한 것이다. 그래서 생멸 자체를 부정이 아니라 긍정으로 파악한다.

『신유식론』에서 슝스리가 제기한 우주론은 흡벽설이다. 이 용어는 조금 어렵다. 슝스리는 「전변장」에서 이야기한다. "변(전변)은 다시 무엇을 말하는가. 한 번 흡(翕)이고 한 번 벽(辟)인 것을 변이라고 말한다." 슝스리는 "한 번 음이 되고 한 번 양이 되는 것을 도라고 한다"는 『역전』의 사상을 받아들였다. 아울러 둘이 대립하는 것 같지만 둘은 의지한다는 방식도 수용했다. '흡'은 기운이 한데 모임이다. 어떤 힘을 한 지점으로 빨아들인다. 그래서 임의적이나마 형태를 구성한다. "늘 받아들이고 품어서 아무런 약속 없이 임의적으로 무량한 운동 지점을 구성한다."

어체본 『신유식론』에서는 '형향'(形向)이라는 다소 어려운 표현을 썼다. 이것은 형체를 가진 물질이나 사물이라기보다는 그것에 대한 지향을 말한다. 숱한 물방울이 집중됨으로써 특정한 모습의 구름이 형성된다. 그런데 수렴 활동만 있다면 결국 우주는 한 점으로 고정되어 굳고 만다. "흡과 동시에 다른 흡이 일어나기 때문에 늘 힘이 있고 강건함이 저절로 일어나 흡에 동화되길 꺼린다." 두 지점에서 수렴 활동이 있다고 하자. 둘은 오히려 서로 반발하고 다툰다. 물화되는 힘에 대응한다. 이런 힘을 '벽'이라고 한다. 벽은 열림을 가리킨다. 일종의 확산이다. 뿜어내는 힘이라고 할 수 있다. 사물화되는 과정이 아니라 심화(心化)되는 과정이다.

슝스리의 흡벽설을 체용론과 관련시킬 수 있다. 하지만 흡과 벽 가운데 하나가 용이고 하나가 체라는 의미는 아니다. 슝스리가 특히 강조한 것은 즉용현체(卽用顯體)다. 그는 본체가 변화, 생성임을 부각해서 청정, 공적, 적멸을 특징으로 하는 법성, 진여에 반대하려 했다. 불교의 아뢰야식설이나 진여설에 반대한 것도 이런 이유에서다. 끊임없이 생성 소멸하고 항상 새로워지는 현상 세계가 바로 진실한 본체라고 상정했다.

그는 천변만화하는 현상 자체에 다가서고자 했다. 『역』을 통해서 그는 작용 자체가 실체임을 말했다. 여기서 『역』은 고대적 의미의 것이 아니라 왕부지의 『역전』(易傳)을 계승한 것이다. 그렇다면 이런 본체의 체득은 어떻게 가능한가. 여기서 슝스리는 본체의 주체성을 강조했다. 결국 그의 본체론은 심성론으로 귀결했다. 물질 우주의 변화를 설명하는 게 아니라 우주적 마음의 본체와 작용을 말하고 있다. 슝스리는 본심이 곧 본체라는 논리를 편다. 여기서 육왕심학에서 말하는 '심즉리'의 사상이 드러난다. 그는 이런 방식으로 본체론과 인생론을 결합하려 했다. 그에 따르면 현실을 만나면서 본체는 드러나고, 그런 능력은 본심에 있다. 그래서 현실에서 그것은 일종의 생성론일 수 있다. 1958년 출판된 『체용론』에서는 이렇게 말한다.

> 불교에서는 찰나 생멸을 보고서 무량한 찰나의 끊임없는 상속이 곧 멈추지 않는 소멸임을 알았다. 『대역』은 찰나 생멸을 보고서 무량한 찰나의 끊임없는 상속이 예측할 수 없는 생성임을 알았다.
>
> —『체용론』

소멸과 생성의 대비. 슝스리가 보기에 바로 이 점이 불교와 주역의 차이다. 아울러 이 때문에 유학으로 귀향했다. 물론 불교 스스로 '소멸'의 철학임을 인정할 리는 만무하다. 불교적 생성을 말할 수도 있다. 하지만 적어도 그때 슝스리는 불교가 생성을 이야기하기에 부족하다고 생각했다. 량수밍이 끝까지 불교 신앙을 간직한 것과 달리 그는 불교에 대해 다소 공격적이었다. 슝스리는 유가의 가치 체계와 인생 태도를 계승하고자 했다. 특히 불교의 출세주의를 강하게 비판했다. 이런 점에서 그는 현대 신유가의 대표다. 송대(宋代) 성리학이 당대(唐代) 불학의 바탕 위에서 성립됐듯이 현대 신유학도 근대의 불교 부흥에 바탕을 두고 있었다. 철학이나 사상의 흥기와 변천은 이렇게 굽이치면서 시대를 밀고 간다. 슝스리를 통해서 근대 중국에서 불학이 얼마나 다양한 각도로 반사됐는지 실감할 수 있다.

병약해 보이고 언제나 고뿔을 달고 다닌 슝스리. 하지만 옹골진 이마와 예리하고 맑은 눈빛을 지닌 슝스리는 1954년 베이징 대학에서 은퇴하고 나서 상하이에서 조용한 여생을 보내다 1968년 그곳에서 절세했다. 향년 84세였다.

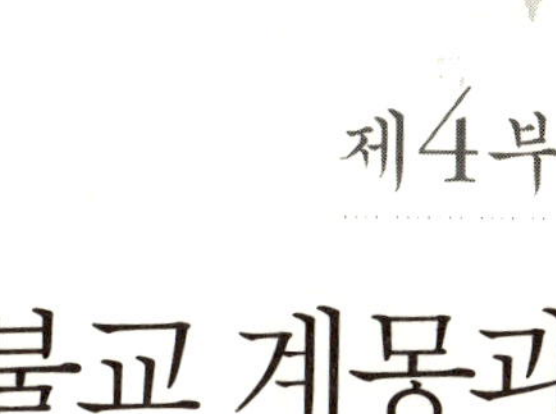

불교 계몽과 '학'의 탄생

무술년 변법운동이 실패하자 량치차오는 일본으로 망명했다. 그곳에서 그는 '신민'을 만들기 위한 계몽 활동에 투신했다. 중국 불교를 정리하기도 했고 민족주의 선전에 불교를 이용하기도 했다. 그는 중국인이 근대를 학습하는 창구였다. 구한말 조선인도 그의 덕을 많이 봤다.

15_ 계몽의 선구, 량치차오

계몽 지식인의 출현

중국의 철학사가 리쩌허우(李澤厚)는 「계몽과 구망의 이중 변주」라는 글에서 중국 근대는 구망(求亡)을 위해서 계몽이 희생된 역사라고 진단했다. 1919년 5·4 신문화운동 이후 중국 지식인은 급격하게 정치화했다. 국가 위기라는 우환 의식의 결과였다. 지식은 개인 단위가 아니라 국가나 민족 단위에서 운용됐다. 1920년대 이후 사회주의혁명이 완수된 시점까지 이런 경향은 매우 분명했다. 리쩌허우는 요절한 계몽의 역사를 문화혁명이 끝난 80년대 중국에서 되살리려 했다. 하지만 계몽도 결국 정치적이고 국가적인 것임을 우리는 벌써 알고 있다. 지금 중국 정부는 문명화란 이름으로 인민에게 서구화와 자본주의화를 요구한다. 이것은 정치적으로 계몽을 요구한 셈이다. 정치보다는 돈 벌어 잘사는 데 더 관심을 가지라고 요구한다. 근대 시기 계몽과 정치, 학술을 가장 절묘하게 결합시킨 인물은 량치차오(梁啓超, 1873~1929)다. 아울러 그는 새로운 불교를 상상했고 근대적 불교학을 산파했다.

량치차오는 "나는 중국 최남단의 섬사람"〔『삼십자술』(三十自述)〕이라고 했다. 그는 그야말로 중국의 남쪽 끝 광둥 신후이(新會)의 한 섬에서 태어났다. 홍콩과 비교적 가까운 곳이다. 신후이 북쪽에 캉유웨이가 참선 수행을 했다는 시차오 산이 있다. 좀더 북상하면 캉유웨이의 고향 난하이(南海)가 있다. 중국 역사에서 광둥 지역은 문화의 불모지로 취급된다. 중국 선종의 5조 홍인이 광둥 출신 혜능을 처음 만났을 때를 생각해 보라. 홍인은 혜능을 만나자 나무란다. "자네는 다름 아닌 영남 사람이 아닌가. 하찮은 자로서 어찌 감히 부처가 되겠다고 하는가!" 혜능은 이렇게 반격했다. "사람의 출신은 남북이 있지만 불성(佛性)에 남북이 있겠습니까."(『육조단경』) 홍인은 이렇게 한 방 먹고 오히려 좋아한다. 제자가 제대로 대답했기 때문이다. 지금의 광둥을 과거에는 영남이라고 했다. 중국은 남부로 산맥이 흐르는데 그 이남을 영남이라고 불렀다. 이곳은 비록 고대에는 궁벽했지만 근대에는 전혀 달랐다.

아편전쟁 이후 홍콩은 중국과 외부 세계가 교차하는 곳이 되었다. 이곳을 중심으로 서구의 지식과 문물이 중국으로 진입했다. 그래서 이 지역은 신문물의 집산지 같은 곳이었다. 문화의 소화력이 다른 지역에 비해 월등히 뛰어난 곳이기도 했다. 사유의 변이가 있었고 돌발적인 사고가 빈번했다. 홍슈취안은 광둥 인근 광시(廣西)의 한 시골에서 봉기하여 태평천국을 건설했고, 쑨원은 이곳을 근거지로 봉건 중국을 가격했다. 장제스의 북벌군은 여기서 출발하여 베이징에 입성했다. 사유의 접경 지대였기에 사유의 생산지일 수 있었다. 이런 분위기 때문인지 량치차오는 다른 사상이나 이론에 대해 흡수력이 엄청났다. 량치차오는 훗날 스승 캉유웨이와 자신을 비교하면서 "캉유웨이가 지나치게 선입관이 많다면, 량치차오는 너무 선입관이 없다"(『청대학술개론』)고 말했다. 자신의 평가처럼 '흡수'는 그의 타고난 성품이었다. 그래서 그의 사유와 학술은 종결이 불가능했다. 그는 끝까지 떠다녔다.

1898년 무술변법의 젊은 주인공이 한데 모였다. 앞줄 왼쪽 끝이 량치차오다. 오른쪽 합장한 이가 탄쓰퉁이다. 얌 전하게 앉은 스물다섯 량치차오의 젊음을 보라. 저 젊음으로 거대하지만 노쇠한 봉건중국을 뒤집으려 했다.

량치차오는 어릴 적 신동 소릴 들을 정도로 총명했다. 열한 살에 동자시(童子試)에 합격해서 수재(秀才)가 되었고, 열여섯에 지역 향시에 합격하여 거인(擧人)이 되었다. 이듬해인 1890년 열일곱 량치차오는 베이징으로 가 회시(會試)에 참가했다. 낙방하고 돌아오는 길에 상하이에서 친구 천첸추(陳千秋)를 통해 캉유웨이를 알게 됐다. 량치차오는 괴상할 정도로 독특한 캉유웨이의 사유를 만나고 놀랐다. 곧바로 제자의 예를 갖추었다. 광둥으로 돌아온 량치차오는 캉유웨이가 이끄는 만목초당(萬木草堂)에서 온갖 공부를 했다. 만목초당에서는 전통적인 유가 서적을 가르쳤지만 량치차오는 별로 흥미를 느끼지 못했다. 관심은 따로 있었다. "주나라와 진나라의 제자(諸子) 및 불교 경전을 함께 연구하고 청대 학자의 경세제민에 관한 저서나 서양 서적의 번역본을 섭렵했다. 의문 나는 점이나 막히는 점이 있으면 캉유웨이에게 물어서 해결했다."(『청대학술개론』) 량치차오는 계속 주변을 기웃거린 것이다. 이단으로 밀려난 사유를 중심으로 불러댔다. 이곳에서 일군의 지식인 그룹이 형성됐다. 그들은 다르게 생각할 줄 알았기 때문에 이후 변법유신의 주인공일 수 있었다.

1894년 량치차오는 다양한 청년 지식인과 교류했다. 특히 중요한 인물이 샤쩡유(夏曾佑, 1864~1924)와 탄쓰퉁이다. 둘은 그 당시 우옌저우(吳雁舟)를 따라서 불교 공부를 했다. 량치차오는 그들과 자주 불교에 대해 이야기했다. 량치차오의 말대로 "신학가들은 대부분 불교와 관계를 맺었다." 여기에는 자신도 포함된다. 그해 청일전쟁이 발발했다. 전쟁은 이듬해 시모노세키 조약으로 종결했다. 이 조약은 당시 최고 실력자이자 북양 해군의 지도자 리훙장이 직접 조인한 항복 선언이었다. 지식인들은 청 정부의 항복 선언에 격렬하게 항의했다.

당시 량치차오는 스승과 함께 베이징의 회시(會試)에 참가했다. 스승과 량치차오는 회시에 참가한 거인(擧人)에게 서명을 받아 황제에게 상서했다. 이것이 유명한 '공거상서'(公車上書)다. '공거'는 본래 한(漢)나라 때 과거에 합격한 독서인에게 정부가 말이나 수레를 제공하는 걸 두고 하는 말이다. 청대에는 지방 향시에 합격한 거인이 베이징의 회시에 참가하는 걸 말했다. 공거상서 이후 량치차오는 본격적으로 사회운동과 정치운동에 나섰다. 서태후가 청일전쟁의 실패로 정치 일선에서 한 발짝 물러나자 권력을 회복한 광서제는 1898년 캉유웨이와 량치차오 등 청년 지식인을 등용했다. 그들은 정치혁명을 기도했지만 곧 서태후의 쿠테타로 축출됐다. 광서제는 베이징 서쪽에 위치한 이허위안(頤和園)에 연금됐다. 변법유신은 탄쓰퉁 등 무술 6군자의 피를 뿌리며 100일 만에 요절했다. 캉유웨이와 량치차오는 망명했다.

계몽의 시대

일본 요코하마로 망명한 량치차오는 이후 일본에 있는 동안 엄청난 양의 지식을 빨아들였다. 마치 근대 지식을 모두 삼킬 듯했다. 이렇게 흡수한 지식은 곧바로 그의 말이 되었다. 아울러 량치차오는 세상을 바꾸는 것은 정치가 아니라 사람이라고 생각했다. 1898년 『청의보』(淸議報)를 창간해서 본격적으로 계몽 논설을 쏟아 냈다. 1901년 화재로 『청의보』가 폐간되자 이듬해인 1902년 『신민총보』(新民總報)를 다시 창간했다. 그는 말한다. "『대학』에서 '신민'의 의미를 취했다. 나라를 새롭게 하려면 백성을 새롭게 해야 한다." 『신민총보』 제1기에서 그는 이 잡지의 기능을 "인민을 교육하는 것이며, 그 목적은 신민을 만드는 데 있다"고 선언했다. 량치차오의 글은 쉽고 발랄했다. 고문의 형식에서 스스로 해방된 이후 그는 자신의 문체를 만들었다.

> 속어나 운문에서 외국의 문법까지 잡다하게 섞어 붓 가는 대로 막힘없이 글을 쓰니 공부하는 사람들이 다투어 그것을 본받아 '새로운 문체'라 하였다. 노선배들은 통탄하여 사도(邪道)라 비난하였다. 그러나 그 문장은 조리가 분명하며, 그 필치는 항상 정감이 가득하여 독자를 끄는 매력을 지니고 있었다. ─『청대학술개론』

량치차오는 새로운 글쓰기를 선보였다. 중국 지식인이 난해한 고문을 버리고 백화문으로 진입할 수 있는 계기이기도 했다. 량치차오는 저널리스트이자 계몽사상가로 활동했다. 그는 새로운 사람을 조각하는 조각가이기도 했다. 근대적 인간상을 향해서 그는 진군했다. 량치차

오는 끊임없이 '신민'을 호명했다. "진정한 자유를 찾고자 하면 기필코
심중의 노예를 척결해야 한다."(『신민설』) 자유 가진 자만이 스스로 생
각하고 자발적으로 사회적 책무를 짊어지고 헌신할 수 있다. 그래서 신
민은 자유가 필요하다. 신문화운동의 주역 후스(胡適)는 젊은 날의 감
동을 전한다. "나도 량치차오 선생에게 무궁한 은혜를 입었다. 그의
『신민설』여러 편은 나에게 신세계를 열어 주었다."〔『사십자술』(四十自
述)〕후스뿐만 아니다. 젊은 마오쩌둥도 량치차오의 글을 애독했다.

중국뿐만 아니다. 구한말 한국 지식인에게도 강한 인상을 주었다.
만해 한용운은 량치차오의 논설이나 『신민설』 등에 직접적으로 영향을
입었다. 이 점은 1910년에 탈고한 그의 『조선불교유신론』에서 명백하
게 드러난다. "유신이란 무엇인가? 파괴의 자손이요. 파괴란 무엇인
가? 유신의 어머니다."(『조선불교유신론』 5장) 량치차오가 신민을 위해
서 가장 먼저 한 일이 바로 구습의 타파였다. 그는 자신은 파괴주의를
일삼았다고 말했다. 한 시대를 찢지 않으면 새 시대는 도래하지 않음을
알았다. 한용운은 바로 이 점을 량치차오에게 배웠다. 도산 안창호도
『신민설』에 열광했다. 그들에게 『신민설』은 세계를 만나는 통로이자
신조선을 건설하는 강령이었다. 조선 병합 이후 총독부는 『신민설』을
금서로 지정했다. 그들은 량치차오의 글이 조선 지식인의 가슴속에서
일으키는 울림이 두려웠다. 량치차오는 불교 계몽과 불교 근대화를 요
구했다. 아울러 근대 불교의 전범을 제시했다.

불교 신앙은 이성적 신앙이지 미신이 아니다. 겸선이지 독선이 아니
다. 입세지 염세가 아니다. 무량하지 제한적이지 않다. 평등하지 차별
적이지 않다. 자력이지 타력이 아니다. ―『불교와 사회 발전의 관계』

량치차오는 사회 발전을 위해서 종교가 필수적이라고 생각했다. 그렇다면 어떤 종교가 필요한가. 그는 불교라고 말한다. 기독교는 왜 안 되는가. 중국은 유럽과 상이한 발전 단계에 있다. 아울러 기독교는 서양 열강의 미끼로 사용되고 있다. 1906년 장타이옌도 비슷한 발언을 한 적이 있다. "중국인이 기독교를 신앙하는 경우 결코 상제를 숭배하는 게 아니라 서제를 숭배하는 것이다."(「도쿄 유학생 환영회 연설사」) 그는 당시 기독교에서 제국주의를 읽었다. 그럼 유교는 왜 안 되는가. 량치차오는 유교의 '교'는 종교가 아니라 교육의 의미라고 했다. "내 생각에 신앙이 없던 나라에서 새로운 신앙을 추구한다면 반드시 가장 고상한 것을 추구해야 한다. 어떻게 권세나 이익을 쫓겠는가? 나의 스승과 친구들은 대부분 불학을 공부했다. 나도 불학을 권유한다."(『불교와 사회 발전의 관계』) 중국에서 불교는 2000년 역사다. 그런데 량치차오는 중국이 신앙이 없는 나라였다고 말한다. 량치차오가 말하는 종교는 완전히 새로운 어떤 것이다. 그것은 근대적 세계를 견인할 수 있는 신종교였다.

일본에 있던 량치차오는 이노우에 엔료(井上円了, 1858~1919)가 설립한 철학관을 방문한 적이 있었다. 이 철학관은 현 도요(東洋) 대학의 전신이기도 하다. 이노우에는 매년 10월 이곳에서 네 명의 성인에게 제사를 올렸다. 이른바 '사성사전'(四聖祠典)이다. 네 명의 성인은 첫째 석가, 둘째 공자, 셋째 소크라테스, 넷째 칸트였다. 량치차오는 매우 놀랐다. 이노우에가 말한 네 명의 성인에는 어쩐지 한 사람이 빠져 있고, 한 사람이 더 들어갔다는 인상을 지울 수 없었다. 예수가 빠졌다. 그리고 칸트가 들어갔다. 칸트라는 '근대 철학의 아버지'를 모셔다가 '중세 종교의 아버지'를 대신했다. 이노우에는 반기독교적 정서가 강한 히가시혼칸지(東本願寺) 출신으로 도쿄 대학 철학과를 졸업하고 불교를 대단히 철학적으로 해석했다. 이것은 근대를 향한 전통의 재해석이자 기독교에 대한 저항이었다. 그는 불교에 근대적 보편성을 부여하고자 했다. 이런 자극에 힘입어 량치차오는 불교와 계몽이성의 결합을 시도했다.

1903년 2월부터 량치차오는 「근세 최고 철학자 칸트의 학설」이란 글을 일 년에 걸쳐 『신민총보』에 연재했다. 이 글은 칸트의 생애와 학설을 설명하면서 중간에 자신의 생각을 기입하는 형식을 취하고 있다. 여기서 자신의 생각이란 바로 그의 불교 이론이다. 물론 그의 장기로 소화한 그의 불교였다. 그는 처음 시작하면서 이 글을 짓게 된 이유를 밝히는데, 이노우에의 철학관을 방문했을 때 받은 충격을 거론한다. 아마 그는 네 명의 성인에 칸트가 낀 것을 의아해했을 것이다. 그래서 왜 칸트인가부터 설명한다. 량치차오는 칸트가 서구에서 차지한 위치가 "철학으로 말하면 석가에 가깝고, 실행의 관점에서는 공자와 가깝고, 현실에서 철학의 실행을 보자면 왕양명에 가깝다"고 말한다. 아울러 불교 유식학을 통해서 칸트와 불교는 매우 가까움이 드러난다고 말한다. "칸트는 이성의 본원을 탐구하여 그것의 성질과 작용을 파헤치"고 불교에서는 "일체의 이치를 규명할 때 반드시 먼저 본식을 근거로 삼는다." 칸트는 인간이 세계를 어떻게 인식하느냐가 아니라 인식 능력 자체를 문제 삼고 그것을 살폈다. 칸트는 우리가 도덕을 말하려면 인간에게 자유가 내재해야 한다고 말했다. 자유가 없는 자에게 선과 악을 물을 수 없고, 판단하지 않는 노예에게 행위의 책임을 운운할 수 없다.

노예가 아닌 주인 된 주체를 칸트는 생각했고, 량치차오도 마찬가지로 이런 자를 신민으로 요구했다. 그에게 계몽은 이런 것이었다. 칸

트는 『계몽이란 무엇인가에 대한 답변』에서 말한다. "계몽이란 우리가
마땅히 스스로 책임져야 할 미성년 상태로부터 벗어나는 것이다." 칸
트는 이어 이야기한다. "우리가 미성년인 이유는 지성의 결핍이 아니
라 그 지성을 사용할 결단과 용기가 부족해서다." 그래서 결단과 용기
는 온전히 우리의 책임이다. 량치차오는 칸트의 이런 이야기를 통해서
자신의 '신민설'을 다시 확인했다. 량치차오는 불교가 '계몽'을 위한
좋은 장치임을 확신했다.

불교와 민족주의

량치차오의 계몽은 '개인과 사회'라는 큰 틀에서 전개됐다. 개인의 자
유도 사회 발전과 관계된다. 특히 그는 근대적 민족국가 건립을 기획하
면서 민족주의를 무척 강조했다. "민족주의는 실제 근세 국가를 제조
하는 원동력"(『민족 경쟁의 대세』)이라고 확신한다. 또한 민족주의를 강
조하는 과정에서 그는 적극적으로 불교 이론을 이용했다. 근본적인 면
에서 보편주의나 세계주의를 표방한다고 할 수 있는 불교가 민족주의
를 옹호할 리는 없다. 그렇지만 적어도 불교 이론을 민족주의 논의에
끌어들일 수는 있다. 그는 진보나 진화에 강하게 집착했다. 당시 중국
의 반식민지적 상황에서 지식인이 이런 생각을 한 것은 당연하다. 하지
만 다소 위험스럽게 개인을 국가나 민족에 수렴시키는 방식을 선택했
다. 바로 이 점을 이론화할 때 불교 이론을 끌어들였다.

　　약자나 약소국은 한심한 현실을 사실로 인정하기만 해서는 도움
닫기가 불가능하다. 왜냐하면 현재와 다른 자신을 상상할 수 있어야 불
쌍한 처지를 개척할 수 있기 때문이다. 그래서 그들에게 필요한 것은

미래와 희망이다. 일종의 상상인 셈이다. 량치차오는 "종교 사상이 없으면 희망이 없다"(『종교가와 철학가의 장단득실』)고 말한다. 불교에서는 '범부와 부처'라는 극명한 대조를 이루는 두 상황을 상정한다. 하나는 무명과 고난에 휩싸인 차안이고, 또 하나는 일체의 고통을 타파한 피안이다. 이런 분명한 차이에도 불구하고 범부 누구나 부처가 될 수 있고, 깨달음은 바로 코앞에 와 있다고 말한다.

> 종교는 무형의 희망이다. 7척 남짓한 육신과 수십 년 인생은 자잘한 부분을 따진다면 다 말할 수도 없다. 나는 영혼을 가진다. 나의 대사업은 이 영혼에 있지 저 소소한 것에 있지 않다. 그래서 고통스런 자신은 한때이고 행복한 나는 영겁토록 오래갈 것이다. 괴로운 나는 거짓이지만 행복한 나는 법신(法身)이다. 이 희망을 획득하면 안신입명의 지대가 있고, 어떤 좌절을 겪고 어떤 번뇌를 만나더라도 쓰러지거나 물러서지 않고 더욱 나아갈 것이다.
>
> ─『종교가와 철학가의 장단득실』

불교에서 말하는 법신은 진리 자체를 가리킨다. 그래서 그것은 진리를 표현하고 있는 우주적 존재다. 스피노자가 말하는 범신론을 연상할 수도 있다. 법신은 생(生)·주(住)·이(異)·멸(滅)하는 존재가 아니다. 한 육체는 사실 보잘것없다. 오래지 않아 흉하게 썩어 뭉개질 것이다. 량치차오가 강조하는 것은 육체가 아니라 영혼이다. 그런데 이 영혼이 영원성으로 도약할 수 있는 계기가 바로 국가다. 이렇게 보면 량치차오는 분명 민족이나 국가를 정치나 사회 문제가 아니라 종교의 문제로 인식했다. 베네딕트 앤더슨(Benedict Anderson)은 『상상의 공동체』에서 "종교는 죽은 자와 아직 태어나지 않은 자 사이의 연결과 재생의 신비에 관심을 갖는다"고 지적했다. 바로 유한성과 무한성의 결합이다. 1904년 12월 『신민총보』에 발표한 「나의 생사관」이란 글에서 량치차오는 말한다. "사람은 죽더라도 죽지 않는 것이 존재한다." 희망은 현재가 아니라 미래에 대한 상상이다. 그런데 그런 상상이 필요한 이유는 늘 현재를 살기 위해서다. 이때 량치차오가 사용한 불교 이론은 업설(業說)이다.

> 브라만교도 윤회와 해탈을 말하고, 불교도 윤회와 해탈을 말한다. 단지 브라만교에서는 윤회와 해탈의 주체를 개체(unit, 么匿)에 귀속시키고, 불교에서는 개체와 전체(total, 拓都)를 함께 이야기하지만 그래도 전체에 무게를 둔다. 이 점이 브라만교와 불교의 가장 큰 차이다. 그래서 불교에서는 이 주체를 영혼이라고 하지 않고 카르마(karma, 羯磨)라고 명명한다.　　　　　　　　　　　　　　 ―「나의 생사관」

량치차오가 그토록 매달린 개인과 집단의 문제는 이렇게 불교의 카르마 이론과 만난다. 카르마 이론은 윤회설의 기반이자 불교 윤리설의 일부이기도 하다. 이 이론에 따르면 한 존재의 행위는 그냥 사라지지 않고 어떤 방식으로든 기억된다. 기억에만 그치지 않고 그것은 어떤 조건 하에서 다시 의미 있는 작용을 한다. 그래서 카르마 이론은 단지 업에 대한 이야기가 아니다. 그것은 행위〔業〕와 결과〔報〕에 대한 공식이다. 이것은 윤회와 해탈 모두와 관련된다. 훌륭한 행위를 통해서 우리의 능력은 상승하고 그 힘으로 해탈할 수 있다. 반대도 가능하다. 잘못된 행위로 자신의 능력을 감소시킬 수도 있다. 그럴 경우 기약 없이 윤회의 파도에 몸을 맡겨야 한다. 불교에서 말하는 해탈은 다시 태어나지 않는 것이다. 영원히 다시 태어나지 않음. 굳이 그것을 영원한 죽음이라고 말할 필요는 없다. 그런데 량치차오는 이런 해탈보다는 윤회에 훨씬 더 관심을 보인다. 그것은 바로 다시 태어남에 대한 관심이다.

량치차오는 '개체는 카르마를 매개로 지속된다'고 생각했다. "지금 우리의 행동, 말, 느낌 각각의 이미지는 카르마의 총체 가운데 곧바로 새겨져 영원히 소멸하지 않는다. 나 자신, 또는 다른 인류가 그것의 영향과 과보를 받는다."(「나의 생사관」) 여기서 카르마의 총체란 무엇일까. 그것은 다름 아니라 '기세간'이다. 불교에서는 세계를 크게 두 부분으로 나눈다. 유정세간과 기세간이다. 중생세간과 국토세간이라는 표현도 쓴다. 기세간은 중생이 사는 환경을 말한다. 갑돌이가 서울 어디쯤에서 태어났다면 그는 서울이나 한국, 지구 등 기세간을 가지는 셈이다. 그런데 갑돌이는 남산 자락을 뛰어다니는 고양이가 아니라 인간이다. 여섯 가지 중생 가운데 하나에 속한다. 인간으로서 갑돌이 자신은 중생세간이다. 량치차오의 방식대로라면 한 개인의 활동, 즉 업력은 한 사회에 고스란히 보존된다. 만약 그 사회가 그것을 지키고 확장한다면 그 개인은 영원히 사는 자가 된다.

개인의 행위를 결국 사회나 국가가 수렴한다는 것은 위험한 논리일 수 있다. 전체주의의 색조를 보이기도 한다. 그것은 그가 근대적 국민국가를 기도하기 때문이다. 그래서 량치차오는 희망과 희생을 교환할 줄 아는 국민을 원한다. 그는 벤저민 키드(Benjamin Kidd)의 "죽음은 인류 진화의 한 원소"라는 말에 전적으로 동의한다. 자신의 모든 것을 국가나 민족에 투사함으로써 개인의 지속과 사회 발전을 초래한다. 가라타니 고진(柄谷行人)은 베네딕트 앤더슨의 논의를 평가하면서 "네

이션(nation)의 핵심에서 개체의 불사(不死)를 보증하는 것을 찾아냈
다"(『일본 정신의 기원』)고 했다. 량치차오는 민족주의(국가주의) 논의
에서 불교 이론을 매우 적극적으로 사용했다. 그의 불교 이해가 꼭 정
확한 것은 아니다. 그가 주목한 것은 정확성보다는 유용성이었다.

최초의 불교학

1902년부터 량치차오가 『신민총보』에 연재한 『중국 학술 변천의 큰 흐
름』에는 「불학 시대」라는 장이 있다. 여기서 량치차오는 수나라와 당나
라에서는 불교가 사상계를 주도했다고 평가했다. 그리고 그 내용을 상
세하게 분석한다. 이 글은 근대 중국에서 처음으로 학술 차원에서 불교
를 기술한 것이다. 량치차오가 근대적 불교학을 최초로 시도했지만 당
시 그는 너무 정치적이었다. 학술보다는 정치나 계몽의 도구로 불교를
이용하려는 생각이 훨씬 강했다. 신해혁명 이후에도 량치차오는 여전
히 정치권에 있었다. 그가 본격적으로 학술 활동과 불교 연구에 매진한
것은 정치 일선에서 완전히 빠져나온 만년의 일이다. 그는 1918년과
1920년에 걸쳐 유럽을 여행했다. 대단한 충격이었다. 1918년 1차 세
계대전이 종결했다. 량치차오가 둘러본 유럽은 그야말로 아수라장이
었다. 이전에 그 자신이 가졌던 유럽 문명의 우수성이나 세계 진보에
대한 믿음은 단번에 산산조각났다. 그는 스스로 유럽 문명의 파산을 선
고했다.

지금 우리들이 말하는 신사상이라는 것은 유럽에서 대부분 이미 진부
해져 버렸다. 사람들에게 버림받아 흘러간 물 같고, 떨어진 꽃 같은

신세다. 그것을 정말 새롭다고 치더라도 '새로운 것'이 꼭 진실하다고 말할 수 있을까! ……유럽 사상계는 지금 혼돈의 시대다. 그들은 저 혼돈 속에서 좌충우돌하면서 한 줄기 서광을 찾아 헤매고 있다. 수많은 선각자가 중국과 인도 문명의 수입을 생각하고 있다.

— 『유럽 여행 인상기』(歐游影心錄)

량치차오는 잿더미 위에서 국가가 인간에게 저지른 재앙을 목도했다. 그가 그토록 강조한 집단의 발전은 개인에게는 죄악이었는지도 모른다. 그는 인간 존엄성을 지켜야 했다. 그가 보기에 유럽인은 자신의 문명이 아니라 동양 문명에서 길을 찾고 있었다. 량치차오도 자연스럽게 동양 문명으로 돌아온다. 이후 그는 완전히 정치에서 빠져나왔다. 오로지 전통 학술의 재건을 위해서 매진했다. 중국 전체 학술을 정리하려 했다. 『청대학술개론』 서두에서도 밝혔듯 그는 『중국 불교사』를 쓰고 싶었다. 량치차오는 이렇게 불교사 연구에 관심을 가지고 불교 연구를 진행했다. 1920년 량치차오는 열 편 이상의 불교 논문을 썼다. 매달 한 편씩 쓴 셈이다. 「중국에서 불교 교리의 발전」이라는 논문을 발표했다. '발전'이라는 표현은 사실 놀랍다. 물론 그의 생각만은 아닐 테다. 일본을 통해서 근대적 불교 연구법을 수용한 결과다. 그런데 이런 발전 사관에 따르면 오랜 것일수록 상대적으로 원시적인 것이 되기 쉽다. 그래서 당시 전통적인 불교관에서 이런 생각은 매우 불경했다. 불교사에서 가장 오랜 인물은 붓다다. 량치차오는 종교가 아니라 '학'으로서 불교를 상상했다.

1921년 량치차오는 난징 둥난 대학에 근무했다. 그는 금릉각경처를 방문해서 어우양징우의 유식학 강의를 들었다. 자신과 비슷한 연배인 어우양징우에게 제자의 예를 갖추었다. 1922년 어우양징우는 유식학의 관점에서 『대승기신론』을 비판했다. 그것은 이론적인 결함을 지니고 있다고 평가했다. 1923년 량치차오는 「대승기신론고증」이라는 글을 『동방잡지』에 실었다. 이 글은 일본의 불교 연구가 모치즈키 신코(望月信亨)의 『기신론』에 대한 견해를 번역 소개한 것이다. 중국 불교에서 가장 많이 읽고 연구한 텍스트가 『기신론』이다. 중국뿐만 아니다. 동아시아 불교가 몇 쪽 되지 않는 이 글을 놓고 온갖 이야기를 쏟아 냈다. 신라 원효의 가장 중요한 저작도 바로 『기신론』 주석서다.

「대승기신론고증」에 부친 서문에서 량치차오는 말한다. "불교 교리 발달의 역사적 순서를 가지고 말하자면 마명 시대에는 『기신론』과 같은 원교(圓敎)의 학설은 결코 존재하지 않았을 것이다." 마명은 『기신론』의 저자다. 원교는 대승불교 이론이 종합적으로 조직된 교리 체계를 말한다. 그런데 마명 시대에는 이게 불가능했다는 이야기다. 마명보다 후대에 『기신론』이 저술됐다는 분석이다. 그래서 적어도 마명이 『기신론』을 지었다는 것은 사실로 수용할 수 없다는 주장이다. 여기서 량치차오는 불교의 진리를 운운하는 게 아니라 역사적 사실을 따질 뿐이다. 중국의 근대 불교학 1세대가 대부분 불교사 연구에 집중한 것은 불교의 계통적 이해를 위한 것이기도 했지만 불교도 역사적 산물임을 확인함으로써 그것을 학문의 영역으로 끌어내리기 위해서였다. 근대 불교학은 근대 문헌학에 기초한다. 저들 문헌학자는 텍스트에 나이를 매겨서 그것의 연령을 확인한다. 나이순으로 배열하고 영향 관계를 확인한다. 이 앞에서 전통적인 권위란 발붙일 틈도 없다. 어찌 보면 꽤나 무시무시한 학문이다.

종자설과 소설

량치차오는 불교가 아닌 영역에서도 불교 개념을 통해서 새로운 방식을 시도했다. 1902년에 발표한 「소설과 사회 발전의 관계」에서 소설의 효용을 불교 이론을 통해서 설명한다. "소설이 인도(人道)를 지배하는 데 네 가지 힘이 있다. 첫째, 스밈〔薰〕이다. 『능가경』(楞伽經)에서 말한 '지혜가 미혹되면 분별이 되고 분별이 전환하면 지혜가 된다'고 한 것은 모두 이 힘에 의지한다." 불교 유식학에서는 개체의 행위를 기억하는 방법으로 종자설을 제시한다. 종자는 그야말로 씨앗이다. 어떤 행위를 하면 그 이미지가 가장 심층의식인 아뢰야식에 종자로 보관된다. 행위가 종자로 되는 과정을 훈습이라고 한다. 행위의 이미지나 기억은 어떤 조건에서 다시 결과를 내놓는다. 그것은 씨앗이 발아해서 꽃피고 열매 맺는 것이라고 할 수 있다. 이것을 유식학 용어로는 현행(現行)이라고 한다. 현실로 작동하는 거다. 우리의 행위는 종자가 현행한 결과라고 할 수 있다. 소설을 읽을 때 자각하지 못하는 사이에 그 내용이나 느낌을 이미지로 저장한다. 그리고 글을 쓸 때나 말을 할 때 보관된 이미지는 자신도 모르게 툭 튀어나온다. 소설은 이렇게 사람의 의식이나 삶을 지배할 수 있다. 량치차오에게 불교는 하나의 연구 대상이 아니다. 사유나 학술의 도구다. 특히 역사학을 다루면서 그의 이런 경향은 두드러졌다.

불교에서는 모든 변화 양상을 네 가지 단계로 나눈다. 생성〔生〕·지속〔住〕·변이〔異〕·소멸〔滅〕이다. 사상의 흐름이나 변화도 마찬가지로 네 단계로 나눌 수 있다. 첫째 계몽기(생), 둘째 전성기(주), 셋째 탈피기(이), 넷째 쇠락기(멸)이다. 어떤 나라 어떤 시대를 막론하고 그것의 발전과 변천은 대부분 이런 궤도를 밟는다. ─『청대학술개론』

불교 우주론에서는 이 세계가 '생성[成]·지속[住]·파괴[壞]·소멸[空]' 한다고 말한다. 물론 각각은 엄청난 시간이 걸린다. 거대한 시간이기에 일상에서 감각할 수 없다. 이 도식을 중생에게로 돌리면 '생·주·이·멸'이다. 중생뿐이겠는가. 하나의 사조, 하나의 국가도 마찬가지일 것이다. 특히 역사를 설명하는 방식으로 이것은 유용하다. 량치차오도 이 점을 잘 알고 있었다. 그렇다면 역사 혹은 문화를 개인과 어떻게 결합할까. 량치차오는 "문화는 인류의 마음 능력이 창조하고 축적한 가치 있는 공업(共業)이라"(『음빙실문집』 39)고 했다. 불교 업설에 따르면 업은 크게 두 가지다. 하나는 개별적인 행위로서 결과가 나에게만 미치는 것이다. 별업(別業)이라고 한다. 또 하나는 자신을 벗어나 더 큰 범위에서 이루어진 행위로 그 결과는 공유된다. 이것을 공업이라고 한다. 량치차오의 말에 따르면 문화는 낱낱 중생의 집합적 행위에 의해 구성된다.

량치차오의 이런 이야기 자체가 엄청나게 놀라운 것은 아니다. 그러나 그가 이런 이야기를 구성하는 방식이 놀랍다. 오히려 불교 이론이나 개념이 낡은 창고에서 사라질 수도 있었지만 량치차오의 기발함과 과감함 때문에 학술의 전면으로 나설 수 있었다. 량치차오는 말년에 베이징의 칭화 대학에서 근무했고, 1929년 57세로 톈진에서 사망했다. 길지 않은 인생이었지만 그는 많이 말했고, 더 많이 썼다. 그리고 엄청나게 달렸다. 그의 삶은 늘 속도감으로 충만했다.

타이쉬는 중국 근대를 대표하는 고승이다. 그는 신불교를 정초했다. 그것은 근대의 도전에 대한 대답이었다. 그야
말로 불교 계몽을 위해 중국 전역을 누볐다. 그는 불교를 가지고 현실 사회로 들어갔다. 그가 제창한 '인간 불교'
는 불교 현실주의였다.

16_ 불교 혁신과 인간 불교, 타이쉬

혁명승의 탄생

특정한 시대를 한두 사람이 대표한다는 것은 쉽지 않다. 만약 그것이 가능하다면 역사가 다소 볼품없어진다. 그 수많은 얼굴은 다 어디로 간단 말인가. 그러나 우리는 간혹 너무도 분명한 시대정신을 만나기도 한다. 영롱한 수정구처럼 모든 것을 다 보여 줄 듯한 그런 것 말이다. 근대 중국 불교계에서 이런 수정구 역할을 한 인물이 타이쉬(太虛, 1889~1947)다. 그는 혼란한 이 세상을 어쩌나 하는 조급함이 있었기에 세상에 깊이 빠질 수 있었다. 뭔가 떠오르면 묵혀 두지 않고 바로 요구하고 실행했다. 그는 나섰기 때문에 칭찬받았고, 저항했기 때문에 욕먹었다. 간단(間斷) 없이 달렸다. 그것이 근대라는 시대정신인지도 모른다. 훗날 그는 자신의 불교 개혁 운동이 실패했음을 인정했다. 그러곤 실패의 역사를 더듬어 기술했다. 실패하지 않으려고 움직이지 않는 자도 있다. 물론 그런 자는 성공하지도 못할 테다. 타이쉬는 끊임없이 '성공과 실패의 갈림길'로 자신을 몰아넣었다. 바로 이 점 때문에 그는 근대 불교의 상징일 수 있었다.

타이쉬는 속성이 뤼(呂)고 저장 성(浙江省) 하이닝(海寧)에서 1889

년 태어났다. 본관은 인근의 충더(崇德)다. 어릴 적 이름은 간썬(淦森)이었다. 태어난 이듬해에 부친이 병으로 사망했다. 열여섯 살 난 젊은 어머니는 간썬을 4년여 키우다가 개가했다. 이후 외할머니 슬하에서 자랐다. 외할머니는 독실한 도교 신자였다. 사실 외할머니도 젊은 날 남편을 잃고 네 살 된 아들을 데리고 개가했다. 개가 후 낳은 아이가 간썬의 어머니였다. 홀로 된 딸을 보는 그의 마음은 여의치 않았을 것이다. 자신의 인생을 딸이 다시 산다고 느꼈을 테다. 간썬은 열여섯 살이 되면서 출가에 대한 생각이 부쩍 늘었다. 결국 1904년 여름날 출가를 결행했다. 쑤저우(蘇州)의 소구화사에서 삭발했다. 그해 11월 닝보(寧波) 천동사(天童寺)에서 비구계를 받았다. 전계화상이 팔지두타 징안기(寄) 선사였다. 천동사는 강남 최고의 선종 사찰이다. 송대 묵조선(默照禪)을 정립한 굉지정각(宏智正覺)이 오랫동안 주석한 곳이기도 하다.

타이쉬는 훗날 자신의 출가 인연을 이야기한 적이 있다. "처음 출가할 때 비록 여러 인연이 있었지만 그래도 주된 이유는 신통력을 얻고자 해서다. 그때는 신선과 부처를 잘 구분하지도 못했다."(『나의 종교 경험』) 외할머니를 통해서 받은 도교의 영향이 컸다. 하기야 무술 배우러 출가하는 사람도 있고, 배고파서 출가하는 사람도 있다. 하지만 아무래도 좋다. 타이쉬는 불문에 들어서 그런 생각을 얼른 떨쳐 버렸다. 동기가 불순하다고 이후 모든 것이 다 불순할 순 없다. 설마 그럴 리가 있겠는가. 은사 스님은 그가 몸이 약했기 때문에 타이쉬(太虛)라는 이름을 일부러 지어 주었다. 하기야 저 허공처럼 건강한 게 또 있을까. 암세포인들 저것을 좀먹겠는가. 그는 전통적 불교 공부 외에 세상에 넘쳐 나는 이야기에 관심을 가졌다. 당시 젊은이들이 많이 읽던 톨스토이,

바쿠닌, 프루동 등의 사회성 짙은 글을 탐독했다. 아울러 청년을 격동
시킨 글 또한 놓치지 않았다. 세상의 모든 것이 궁금했다. 호기심은 부
쩍부쩍 자랐다. 호기심은 채워서 없애야지 억누르거나 모른 척해서 될
문제가 아니다.

> 민국이 시작되기 4년 전(1908)부터 민국 3년(1914)까지 캉유웨이의
> 『대동서』, 탄쓰퉁의 『인학』, 쑨원의 『삼민주의』, 옌푸의 『천연론』, 장
> 타이옌의 『오무론』과 『민보』, 량치차오의 『신민총보』 등의 영향을 받
> 았다. 선종, 반야경, 천태를 통한 불교 이해로써 불교 혁신 운동을 전
> 개했다.　　　　　　　　　　—타이쉬, 「신도 대중에게 고함」(告徒衆書)

젊은 승려 타이쉬는 폭풍 속 피뢰침처럼 세상의 잦은 번개를 죄다
빨아들였다. 제자 인순(印順, 1906~2005)은 스승의 행장을 쓰면서 말
했다. "대사는 탄쓰퉁의 『인학』을 읽고는 너무도 아껴 손을 풀지 못했
다. 돌연 불학으로 현실에 개입하고 현실을 구하겠다는 서원을 격발했
다. 점차 불교적 진리를 세속으로 회향하고 직접 현실에 참여하는 길을
따르게 되었다."〔「타이쉬 대사 행략(行略)」〕 세상의 온갖 부조리를 단숨
에 격파하겠다는 탄쓰퉁의 화엄적 세계관이 10대의 타이쉬를 가격한
것이다. 타이쉬는 이렇게 혁명적 사고가 발아했다. 탄쓰퉁의 "그물처
럼 세상을 속박하는 것을 남김없이 찢어 버리겠다"는 충결망라(衝決網
羅)의 정신은 타이쉬라는 불교 버전을 갖게 됐다.

1909년 타이쉬는 양런산 거사가 설립한 '기원정사'(祇洹精舍)에
입학했다. 열 명 남짓한 학생 가운데 절반 정도가 출가자였다. 양런산
거사가 『능엄경』(楞嚴經)을 가르쳤고, 쑤만수가 영어를 가르쳤다. 디셴

(諦閑, 1858~1932)이 학감을 맡았다. 기원정사는 '금릉각경처' 내에 설립한 불교계 최초의 근대적 교육기관이다. 타이쉬는 여기서 불교계의 새로운 흐름을 감지할 수 있었다. 어우양징우도 함께 공부했다. 양 런산의 세계 의식을 본받았다. 기원정사는 반 년 만에 자금 문제로 문을 닫았다. 공부를 멈출 수 없었던 타이쉬는 양저우(楊州)에 설립된 승려사범학당에서 공부했다. 1920년대 불교 연구를 양분한 난징의 '지나내학원'과 우창(武昌)의 '무창불학원'은 각각 어우양징우와 타이쉬가 이끌었다. 공교롭게도 둘 다 양런산에게 배운 동문이다. 어우양징우가 재가의 불교 연구를 대표했다면, 타이쉬는 출가자를 대표했다. 뤼청이 어우양징우를 이었다면, 인순이 타이쉬를 계승했다. 이런 전승은 근대 중국 불교를 이해하는 데 매우 중요한 열쇠다. 같은 곳에서 출발했지만 그들의 방법과 길은 많이 달랐다. 이런 차이로 근대 불교는 다양할 수 있었다.

불교 혁명의 깃발

청말 양무운동 이후로 계속된 묘산흥학(廟産興學) 운동은 불교계를 심각하게 위협했다. 사찰의 재산을 이용해서 학교를 설립하겠다는 취지야 그럴듯하지만 정작 해당 사찰의 의사는 무시됐다. 신해혁명 이후 지방 정부는 불교를 불결한 미신 정도로 여겼다. 그들의 안하무인격 행정 처리는 거의 재산 탈취에 가까웠다. 하지만 불교계는 제대로 대응하지 못했다. 구습에서 전혀 벗어나지 못했고 저들의 논리를 막을 만큼 자신이 별로 떳떳하지 못했다. 타이쉬는 불교계가 이런 사태에 대처하려면 우선 자기 비판이 필요하고 아울러 불교계를 혁신할 수 있는 기구가 필요하다고 생각했다. 그는 불교협진회(協進會)를 설립했다. 그리고 강남의 대찰인 금산사를 승려 학당으로 전환할 것을 요구했다. 하지만 보수 세력의 반발로 창립 대회는 엉망이 되고 불교 개혁의 첫번째 시도는 실패했다. 신구 대립이 심각했다. 당시 사회의 혼란을 불교계 내에서 재현하는 듯했다. 이런 혼란을 그나마 타개하려 한 고승 징안(敬安, 1851~1912)이 1912년 11월 2일 베이징에서 입적했다. 그야말로 충격이었다. 불교계의 대표 징안은 베이징을 방문해서 불교계의 상황을 알리고 정부가 적절한 조처를 취해 줄 것을 탄원했다. 하지만 관리들은 그를 무시했다. 수행으로 이름 높은 징안이 베이징 중앙 정부의 박대 속에 쓰러지자 불교계는 분노했다.

1913년 2월 2일 상하이 정안사(靜安寺)에서 열린 징안 추모회에서 '불교 3대 혁명'을 발표했다. '교리(敎理) 혁명, 교제(敎制) 혁명, 교산(敎産) 혁명'이다. 그것은 불교 교리에 대한 새로운 해석, 구태의연한 승단 제도에 대한 개혁, 불교계 재산의 합리적 관리 등에 관한 것이다. 이것은 중국 근대에 있었던 가장 강력한 자기 반성이자 개혁 요구다. 쑨원이 신해혁명 이전 제기한 민족, 민권, 민생이라는 삼민주의 원칙에 대한 불교적 응용인 셈이다. 신해혁명으로 봉건 중국이 무너졌다고 해서 새로운 대체물이 금방 들어선 것은 아니다. 무너지다 만 폐허만 흉하게 있을 뿐이다. 그래서 더 황량하기만 했다. 타이쉬의 작업은 이 폐허에다 뭔가를 건설하자는 구호였다. 하지만 불교계 인사들은 젊은 타이쉬의 당돌한 요구가 오히려 괘씸했다. 신불교를 향한 타이쉬의 함성은 도발적인 만큼 외로웠다. 그가 생각하기에는 불교적 진리에 비춰 보더라도 분명 자신의 주장이 옳았다. 그런데 수많은 승려는 냉담했다. 이해할 수 없었다. 저들은 도대체 불교를 뭐라고 생각하는 걸까. 저

들과 내가 과연 공동체로 살 수 있을까. 타이쉬는 많이 흔들렸다. 불문
(佛門)에 대한 한 차례 심각한 회의가 일었다. 자신의 불연(佛緣)은 이
렇게 끝나는가 하는 생각이 밀려들었다.

흔들리던 타이쉬는 1914년 8월 결국 저장의 푸퉈 산에 도착했다.
10월 석린선원(錫麟禪院)에서 폐관을 선언했다. 푸퉈 산 법우사에 오
랫동안 주석하고 있던 고승 인광(印光, 1861~1949)이 직접 와서 폐관
을 도왔다. 폐관이라는 말 때문에 화두를 들고 무문관에 들어선 간화선
수행자를 떠올릴 필요는 없다. 문 없는 문을 박차고 나서야 하는 자의
길고 지난한 싸움이 꼭 간화선 수행자에게만 요구되는 것은 아니다. 타
이쉬는 자신의 세계를 박차고 나서야 했다. 놓지 못하는 현실에 대한
관심 탓에 늘 주장이 앞서고 정치적일 수밖에 없던 자신을 벗어나야 했
다. 그리고 분노가 아니라 평화를 찾아야 했다. 이 평화는 결코 현실에
대한 무관심이 아니다. 불편한 관심이 아니라 편안한 관심이고 싶었다.
그는 폐관 기간 동안 참선하고, 예불하고, 글을 지었다. 무엇보다도 중
국 불교의 텍스트를 천천히 그리고 깊이 읽었다. 『능엄경』을 읽고 『기
신론』을 읽었다. 타이쉬는 분명 전에도 이런 글을 읽었다. 처음 보는
책이 아님에도 그는 처음 본 듯했다. 바깥세상의 글도 열심히 읽었다.
옌푸가 번역한 서양의 사회과학 서적을 탐독했다. 특히 장타이옌의 글
을 빠짐없이 읽었다. 장타이옌의 글에는 학술이 있었고, 혁명이 있었
고, 불교가 있었다. 타이쉬는 자신의 글은 옌푸나 장타이옌의 영향을
많이 받았다고 했다. 당시 그에게 옌푸와 장타이옌은 모범이었다.

1917년 3년 만에 폐관을 풀고 나왔다. 타이쉬는 더 이상 흔들리지
않았다. 일이 어그러지는 경우는 있어도 자신의 신념이 무너지는 일은
없었다. 마치 철심을 박아 놓은 듯 어지간한 진동에는 끄떡도 하지 않

타이쉬는 1913년 2월 2일 상하이 정안사에서 '불교 3대 혁명'을 발표했다. 불교 교리에 대한 해석을 혁명해야 하고, 승단 제도를 혁명해야 하고, 주먹구구식의 불교 재산 관리를 개혁해야 한다고 말했다. 이후 그는 이 3대 혁명을 향해 달렸다. 사진은 지금 정안사의 모습이다. 옛 모습은 찾을 길 없고 그냥 도심에 묻혔다.

았다. 1918년부터 타이쉬는 불교 개혁 운동에 본격적으로 나섰다. 그해 8월 상하이에 '각사'(覺社)를 설립했다. '각사' 설립에는 타이쉬가 존경하던 장타이옌 등 거사들도 참여했다. 20세기 초 신문화운동을 전후해서 중국에는 수많은 단체가 설립됐다. 그것은 대부분 무슨 '사'(社)로 명명됐다. 그것은 단체라는 의미다. 저들 각각은 매우 분명한 목적을 가지고 있었다. 타이쉬의 '각사'는 사회적 깨달음 운동이다. 그것은 하나의 과정이다. 현실의 고통 속에서 발버둥치는 인간의 참모습을 투철하게 살피고 다음 발걸음을 준비한다. 그래서 '각사'는 불교 수행과 연구, 잡지 간행을 주된 업무로 삼았다. 개혁운동의 근거지를 마련한 셈이었다. 타이쉬는 젊은 날 마치 폭탄처럼 내던진 불교 3대 혁명 가운데 교제 혁명을 다시 들고 나왔다. 그는 '각사'의 기관지 『각사총서』에 「정리승가제도론」을 발표했다. 승가 제도를 현실에 맞게 정리하자는 내용이었다.

1920년 2월 『각사총서』를 『해조음』(海潮音)으로 개칭하고 계간에서 월간으로 바꾸었다. 그는 해조음의 의미를 다음과 같이 풀었다. "해조음은 다른 게 아니다. 사람의 바다〔人海〕에서 일어나는 생각의 들고남〔思潮〕 속에 울리는 깨달음의 음성〔覺音〕이다." 『해조음』은 중국 근대에 가장 오랫동안 출간된 불교 간행물이다. 지금도 타이완에서 출간되고 있다. 근대 한국의 불교 지식인들도 서가에 한두 권씩 꽂아 둔 잡지였다. 『해조음』은 당면 문제에 매우 적극적으로 발언했다. 이런 이유 때문에 지나내학원에서 발간한 『내학』(內學)에 비해 학술성은 떨어졌지만 적어도 시의성과 파급력은 『내학』을 훨씬 능가했다. 근대는 누가 뭐래도 잡지의 시대다. 한국도 근대 계몽기에 숱한 잡지와 간행물이 쏟아졌다. 중국도 마찬가지다. 량치차오는 잡지를 통해서 새로운 사람을 요구했고, 장타이옌은 잡지를 통해서 혁명을 선동했다. 1920년대 타이쉬는 『해조음』을 통해서 불교 혁신을 전면적으로 이끌었다.

새로운 승려의 요구

타이쉬는 1922년 무창불학원을 설립했다. 불교 개혁 운동의 이론을 생산하고 또한 인재를 양성할 목적이었다. 그의 의도대로 이후 불교계를 이끈 사람 가운데 상당수가 이곳 출신이다. 무창불학원은 불교 교육개혁의 실험장이기도 했다. 타이쉬는 자신의 종파나 문파의 이론만 공부하던 구습을 타파했다. 무창불학원에서는 팔종(八宗) 평등을 내세웠다. 팔종은 사실 중국의 모든 불교 종파를 가리킨다. 타이쉬는 『정리승가제도론』에서 "계 · 정 · 혜는 일관된 것이다. 8종은 3학 가운데 하나라도 폐기하는 일이 없다"고 했다. 계율은 몸과 입으로 짓는 악을 막고, 선정은 산란한 마음을 붙잡는다. 지혜는 미혹을 깨뜨린다. 그가 보기에 불교 이론 가운데 특정한 주장을 중심으로 하면 결국 불교 내에서 우열을 인정하는 셈이었다. 종파나 문파 관념 자체를 타파했다. 현재 중국 불교에서 이런 관념이 부재한 까닭은 타이쉬에서 찾아야 한다. 그러나 그가 불교를 대하는 태도 자체는 매우 전통적이었다. 기존 불교의 테두리를 거칠게 벗어나는 일은 없었다. 타이쉬의 이런 태도가 극명하게 드러난 사건은 『대승기신론』에 대한 평가와 관련된다.

1923년 량치차오가 『대승기신론고증』에서 일본의 『기신론』 연구 성과를 소개했다. 타이쉬는 서구나 일본의 불교 연구가 진화 관념에 바탕을 두고 있다고 생각했다. 그는 기본적으로 서구의 학문이란 외부 세계에 대한 관찰과 추리에 근거하고, 동양의 학문은 내심의 체험을 중시한다고 생각했다. 진화론을 통한 불교 이해는 전혀 다른 둘을 합쳐 놓은 억지라고 말한다. 진화론은 그가 젊은 날 그렇게도 열심히 읽은 옌푸의 『천연론』에 의해 중국에 전파된 것이다. 그런데 진화론이 불교 교리 자체에 다가서자 그는 반대했다. 어우양징우가 이끈 지나내학원은 타이쉬의 태도와 사뭇 달랐다. 그들은 불교의 전통적 함의와 방식을 강하게 고집하지 않았다. 더구나 유식학의 입장에서 『기신론』의 내용을 비판했다. 물론 어우양징우도 당시 서구나 일본에서 행해진 근대적인 불교 연구법이 불편했다. 그것 못지않게 전통적인 불교 이해도 불편했다. 타이쉬의 무창불학원 쪽에서는 『기신론』의 전통적 가치를 고스란히 받아들였다. 1924년 『기신론유식석』(起信論唯識釋)을 발표함으로써 유식학을 통해서 『기신론』을 긍정하는 모습을 보여 줬다.

타이쉬는 1925년에 푸젠 성에 민남불학원(閩南佛學院)을 설립했

고, 1927년에는 원장에 취임했다. 1932년에는 쓰촨에 한장교리원(漢
藏敎理院)을 설립했다. 한족 불교와 시짱이라 불리는 티베트 불교의 소
통과 조화를 도모했다. 여기서 인순과 파쭌(法尊) 등이 활동했다. 한장
교리원은 티베트 불교에 대한 높은 관심을 반영했다. 그는 중국 불교가
세계 불교이기를 원했다. 그래서 좀더 넓은 관심이 필요하다고 생각했
다. 타이쉬는 1913년 상하이 정안사에서 불교 3대 혁명을 외쳤을 때
신불교를 꿈꾸고 있었다. 그는 그때 구조적으로 불교가 바뀌면 신불교
가 건설될 것이라고 생각했다. 하지만 시간이 흐르면서 깨달았다. 제도
에 앞서 승려 한 사람 한 사람이 변화하지 않으면 승가의 집단적 변화
는 불가능하다고. 그는 먼저 신불교를 정의했다.

> 중국에서 장래 불교를 대표할 승려와 사찰은 마땅히 봉건적인 조건
> 아래서 형성된 구습을 혁파하고 원래 부처님 유교(遺敎)를 근본으로
> 해서 현 시기 중국 환경에 적합한 신불교를 건립해야 한다.
>
> —『나의 불교 개진 운동 약사』

파괴와 건립이 필요하다. 봉건적 습속을 척결함으로써 불교의 원
래 가르침에 다가선다는 입장이다. 어찌 보면 근원에 대한 추구지만 그
것은 거꾸로 미래 지향이기도 하다. 타이쉬는 불교 혁명을 위해서 "가
장 근본은 혁명 승단이 건강한 조직을 갖는 것"이라고 말했다. 그는 없
앨 것(革除), 고칠 것(革改), 세울 것(建立) 등 셋을 제시했다. 미신과
봉건시대 폐단을 없애고, 사회 현실에 대한 무관심한 태도를 고치고,
건강한 승려 조직과 신도 조직을 건립한다. 새로운 불교는 새로운 승려
의 탄생을 통해서 가능하다. 량치차오가 『신민설』에서 내세운 새로운

국민의 탄생이 결국 새로운 중국을 건설할 것이라는 주장과 마찬가지다. '승'은 승가(僧家)의 준말이다. 승가는 산스크리트 상가(Sangha)의 음역어다. 무리, 모임, 집단이라는 이 말을 뜻 옮긴 것이 중(衆)이다. 우리의 언어 세계에서 중은 출가자를 폄하하는 말로 쓰인다. 하지만 본래부터 그리 흉한 말은 아니었다. 아울러 그것은 단순히 한 명의 승려를 가리키는 게 아니었다. 이 말에서 출가자는 집합적 신체임을 알 수 있다. '승' 내지 '중'은 단수가 아니라 복수임을 알아야 한다. 타이쉬는 집합적 신체로서 승려는 '몸, 말, 생각, 견해, 계율, 이익' 여섯 방면에서 화합해야 한다고 생각했다. 이것이 이른바 육화중(六和衆)이다.

초기불교 시대부터 전체 불교인을 4부대중이라 불렀다. 큰 의미에서 불교인 전체를 대중(大衆)이라고 명명한 것이다. 네 부류로 나뉘는데 비구, 비구니, 우바이, 우바새다. 우바이와 우바새는 남자 신도와 여자 신도를 가리킨다. 타이쉬는 7부중을 제시했다. 특이한 점은 '복무중'이다. 복무중은 농업이나 공업, 상업에 종사하는 승려를 말한다. 초기불교의 가르침을 따르자면 출가자는 세속의 직업을 가질 수 없다. 세속과 분명한 단절을 선언한 출가자가 세속의 직업을 가진다는 것은 자기 모순일 수밖에 없다. 그런데 타이쉬가 살던 1920년대 중국의 상황은 달랐다. 오직 신도의 시주에 기대 사찰을 건사하고 승려가 산다는 것은 어쩐지 시대에 뒤지고 봉건적 요소인 듯 보였다. 부담스러울 수밖에 없었다. 복무중 개념은 이렇게 발생했다. 타이쉬는 말한다.

승격(僧格)이 없는 다수의 승려가 노역을 담당하여 농사짓고 일을 하고 소수 엘리트는 경론을 연구하게 하려는 것이다.

— 『승려 제도에 대한 현대적 논의』(僧制今論)

70만에 육박하는 승려가 모두 경론의 전문가가 되기는 힘들다. 그리고 당시 승단의 경제적 자립을 위해서 많은 승려가 노동에 종사해야 함도 물론이다. 자질 있는 자는 공부하고, 그렇지 못한 자는 승단을 유지하고 건사하기 위해서 노동해야 한다고 생각할 수 있다. 그런데 이런 분업이 과연 승가의 본래 모습에 합당한지 생각해 보아야 한다. 고정된 분업은 차별화나 승단 내의 계급화를 초래할 수밖에 없다. 그래서 타이쉬의 이런 말은 사실 위험하다. "대다수 승가가 생산활동에 참가하여 소수 승가가 전문적으로 연구하고 수행할 수 있게 돕는다면 사승의 생활은 독립되고 민중에게 의지하지 않아도 될 것이다." 타이쉬는 근대라는 시기 승려의 역할에 대한 명확한 상이 있었다. 어쩌면 그것이 강박일 수도 있었다. 종래 승려가 민중에 빌붙어 사는 듯한 인상에 대해 심한 거부가 있었다. 그래서 그는 절집 살림을 자립적으로 꾸릴 수 있길 바랐다. 승격은 승려의 자질을 말한다. 이 자질을 갖추지 못한 자는 노동하라는 것이다.

지금 불교의 변화와 발전의 중심은 신중(信衆)으로 옮겨 가고 있다. 그리고 시대의 변화 추세 또한 생계를 특히 중시한다. 승중(僧衆)도 생계를 직접 챙겨서 사회에서 자립을 도모하지 않을 수 없다.

— 『승려 제도에 대한 현대적 논의』

1920년 5월 그는 「인간 노동과 불학의 신승화(新僧化)」와 「당대(唐代) 선종과 사회사조」라는 글을 발표했다. 의도는 명백했다. 그는 '노동하는 승려'를 상상했다. 초기불교 전통에서는 승려가 농사 등 노동에 참여할 수 없다. 출가자의 본분은 수행이지, 경제활동이 아니다.

어찌 보면 일하지 않고 먹겠다는 것으로 보인다. 그런데 중국에선 8세기 무렵 선종이 크게 일어나면서 분위기가 달라졌다.『백장청규』(百丈清規)로 유명한 백장회해(百丈懷海)는 여든이 넘은 나이로 노동했다. 당대 선종의 분위기를 이끌었다. 하루는 여든 넘은 백장이 농기구를 들고 일을 나서자 보다 못한 제자가 농기구를 숨겼다. 농기구를 찾지 못한 백장은 곧바로 방문을 잠그고 공양을 거부했다. 그는 말했다. "일일부작(一日不作)이면 일일불식(一日不食)이다."(하루 일하지 않으면 하루 먹지 않는다.) 이 얼마나 무서운 말인가. 하루 공부하지 않으면 하루 굶고, 하루 수행하지 않으면 하루 굶는다. 저 거친 밥 한 그릇이 아무 인연 없이 내 앞에 왔겠는가. 나는 또 무슨 인연을 만들었는지 곰곰이 생각해야 할 것이다. 제자는 순순히 농기구를 가져다 놓았다. 타이쉬는 백장의 이런 노동 정신을 되살리고 싶었다.

인간 불교 운동

량치차오가 근대사회 전반에 걸쳐 계몽을 이끌었다면 불교계에서 그 역할을 한 사람은 타이쉬다. 량치차오가 그랬듯이 개혁과 계몽을 연결했다. 타이쉬는 그야말로 불교 계몽을 위해서 한평생을 바쳤다. 그의 근대와 그의 불교가 얼마나 정확했는지는 또 다른 문제일 것이다. 근대가 대표하는 계몽 이성 또는 더 구체적인 모습인 과학은 동아시아에 상륙하자 거의 종교처럼 세상을 활보했다. 세계관이고 가치관이었다. 타이쉬도 물론 근대적 보편성의 수용에 노력했지만 그것과 불교의 거리감을 분명하게 인식했다. 결합을 기도하면서도 차이를 인정한 것이다. "인생이란 도대체 무엇인가. 내가 보기에는 둘로 나눌 수 있다. 첫째는 이성이다. 이성은 보편적으로 관통하는 것이다. 이것과 상대되는 것이 사물이다."(『인생 개선의 단계』) 이것은 보편에 대한 인지다. 근대 불교의 특징 가운데 "불교는 미신이 아니라 이성적인 종교"라는 주장이 여기서도 보인다. 서구 근대에서 이성(reason)은 그야말로 빛이었다. 어둠을 밝히고 혼돈을 질서로 바꾸는 것이다. 그래서 계몽 이성이다. 그것은 두텁게 가로놓인 벽을 뚫고, 깊은 바다를 건널 수도 있었다. 그리고 인간과 동물 사이에 도저히 극복할 수 없는 거리를 만들었다. 그것은 중국뿐만 아니라 유럽에서도 통용되는 질서였다. 또한 소통 가능성에 대한 희망이기도 하고, 규율화의 한 축이기도 하다. 이것에 부합하느냐가 합리성의 문제로 귀착한다.

> 이(理)는 일체 존재가 갖춘, 어떤 식으로도 구속할 수 없고 차별 없는 평등진여의 이치를 말한다. 여래는 이것을 깨달았다. 이 이치는 부처의 진실한 본질이기 때문에 이성불성(理性佛性)이라고 한다.
>
> —『대승종지도석』(大乘宗地圖釋)

이성불성이라는 개념은 특이한 발상이다. 타이쉬는 이성을 불성에 갖다 댔다. '이성'이라는 한자의 의미만 가지고는 이렇게 연결시킬 수 있다. 그런데 근대 이성은 세계에 대한 정당한 판단 능력을 말한다. 그것은 인식론적 차원의 문제이고, 좀더 나아가면 윤리학 차원의 문제다. 하지만 불성은 그런 문제가 아니다. 오히려 실존적인 문제다. 굳이 서양철학 용어를 빌리자면 그것은 존재론적 차원의 문제다. 이성불성은 근대와 불교의 결합이다. 그는 인생에 의미 두기를 시도한다. 특별한 세계를 상정하는 것이 아니라 현실 세계에서 가장 의미 있는 것을 찾겠다는 생각이다. 이것은 타이쉬 불교의 한 이름인 인간 불교 혹은 인생 불교에서 잘 드러난다. 부처 됨은 철저하게 인간세계의 문제다. 지옥에서 성불했다는 이야기 못 들었고, 천국에서 누가 부처 됐다는 이야기 못 들었다. 부처의 전생인 보살은 도솔천에 있다가 인간세계로 내려와 마야 부인의 뱃속으로 들어갔다. 그리고 인간 몸으로 태어나 부처가 되었다.

> 인간 불교는 인간이 인류 세계를 벗어나 귀신이 되게 하는 것도 아니고, 모두 입산 출가시켜 승려를 만들자는 것도 아니다.
> ─『어떻게 인간 불교를 건설할 것인가』

타이쉬의 신불교 상상은 바로 인간 불교에서 드러난다. 우리는 탈근대라는 말도 지겨운 21세기를 살고 있다. 그래서 타이쉬의 인간 불교를 근대적 인간주의 정도로 적당히 가둘 수도 있다. 근대 민족주의를 손쉽게 처리하는 방식과도 유사하다. 그런데 사실 그리 쉽지 않다. 인간 불교는 봉건시대에서 막 빠져나왔지만 별로 새로운 기척이 없는 상황에서 삶을 고민하는 자가 꺼내 놓은 말이다. 타이쉬는 불교를 위한 불교가 아니라 인간을 위한 불교를 역설한다. 사실 이게 가장 불교적이다. 깨달음에 앞서 오늘 살림살이를 염려해야 하는 자가 많다. 비루하고 용렬하기까지 하다. 그들을 팽개칠 것인가. 타이쉬는 인생과 '현실'을 다시 정의했다.

타이쉬는 불교 현실주의를 제기한다. 그는 『진현실론』(眞現實論)에서 "현실은 우주이고, 현실은 법계이고, 현실은 현실"이라고 먼저 선언했다. 현실은 그 자체로서 천변만화하는 세계를 다 드러낸다. 그것의 이면은 없다. 플라톤의 이데아나, 헤겔의 절대 이성 등 '배후'나 '보이지 않는 손'은 없다. 현실이 곧바로 현실이라는 말은 그것이 충분히 다 말한다는 이야기다. 타이쉬는 『진실현론』「서론」(敍論)에서 당시 주의 주장을 비판한다. "실험주의가 현실주의인 듯 보이지만 유아(唯我)나 유물(唯物)의 주장을 벗어나지 못했고, 유교 철학이 현실주의로 보이지만 현실에 대한 완벽한 인식을 갖추지 못했기 때문에 여전히 한계를 가진다." 후스는 실용주의를 외쳤고, 량수밍은 현실을 말하기 위해서 불교에서 유교로 빠져나갔다. 타이쉬는 불교에도 저들이 말하는 현실 긍정이 있음을 보이고 싶었다. 이른바 불교 현실주의를 꺼내 놓고 싶었다. 인간 불교론은 이렇게 해서 탄생했다. 그는 불교는 현실주의임을 선언한다. 다시 그가 던진 개념은 인간 정토론이다.

> 인간세계가 비록 상황이 열악하고 오염됐지만 사람들 각각 지닌 한 조각 깨끗한 마음을 근거로 수많은 선연(善緣)을 모으면 점차 발전하고, 시간이 지나면 이 오염된 세계는 곧 장엄된 국토로 변할 것이다. 굳이 인간세계 외에 따로 정토를 구할 필요는 없다. 그래서 인간 정토라고 이름한다.　　　　　　　　　　　　　　　—『인간 정토를 창조한다』

신라인은 서라벌에 불국정토를 구현하겠다는 의지로 경주 남산 자락에 숱한 불상과 불탑을 조성했다. 화순 운주사 계곡은 천불천탑으로 해방구를 기획한 우리 조상을 기억한다. 타이쉬가 생각한 정토는 서방극락을 말하는 미타정토도 아니고, 내 마음의 정토세계를 말하는 유심정토도 아니다. 사람과 사람 사이, 즉 이 사회에 구체적 정토를 건설하겠다는 발원이다. 시대는 늘 혼란하고 어리석다. 하지만 그것을 극복하고 다른 세계를 꿈꾸는 자가 있을 때 좀 달라진다. 정말 세상이 좋아질까 의심하지 않는 게 어쩌면 용기다. 또한 그것이 믿음일 수 있다. 1937년 중일전쟁이 폭발한 이후 중국 사회는 전시 상황으로 돌변했다. 타이쉬가 생각한 인간 정토는 요원한 이야기인지 모른다. 하지만 그래도 그치지 않는 게 타이쉬가 타고난 역할이다.

1939년 타이쉬는 『불교의 호국과 호세』를 지었다. 호세는 물론 중국이라는 인간세상을 보호해야 한다는 이야기다. 그는 불교인에게 구국과 호국을 강조했다. 고리타분한 호국불교론일 수도 있다. 비록 전쟁 상황일지라도 이런 논의는 섣부른 민족주의로 돌변할 수도 있다. 하지만 인간 불교와 인간 정토를 말하는 그에게 현실 사회가 위태롭다는 것은 곧바로 중생의 불안함이다. 타이쉬가 생각하기에 국가의 위기나 멸망은 중생에게 극한의 고통이었다. 그래서 1940년 강연에서 선동했다. "보살행자여 단결하라! 대승 보살의 보리심을 심중에 박고 대자비심을 뿌리 삼아 방편의 만행을 실천하고 두려움 없는 구세 정신을 발휘하라!"(『팔리어계 불교를 통해서 오늘날 보살행을 말한다』) 우리는 그가 말하는 방편의 만행(萬行)이 뭔지 안다.

1945년 중일전쟁이 끝났지만, 여전히 북방에선 국공내전이 한창이었다. 끊임없이 움직이고, 설득하고, 선동하던 타이쉬는 1947년 상하이 옥불사에서 입적한다. 그는 중국 근대 불교 계몽의 대표였다. 혁명을 부르짖었고 계몽을 선전했다. 누구는 타이쉬를 일컬어 근대 중국의 마틴 루터라고 했다. 새로운 불교가 나왔음이다.

타이완에 정착한 인순은 끊임없이 공부했다. 공부가 그에게 수행이었다. 선승인 체하지 않았고 깨달음을 흉내 내지도 않았다. "나는 학승"이라고 말했다. 자기 역할을 알고 그것만큼 행했을 따름이다. 그것으로도 충분했다.

17_ 근대적 학승의 탄생, 인순

종교 편력

2004년 4월 말에 타이완의 타이베이에서 '인순 장로와 인간 불교' 라는 주제로 학술 대회가 개최됐다. 인순(印順, 1906~2005)의 백수를 경축하기 위해서였다. 타이완 불교계 전체가 준비하고 치러 낸 행사였다. 그는 스승 타이쉬같이 정력적으로 불교 운동을 전개한 것도 아니고 고승 쉬윈(虛雲, 1840~1959) 같은 각고의 수행을 보여 준 것도 아니다. 하지만 그는 타이완 불교계의 상징이었다. 왜냐하면 그가 지난 한 세기 동안 보인 불교 연구의 진지함 때문이다. 객관이란 핑계로 불교를 함부로 대하지도 않았고, 전통의 무게에 쉽게 짓눌리지도 않았다. 그는 불교 연구의 최고 가치를 보였다. 인순에게 불교 연구는 수행이었다. 그는 20세기 중국 불교의 한 유형을 만든 셈이다.

인순은 1906년 저장 성(浙江省) 하이닝(海寧)에서 칠삭둥이로 태어났다. 하이닝은 항저우에서 가까운 곳이다. 훗날 스승이 된 타이쉬도 이곳에서 1889년 태어났다. 속성은 장(張)이었고 이름은 루친(鹿芹)이었다. 아이가 일곱 달 만에 나오니 얼마나 조마조마했겠는가. 게다가 모친이 본래부터 몸이 약했다. 젖도 모자라서 동냥을 해야 했다. 아이는 오래지 않아 병을 앓았다. 가녀린 생명이지만 버텼다. 태생적으로 약했지만 이 아이는 이후 정확히 백 년을 살았다. 육신이 신통치 못하면 해야 할 일과 말아야 할 일을 더욱 분명히 해야 한다. 건강한 시간은 그에게 축복이다. 얼마나 소중하게 살았겠는가. 루친은 소학교를 마치고 열세 살 때부터 중의학을 배우기 시작했다. 장사를 하던 부친은 사람 대하는 걸 즐기지 않는 아들에게 장사보다는 의술이 좀더 맞을 것 같다고 보았다. 그렇게 해서 루친은 한 중의(中醫) 집에 기거했다. 하지만 뭐 특별히 배우는 것은 없었다. 선생이 약을 처방할 때 옆에서 그냥 보고 있는 게 다였다. 그러곤 혼자서 책을 보고 하나씩 깨쳤다.

루친은 음양설과 오행설, 기론(氣論) 등을 중시하는 중의학의 특성 때문에 자연스럽게 도교 서적을 붙잡게 되었다. 『혜명경』(慧命經) 등 선경(仙經)에 빠졌다. 뭔가 특별한 세계가 존재할 것이라고 믿고 그것을 찾아 나섰다. 루친은 도교 수련을 통해서 신선이 되겠다고 생각했다. 예나 지금이나 중국에는 수많은 도교 신자가 있다. 중국에서 가장 전통적인 종교가 도교다. 그런데 근대 들어 상황이 달라졌다. 도교가 뭐 그리 나쁘겠는가. 하지만 도교는 인순 당시 미신의 대명사였다. 인순의 부친은 신선술에 빠진 아들을 보고 놀랐다. 얼른 아들을 데리고 집으로 돌아왔다. 열여섯 살의 루친은 이때부터 인근 소학교에서 아이들을 가르쳤다. 그렇게 8년여를 보냈다. 그동안 그는 여러 가지 생각을 넘나들었다. 바깥보다는 안으로 치닫는 그의 성격 때문인지 신비 경험 같은 데 쉽게 빠졌다. 하지만 이런 게 꼭 나쁘지만은 않았다. 이런 경험을 통해 세상에는 보이지 않는 다양한 영역들이 존재함을 알았기 때문이다.

신선술 도교 공부에서 빠져나온 루친은 『노자』와 『장자』를 붙잡았다. 스승 없는 글 읽기라 급작스런 방향 선회가 가능했다. 루친은 다시 유가 서적을 붙잡았다. 루친의 시대는 과거라는 개념이 이미 사라진 때였다. 전통적인 고전 공부는 이미 지나갔다. 그래서 옛날 같으면 제일 먼저 접했을 법한 공맹(孔孟)의 도리를 한참 지나서 혼자 읽기 시작한 것이다. 하지만 유가서는 아무래도 방황하는 루친을 붙들지 못했다. 우연한 기회에 성경을 읽었다. 『신약』을 읽고 『구약』을 읽었다. 그리고 기독교 잡지를 구해 보았다. 부흥회 비슷한 것도 참석했다. 그로서는 특별한 경험이었다. 1년 이상 교회 주변을 맴돌았다. 그랬지만 그것이 심중으로 파고들지는 못했다. 신문화운동의 영향 아래서 1922년부터 시작된 반기독교 운동도 영향을 끼쳤다. 진보적 청년 지식인에게 기독교는 자본주의 열강의 대리자로 보일 뿐이었다.

1927년 기독교도인 장제스는 국민당을 완전히 장악한 후 곧바로 반기독교 운동을 진압했다. 루친은 한창 반기독교 운동이 진행될 때 기독교에 관심을 가졌고, 또 빠져나온 것이다. 그는 독서를 다시 시작했다. 1925년 약관의 루친은 『장자』를 읽었다. 그가 본 판본에는 명대의 불교 거사 풍몽정(馮夢禎, 1548~1595)이 쓴 서문이 있었다. 서문에서 풍몽정은 "『장자』에 대한 곽상(郭象)의 주석은 불법의 선구다"라고 말했다. 곽상은 위진 시대에 장자 해석으로 유명한 철학자다. 그의 『장자주』는 장자에 관한 가장 권위 있는 주석서로 취급된다. 하지만 그의 사상을 불교적이라고 하면 반대하는 사람이 찬성하는 사람보다 훨씬 많을 것이다. 하지만 풍몽정의 글을 읽고 인순은 불교에 호기심을 일으켰다. 곧 불교 책을 구하러 나섰다. 그가 읽기 시작한 불서는 꽤나 어려운 것이었다.

인순은 근대 중국에서 가장 뛰어난 학승이다. 전통의 무게에 눌리지도 않았고 근대적인 방법론을 마냥 추수하지도 않았다. 도교, 기독교, 유교 등을 편력하다가 1930년 출가했다. 사진 중앙은 스승 칭녠(淸念)이고 오른쪽이 인순이고 왼쪽은 함께 출가한 런스(仁實)다.

처음 불교를 배우면서 이렇게 심오한 책을 읽었으니 당연히 이해하지 못했다. 하지만 이해하지 못했기 때문에 나는 더욱 매달렸다. 내가 무슨 힘으로 이런 책을 참고 읽었는지 모르겠다. 어린아이가 어른이 하는 일을 보고서 전혀 알지 못하면서도 그 모든 것에 호기심을 가지는 것과 같았다. 매우 편안한 환경에 있으면서도 보지 못하고, 듣지도 못했고, 먹고 마시지도 못했다. 절반은 알고 절반은 모르는 상황에서 나는 불법의 깊고 무한함을 느꼈다.　　　　　　　　　―『평범한 일생』

루친은 걸려들었다. 불교에서 이것을 느낀 자는 쉽게 빠져나가지 못한다. 루친은 본격적으로 불교 공부를 시작했다. 먼저 불교 경론을 구했다. 인근 사찰을 방문해서 경론을 찾았다. 실제 구할 수 있는 경론은 많지 않았다. 나중에는 『성유식론학기』, 『상종강요』(相宗綱要), 『삼론현의』(三論玄義) 등을 사서 읽었다. 앞의 두 책은 유식학 관련 서적이고 마지막은 수나라 때 고승 길장(吉藏)이 쓴 중관학 서적이다. 대승 불교에서 가장 철학성이 강하다는 유식학과 중관학 논서를 그는 마구 읽어 댔다. 스승도 없이 4, 5년을 혼자 읽고 상상했다. 누구도 확인해 주지 않았지만 나름대로 이해했다. 불교 경론을 혼자 읽는다는 게 사실 쉽지 않다. 용어에 막히고 논리에 막힌다. 불교 경론은 진저리칠 정도의 논리를 뽐내기도 하고, 때론 장자를 울릴 정도의 비약을 일삼는다. 루친은 비록 모자랐지만 진지하게 한 장씩 한 장씩 넘겼다. 처음부터 불교의 철학적인 면에 관심을 가지고 책 읽기를 시작했다. 이 점은 이후 그가 학승으로 자신을 규정한 것과 무관하지 않다.

출가와 배움

20대 초반의 루친은 점점 불교에 빨려 들었다. 열애의 시간이었다. 그러나 열애는 언제나 불안하다. 그냥 끝나 버릴 것 같은 두려움도 있고, 먹먹함도 섞이게 마련이다. 그 모자람은 어쩔 도리가 없다. 루친은 도저히 혼자 힘으로는 채울 수 없는 허기를 느끼고 출가를 생각했다. 아이들을 가르치고, 책 읽기로 일관한 9년 내내 그는 단정했다. 그 단정함 속에서 그는 점점 자랐다. 1928년 청명절 즈음에 모친이 앓다가 운명했다. 큰 충격이었다. 함께 기거하던 작은할아버지께서도 얼마 안 있어 돌아가셨다. 이듬해 부친이 2개월을 앓다가 돌아가셨다. 이렇게 일 년여는 약국으로, 병원으로, 결국 장례식으로 이어지는 발걸음이었다. 출가를 결심했다. 신문에서 베이징에 '보리학원'을 개원하는데 학생을 모집한다는 기사를 보았다. 우편으로 응시했고 합격했다는 연락도 받았다. 얼른 가서 불교를 배우고 싶은데도 이후 연락이 없었다. 더 이상 참을 수 없었다. 결국 길을 나섰다. 배를 타고 상하이에 도착했다. 톈진으로 가는 배 속에서 엄청난 배멀미로 죽을 고생을 했다. 어쩔 수 없이 중간에 내려 기차로 베이징에 도착했다. 힘들게 찾아가 보니 보리학원은 전혀 개원할 수 없는 상황이었다. 다시 상하이로 왔다.

어떻게 할까. 저장 성 닝보의 고찰 천동사로 갈 참이었다. 차나 수레로 가기에는 불편한 곳이었다. 여관에서 며칠 궁리하다가 떠오른 곳이 푸퉈 산이었다. 그래서 배를 타고 저장 성의 불교 성지 푸퉈 산에 도착했다. 『화엄경』에는 "관자재보살이 보타락가산(普陀洛迦山)으로 간다"는 구절이 나온다. 관자재보살은 관세음보살을 가리킨다. 그래서 관음보살이 출현했다는 관음 성지를 보타락가산이라고 곧잘 부른다.

특히 저장 성의 푸퉈 산은 해수관음으로 유명하다. 동해안 낙산사도 해수관음 이야기로 유명하다. 푸퉈 산에 도착하긴 했지만 관음이 나타나 뭔가를 일러주지는 않았다. 출가하러 왔지만 루친은 어떻게 출가하는지 몰랐다. 절마다 사람만 많고 어수선했다. 푸퉈 산 곳곳을 돌아다니면서 관광객처럼, 불공하러 온 사람처럼 행세했다. 그런데 우연히 한 남자와 마주쳤고, 그에게 출가하러 왔다고 심중의 말을 털어놓았다. 둘은 구석에 앉아 푸퉈 산 소개 책자를 뒤적이면서 어느 암자가 좋을지 상의했다. 결국 둘이 도착한 곳은 복천암(福泉庵)이었다. 그렇게 1930년 10월 11일 푸퉈 산 복천암에서 칭녠(淸念) 화상에게 출가했다. 법명이 인순(印順)이었고 법호가 성정(盛正)이었다. 그 달 말에 닝보의 천동사에서 위안잉(圓瑛, 1878~1953)을 계사로 구족계를 받았다.

인순은 이제 오로지 불교만 공부하고 불교만 생각할 수 있었다. 이듬해 타이쉬가 원장으로 있던 샤먼(廈門)의 민남불학원(閩南佛學院)에 입학했다. 얼마 있다가 불학원은 인순을 강사로 채용해서 같은 학년 학인 스님을 가르치게 했다. 인순은 중관철학의 대표적 저작인 용수(龍樹)의 『12문론』을 강의했다. 출가한 지 일 년도 채 되지 않은 때였다. 출가 전 공부가 단지 허무맹랑한 상상력이 아니었음을 증명했다. 학생의 신분에서 갑자기 선생이 된 인순은 강학과 함께 자기 공부를 병행했다. 하지만 가르치기보다는 배움이 절실했다. 여름에 자신이 출가한 푸퉈 산으로 돌아왔다. 혜제사(慧濟寺)의 열장루(閱藏樓)에서 대장경을 열람했다. 불법의 바다에 뛰어든 것이다. 대장경 읽기는 4년 뒤인 1936년 가을에 끝이 났다. 바다를 건너고야 만 것이다. 불교인이 평생 대장경을 완독하기란 쉽지 않다. 뭐 그럴 필요가 있냐고 물을 수도 있다. 틀린 말도 아니다. 하지만 전통적 불교 교육에서는 취급하는 텍스트가 극히 제한적이다. 불교의 다양함을 맛보기란 역부족이다. 당시 대부분 불교인은 소승 경전으로 치부된 초기 경전을 평생 한 번 펼쳐 보지도 않았다. 인순은 초기 경전을 열람하면서 고뇌하고, 나무라고, 병드는 붓다를 보았다. 부처 자신이 바로 생(生)·주(住)·이(異)·멸(滅)을 보이는 대목을 만나기도 했다. 대장경 읽기를 통해서 인순은 전통의 벽을 넘을 수 있었다.

중일전쟁 발발 후 1938년 7월 타이쉬의 부름을 받고 쓰촨의 한장교리원으로 갔다. 타이쉬는 일찍이 세계불학원을 구상했다. 산스크리트, 고대 중국어, 팔리어, 티베트어 등 네 계열의 불교 연구를 꿈꾼 것이다. 한장교리원은 그것의 성과였다. 1930년 준비를 시작해서 32년에 정식으로 설립됐다. 인순은 이곳에서 강의하고 연구했다. 인순에게 한장교리원은 특별한 의미를 가진다. 특별한 만남이 있었기 때문이다. 인순은 대승불교의 철학적인 논서를 즐겨 읽었다. 당시 인도 대승불교를 공부하는 사람에게 공통된 희망 가운데 하나가 산스크리트나 티베트어로 남은 불교 논서를 읽는 것이다. 물론 언어의 장애 때문에 대부분 접근하지 못했다. 인순도 마찬가지였다. 무슨 유학을 다녀온 것도 아니고 그렇다고 외국어를 배워 본 적도 없었다. 그런 그가 티베트에서 9년간 티베트 불교를 공부한 파쭌(法尊, 1902~1980)을 만났다. 파쭌은 타이쉬가 세운 무창불학원 제1기 졸업생이다. 그도 젊은 날 타이쉬에게 유식학 등의 불교 교리를 배웠다. 이후 우여곡절 끝에 티베트에 들어가게 됐다. 파쭌은 스승 타이쉬의 초청을 받고 1936년 티베트에서 쓰촨으로 나왔다. 그는 한장교리원의 교무주임을 맡고서 그곳을 실질적으로 이끌었다. 거의 10여 년 동안 이곳에서 강의와 번역에 종사했다. 현장 이후 최고의 역경승이라고 일컬을 정도였다. 파쭌은 세속의

인순은 타이쉬가 설립한 한장교리원에서 파쭌(法尊)을 만났다. 인순은 타이쉬보다는 파쭌에게서 더 많이 배웠다고 했다. 파쭌은 중국에선 20세기 최고의 역경가로 꼽힌다. 그는 많은 티베트 불전을 중국 고전어로 번역했다. 티베트 불교의 위대한 건설자인 총카파의 『보리도차제론』을 번역하기도 했다.

나이로 치자면 인순보다 네 살 위다. 하지만 인순이 보기에 파쭌은 단지 선배가 아니라 스승이었다. 인순에게 그는 매우 큰 사람이었다.

한장교리원에서 파쭌 스님을 만났다. 그제야 동학이 있다는 게 얼마나 즐거운 일인지 깨달았다. 파쭌 스님이 티베트어에서 번역한 총카파의 『보리도차제광론』이나 찬드라키르티의 『입중론』(入中論) 등을 읽었는데, 도움이 말할 수 없을 정도였다.　　　　　　　　—『평범한 일생』

인순은 파쭌이 번역한 원고를 윤문했다. 읽다가 막히면 얼른 달려가 물었다. 둘은 서로 토의하고 서로 가르쳤다. 인순이 보기에 파쭌은 티베트 불교의 영향이 컸다. 서로 동의하지 못하는 견해를 갖고 있었다. 하지만 전혀 불편하거나 불쾌하지 않았다. 좋은 도반이라 함은 이런 것이다. "출가 이후 불교에 대한 나의 이해에 가장 많은 영향을 준 사람은 타이쉬 대사 말고는 바로 파쭌 스님이다. 파쭌 스님은 내 공부에 가장 뛰어난 인연이었다."(『평범한 일생』) 이 정도면 최고의 찬사다. 혼자 글 읽기로 일관한 인순이었다. 출가 이후에도 별로 달라지지 않았다. 그런데 제대로 된 도반을 만난 것이다. 그것도 그가 전혀 접근할 수 없는 영역의 공부를 한 인물이다. 티베트 불교의 완성자 총카파(宗喀巴)는 중관철학을 중심으로 해서 전체 불교를 체계화한 위대한 사상가다. 그의 주요 저작이 바로 『보리도차제론』이다. '차제'라는 말은 수행 단계를 말한다. 이런 단계를 제기함으로써 불교 전체를 하나의 체계로 조직했다. 『입중론』은 중관학의 대표적 논서인 용수의 『중론』에 대한 찬드라키르티(月稱)의 주석서다. 이런 텍스트는 당시까지 중국인에게 전혀 소개되지 않았다. 인순은 이런 논서를 통해서 새로운 불교 이해가 생겼을 것이다.

불법으로 불법을 연구하다

한장교리원에 있는 동안 인순은 비교적 안정적으로 불교 공부에 매진할 수 있었다. 자신의 공부 길을 찾아갈 수 있는 힘이 생겼다. 그 방향은 인도 불교 연구였다. 그는 먼저 유식사상사를 구상했다. 이런 과정에서 스승 타이쉬와 다소 충돌이 있었다. 타이쉬는 진화론적인 관점으로 불교를 기술하는 데 크게 반대했다. 이에 반해 인순은 심의식(心意識)이라는 주제나 개념을 근거로 전체 불교 교리를 하나의 발전 내지 흐름으로 조직할 수 있다고 생각했다. 이때 인순이 가장 주목한 불교 논서는 인도 대승불교 철학자인 무착(無著)이 지은 『섭대승론』이다. 『섭대승론』은 대승불교의 열 가지 뛰어난 측면을 제시하여 대승불교 전체를 포괄했다. 물론 이것은 유식학을 기반으로 하고 있다. 일찍이 한칭징(韓淸淨)은 『섭대승론』을 통째로 외워서 강의했다. 재가 거사가 이끌던 유식학 연구에서 그것은 하나의 성전이었다. 승려 위주의 불학원에서는 전통적으로 중국 불교를 중시했다. 타이쉬는 분명 이런 경향이 강했다. 이런 이유 때문에 인도 불교 연구는 상대적으로 약했다. 인순은 바로 이 점을 치고 나간 것이다.

1941년 봄부터 인순은 『섭대승론』을 강의했다. 강의를 듣는 사람은 홍콩에서 온 세 명의 승려였다. 4개월 동안 강의는 계속됐다. 지금 대학에서 이루어지는 한 학기 강의를 생각해서는 안 된다. 일주일에 한 번 모여 한두 시간 강의하고 끝나는 방식이 아니다. 매일 오전 오후로 몇 시간씩 매우 밀도 있는 강의를 했다. 강의를 하는 사람이나 듣는 사람이나 엄청난 집중력이 요구됐다. 세 명의 학생은 인순의 강의를 꼼꼼히 기록했다. 이렇게 해서 『섭대승론강기』가 완성됐다. '강기'(講記)란 '강의 기록'을 말한다. 이 글은 1946년에야 힘들게 출판됐다. 인순은 현장이 번역한 『섭대승론』을 사용했다. 현장의 번역은 매우 정치하다. 아울러 원서의 본 모습을 가급적 살렸다. 하지만 그 자체가 쉽지 않은 글이다. 그렇지만 인순의 『섭대승론강기』를 읽노라면 한 글자 한 글자가 무엇을 지칭하는지 환하게 드러난다. 중국식의 주석 방법이지만 매우 명료하게 의미를 풀고 있다. 한 글자도 놓치지 않았다. 인순은 『섭대승론』 강의를 마친 이후 엄청난 힘이 생겼다.

1942년 쓰촨 파왕(法王) 학원에 있던 인순은 그가 최근 집필한 『인도불교』(印度之佛敎) 제1장을 타이쉬에게 보내 서문을 부탁했다.

얼마 후 타이쉬는 천여 자 안팎의 매우 간략한 서평(「議印度之佛教」)을 보내왔다. 인순은 위의 책에서 "불교는 안으로는 석존의 특수한 깨달음을 근본으로 하고, 밖으로는 인도문명을 배경으로 창립됐다"고 말했다. 이 말에 대해서 타이쉬는 다소 불만이 있지만 대체로 동의할 수 있다고 말한다. 하지만 인순이 인도 불교의 시기를 구분하고 그것을 발전이나 전개로 묘사한 것에는 분명하게 반대했다. 인순은 대승불교를 세 시기로 구분했다. 첫째는 본성은 공하고 우리가 아는 것은 개념뿐임을 말하는 성공유명론(性空唯名論)이고, 둘째는 우리가 인식하는 사물은 실체가 없이 오직 우리의 의식이 구성했다는 허망유식론(虛妄唯識論)이다. 마지막은 존재의 참된 모습으로서 깨끗한 마음을 말하는 진상유심론(眞相唯心論)이다. 이것은 각각 중관학, 유식학, 여래장 사상을 가리킨다. 대승불교의 가장 마지막 단계가 『능가경』이나 『기신론』같이 불성과 여래장을 말하는 시기라고 판정했다. 이 셋 가운데 중국 불교는 세번째 경향이 강하다. 인순이 중관학을 인도 대승불교의 중심으로 세운 것에 대해서도 타이쉬는 '용수독존'의 잘못된 견해라고 비판했다.

인순은 책을 출판하면서 이런 비판에 대한 답변(「敬答 '議印度之佛教'」)을 첨부했다. 그는 자신의 견해를 적극적으로 옹호했다. 인도 불교를 3기로 나누는 것은 타당하며, 대승불교 내에서 여래장이나 유식학에 비해 중관학의 출현이 앞선다고 말했다. 또한 용수의 중관학이야말로 대승 보살 정신의 가장 완벽한 체현이라고 분명하게 주장했다. 인순의 이 글을 보고 타이쉬는 훨씬 강한 어조로 비판했다.「'인도불교'에 대한 두번째 논평」을 보냈다. 타이쉬는 1943년 8월 30일 한장교리원에서 제자들을 모아 놓고 이 문제에 관해서 공개적으로 강연했다. 이 정도로 사태가 발전하자 제자인 인순은 매우 당혹했다. 사제간의 논쟁은 제자가 「무쟁지변」을 발표하고 침묵함으로써 종결됐다.

타이쉬와 인순 사이의 논쟁은 두 가지 사실을 알린다. 첫째는 인순이 중관학의 입장에서 여타 대승불교를 재평가했다는 점이다. 중국 근대 불학가가 대부분 유식학을 선호한 것을 생각하면 매우 특이하다. 또 한 가지 중요한 사실은 불학 연구의 방법론에서 커다란 변화가 일어났다는 점이다. 타이쉬는 인순이 행한 역사 고증을 도저히 수용할 수 없었다. 바로 여기서 전통 불학과 근대적 불교학이 갈라진다. 전통 불학에서 불교는 역사적 전개물이나 발전의 결과일 수 없다. 또한 어느 불교는 언제 발생했고 어느 불교는 그 후에 발생했다는 식의 관념은 불교가 가지는 근원적 가치를 손상시킨다. 인순은 생각이 달랐다. 역사적 접근은 오히려 불교의 흥망이 갖는 의미를 우리에게 알려준다고 생각했다. 또한 이런 연구들이 불법을 배우는 데 전혀 장애가 되지 않는다고 생각했다. 불교의 연기법으로 불교라는 한 사실을 바라볼 수도 있다. 그것은 흥망성쇠라는 말 대신 생·주·이·멸이라는 말로 표현할 수도 있다.

인순은 1954년 「불법으로 불법을 연구한다」(以佛法來研究佛法)는 글을 발표했다. 불법으로 불법을 연구한다는 말은 훌륭하다. 그런데 약간 조심할 필요는 있다. 일체의 다른 방식이나 견해의 개입을 차단하겠다는 말로도 들리기 때문이다. 자칫 값싼 호교론으로 비칠 수 있다. 그런데 인순의 이 글은 사실 근대적 불교 연구 방식을 전통적 언어로 치환한 것이다. 그는 불교 연구의 대상인 불법을 규정하면서 삼법인(三法印)을 먼저 말한다. 삼법인은 불법의 증표가 되는 세 가지 기준을 말한다. 서첩에 찍은 낙관처럼 진짜 불교를 증명하는 근거다. 인순은 제행무상 법칙, 제법무아 법칙, 열반적정 법칙이라고 했다.

첫째, 불법을 연구하는 사람은 그것이 어떤 인연 속에서 생멸하는 지를 정확히 파악해야 한다. 둘째, "경론을 연구할 때 자신의 재주를 부려서 미리 판단해서는 안 된다. 또 옛 학설을 맹신해서 주석서만 들쳐 봐도 안 된다." 텍스트를 앞에 두고 자신을 세워서도 안 되고, 그렇다고 다른 주석가를 세워서도 안 된다. 자신에 대한 무아 요구이자 타인에 대한 무아 요구다. 셋째, "열반은 진실이나 해탈의 의미다. 불법 연구자가 그것을 직접적으로 접촉하지 못할 때라도 그것을 최종 귀결점으로 삼고 용맹 정진해야 한다. 불법 연구는 자료를 이야기하는 것도 아니고 자신의 명예나 이익을 위한 도구도 아니다. 학문을 통해서 진리를 파악하는 것이다."

불법이 변화를 겪었음을 인정한다. 발전이라고 말하지는 않았지만 초기불교가 대승불교까지, 중국 불교까지 도달하는 과정은 교리의 확장이자 재조직이다. 인순은 무상이라는 말로 표현했다. 아울러 경론에 대한 해석권을 연구자가 갖는 것에 반대했고, 더더욱 전통적 권위가 해석권을 남용하는 데도 반대했다. 인순은 텍스트를 전통적 권위에서 구출하려 한다. 세번째 열반적정의 법칙은 학술 연구의 순수성을 가리킨다. 적어도 불교 경론을 볼 때는 진리를 추구하듯 진실해야 한다.

학승의 임무

인순은 언제가 이런 이야기를 했다. "수행, 학문, 수복(修福)이 출가자의 세 부문이라면 나는 학문에 역점을 두었고, 또한 '사고'를 중시했다. 경·율·론에서 불법을 탐구했다." 출가자로서 인순의 삶은 아마 이 말로 요약될 것이다. 역사를 기록하기 좋아하는 중국인은 양(梁)나라 때부터 『고승전』을 집필해서 역대 고승의 자취를 기억했다. 『고승전』은 계속해서 씌어졌다. 당대에도 있었고, 송대에도 있었다. 어느 시기를 막론하고 고승의 살림살이를 기록할 때는 나름의 기준과 분류가 있다. 모든 면에서 훌륭하다고 말하지는 않는다. 또 그럴 필요도 없다. 자신에게 가장 절실한 부분을 감당하면 된다. 그 속에서 서로 다른 모습으로 불법을 구할 수 있다. 가치의 우열은 없다. 그것이 진리다. 인순은 '학문'이라는 매우 분명한 입장을 취했다. 이런 태도는 근대적 불교학이 형성될 무렵에 중요한 역할을 했다. 인순은 불교 공부에는 옛날부터 상이한 두 가지 방식이 있다고 말한다. 경험형과 지식형이다. 물론 이 둘을 원만하게 종합할 수도 있다. 하지만 각각의 가치도 충분히 인정해야 한다.

청말 쇠락한 불교를 그대로 받아 안은 인순은 당시 가장 절실한 것은 경·율·논에 대한 보다 진지한 연구라고 생각했다. "내 생각에 중국 불교가 쇠락한 이유는 단지 사유의 나태함 때문이 아니라 공리공담이나 일삼으며 사실을 무시한 데 있다. 또한 지식을 경시하고 논리를 싫어하여 종잡을 수 없는 혼돈에 빠졌기 때문이다." 그래서 그는 차라리 지식형의 불학을 선택했다. 그는 말했다. "나 자신 한결같이 지식을 중시했고 객관적 연구에 치우쳤다."(『입세와 불학을 말한다』) 견성을 못해 부끄럽고, 선방에서 몇 철 나지도 못해 더욱 난처할 수도 있다. 그래서 학승은 언제나 면목이 없다. 남들이 깨달음 운운할 때 자신은 퍼즐같이 얽힌 글자를 맞추느라 분주하다. 인순은 아쉬웠지만 스스로 지운 임무를 거역하지 않았다.

인순과 가장 대조적인 인물은 뜻밖에도 자신의 스승인 타이쉬다. 인순은 스승을 묘사하면서 "대사께서는 일체 경론에 대해서 자신의 경험을 통해서 나름의 이해를 가졌다. 지식을 통한 연구나 학습이 아니었다"고 말한다. 타이쉬에 비하면 인순은 분명 지식형 불학을 중시했다. 인순은 불교를 좀더 객관적으로 대하고 싶었다. 이런 점은 지나내학원을 이끈 뤼청과 유사하다. 어우양징우는 "불학은 결론 이후의 연구"라고 천명한 적이 있다. 불법은 이미 부처님에 의해 진리로 판명된 것이고, 그것을 학습한다는 것은 그것을 확인하는 것이다. 뤼청은 이런 입장을 수용하지 않았다. 적어도 불교를 연구할 때는 이런 태도를 보류하고 싶었다. 지나내학원과 무창불학원의 제2세대인 인순과 뤼청은 굴절이 있었다.

1947년 3월 17일 상하이 옥불사에서 스승 타이쉬가 입적했다. 제자들은 『타이쉬대사전서』 출간을 상의했다. 인순이 전체 책임을 맡았다. 엄청난 양의 저술을 모으고 교감하는 작업이다. 1년 동안 꼼짝 않고 오로지 이 일만 해야 했다. 인순과 몇몇 도반은 저장 성 펑화(奉化)의 설두사(雪竇寺)에 자리 잡았다. 타이쉬가 즐겨 머문 곳이자 인순이 스승을 처음 만난 곳이기도 하다. 불교사에서는 송나라 때 운문종 제4대 조사로 이름을 날린 고승 중현(重顯, 980~1052)이 31년간 머물며 중창한 곳으로 유명하다. 설두중현이라는 말도 이렇게 해서 나왔다. 1948년 5월에 『타이쉬대사전서』의 편집이 완료됐다. 타이쉬의 엄청난 활동과 그에 따른 엄청난 저술을 제자가 정리하기란 쉽지 않다. 더구나 스승의 삶을 계승하기란 더 어렵다. 제자는 자신의 삶으로 스승을 기억하고 계승해야 하기 때문이다. 인순은 '인간 불교'라는 이름으로 스승을 계승했다.

타이쉬는 인생 불교와 인간 불교라는 두 개념을 모두 사용했지만 인순과 비교할 때는 그를 인생 불교라는 개념으로 묶는다. 인순 스스로 인간 불교는 타이쉬에게서 발원한다고 밝혔다. 하지만 둘이 동일하지는 않다. 만약 동일하다면 인순의 인간 불교는 제자의 못된 차별화 전략에 지나지 않는다. 그는 「계리계기의 인간 불교」에서 말한다.

> 국가와 불법이 엄청난 어려움에 처했을 때 『증일아함경』의 "제불은 모두 인간세계에서 낳지 천상세계에서 부처가 된 게 아니다"라는 구절을 읽었다. 푸퉈 산에서 대장경을 열람할 때가 생각났다. 『아함경』과 각 부파의 『율장』에는 현실의 인간에 대한 친밀함과 진실함이 있음을 알았다. 일부 대승 경전처럼 신앙과 이상 속에 있지 않았다. 그래서 부처는 인간세계에 있고, 인류를 근본으로 하는 불법임을 깊이 믿게 됐다. ─『화우집』(華雨集) 「계리계기의 인간 불교」

'계리계기'(契理契機)라는 말에서 계는 계합한다는 말이다. 잘 맞는다는 이야기일 테다. 그는 불법의 이치〔理〕에도 맞고 중생이나 세상의 상황〔機〕에도 맞는 불교를 상상한다. 사실 이 정도면 더할 나위 없는 불교다. 인순이 보기에 붓다 시대의 불교는 인간 불교의 측면이 상당히 강했는데 시간이 흘러 참된 모습을 많이 상실했다. 인순이 인도 불교 연구에 매달린 이유도 실은 불교의 이런 원류를 찾고자 해서다. 당연히 전통적인 중국 불교와 일정한 거리를 유지했다. 바로 이 거리가 인순과 타이쉬 사이에 있는 폭이다. 타이쉬는 당시 불교가 생보다는 죽음을 강조하고, 삶을 개척하기보다는 다음 생을 꿈꾸는 데 익숙한 점을 공격했다. '귀'(鬼)와 '사'(死)가 아니라 인간〔人〕의 현실적인 삶〔生〕을 중시하고자 했다. 하지만 인순은 타이쉬의 인생 불교에서 '신화'(神化)나 '천화'(天化)의 경향에서 벗어나 인간 불교를 더 강화했다고 볼 수 있다. 타이쉬나 인순이 인생 불교나 인간 불교를 이처럼 강조한 것은 몇 가지 이유가 있다. 당시 팽배한 현실주의의 영향이 컸다. 인순은 분명 인도 불교에 중심을 두고 있었지만, 그의 학술 영역은 훨씬 광범위했다. 1971년 인순은 『중국 선종사』를 출간했다. 그의 불학 연구 입장과 능력이 고스란히 드러난 걸작이다.

> 불법은 자심(自心)의 체험만은 아니다. 어떻게 이야기하더라도 이야기할 수 없다. 하지만 그래도 이야기하고 표현한다. 불법은 이미 현실을 사는 인간의 불법이 되었다. 손가락이 비록 달은 아니지만 사람들이 달에 주목하여 그것을 발견하게 할 수 있다. 그래서 자심(自心)이 체험한 내용을 말하지만 적중하지 않더라도 표현을 막을 수 없다. 언어문자도 좋고, 침묵도 좋다. 비수화각(比手畵脚)도 좋다. 모두 사람들이 좀더 나은 단계로 진입할 수 있도록 하는 초인종이다.
>
> —『중국 선종사』「서문」

언어도단,·심행처멸을 말하는 선종의 도리를 말로 표현할 수 있을까 하는 질문부터 먼저 던진다. 인순은 달을 가리키는 손가락이 달은 아니지만 효과적일 수 있음을 인정한다. 그가 내뱉는 말이 하나의 방법으로 작동할 수 있기를 바란다. 인순의 『중국 선종사』는 우리나라에서도 많이 읽히는 저작이다. 이 책은 인순에게 엄청난 명성을 안겼다. 일본의 다이쇼(大正) 대학은 1973년 6월 인순에게 문학박사 학위를 수여했다. 눈여겨볼 대목이다. 근대적 불교학을 신봉하던 일본 불교학계에서 『중국 선종사』의 가치를 인정한 것이다. 중국의 전통적 불학 연구가이제는 근대적 학술과 완벽하게 만났음을 알린다. 뤼청이 신중국 성립 이후 불교 연구를 거의 멈춘 것과 달리 홍콩과 타이완에서 생활한 인순은 아흔을 넘어서까지 활동했다. 인순은 중국 근대 불교의 또렷한 기억이다. 하지만 기억 속의 인물은 아니다. 그는 현재다. 2005년 6월 4일 오전 7시 7분 고승 인순은 입적했다. 그는 유언했다. 일체 부고도 하지 말 것이며, 번잡한 장례식이나 만장도 하지 말라고. 100년을 살았지만 사라질 때는 매우 빠르고 조용했다. 수행자의 마지막 모습이다.

탕융퉁의 불교 연구는 허린의 말대로 서양철학사 연구와 청대 고증학 방법론을 결합했다. 그리고 어빙 바빗 교수를 통해서 미국의 신인문주의 영향을 받았다. 그래서 그의 불교 연구는 여러 겹으로 이루어졌다.

18_방법론의 등장, 탕융퉁

근대 중국의 불교 연구는 불교사 분야에 집중됐다. 이론에 대한 왈가왈
부가 아니라 사실에 대한 추적을 통해서 불교학의 형성을 겨냥했다. 초
창기에는 일본의 중국 불교 연구를 번역하는 수준이었다. 자신의 문화
전통을 이해하고 정리하는 데 남의 말을 빌려야 했다. 작지 않은 우울
함이다. 방법론도 대부분 일본의 것을 이식했다. 거부하고 싶지만 피할
수도, 모른 체할 수도 없었다. 한동안 이런 과정을 거치더니 점차 자신
의 방법을 찾았다. 영원히 모방만 하겠는가. 가장 모범적인 사례는 탕
융퉁(湯用彤, 1893~1964)이 1938년 내놓은 『한위양진남북조불교사』
(漢魏兩晉南北朝佛教史)다. 이 책은 일종의 신기원이다. 단번에 기존 연
구 성과를 뛰어넘었고, 일본의 학풍과는 전혀 다른 방식으로 중국 불교
사를 기술했다. 그래서 탕융퉁은 종결이자 출발이다. 모방을 일삼던 중
국의 근대 불교학은 그에 이르러 자립할 수 있었다.

탕융퉁은 1893년 부친이 관리로 있던 간쑤 성(甘肅省)의 퉁웨이
(通渭)에서 태어났다. 황허의 한 지류인 웨이수이(渭水)가 이곳을 흐르
고 있었다. 자(字)는 시쉬(錫序)다. 본적은 양쯔 강 중류에 해당하는 후
베이 성(湖北省) 황메이(黃梅)다. 후베이의 동쪽 끝이다. 여기에 치수
이(蘄水)가 흐른다. 그래서 옛날에는 기주라고 했다. 이곳에 쌍봉산이

있다. 말 그대로 봉우리가 둘이다. 7세기 중국 선종의 제4대 조사 도신이 서산에 30년간 머물며 제자를 길렀다. 그리고 제자 홍인은 동산으로 옮겨서 불법을 폈다. 그래서 홍인의 전통을 동산법문이라고 한다. 육조 혜능이 불법을 배우러 간 곳도 5조 홍인이 제자를 기르던 동산이라 불린 황메이 산이다. 황메이 산에서 멀지 않은 곳에 슝스리의 고향 황강(黃岡)이 있다. 바로 옆에 신해혁명의 봉화지 우창이 있다. 탕융퉁은 비록 간쑤에서 태어났지만 부친의 영향으로 줄곧 후베이 정서를 가지고 자랐다.

그는 어려서부터 말이 없었다. 집안사람들이 걱정을 많이 했다. 혹시 머리가 나쁜 건가 하고. 하루는 세 살 남짓 한 탕융퉁이 부친이 즐겨 음송하던 「애강남부」(哀江南賦)를 처음부터 끝까지 외워 부르는 걸 모친이 보았다. 대단히 놀랐고 반가웠다. 탕융퉁은 바보가 아니었다. 부친은 그가 다섯 살 때 관직을 잃었다. 이후 란저우(蘭州)와 베이징에서 학당을 설립해서 학생을 가르쳤다. 탕융퉁은 일찍부터 부친의 학당에서 교육을 받았다. 그는 역사서를 즐겨 읽었다. 『한위양진남북조불교사』 뒤에 붙인 발문에서 그는 "나는 어려 가정에서 교육을 받았는데 일찍부터 역사서를 많이 보았다"고 말했다. 청대 학자 장학성(章學誠)이 『문사통의』(文史通義)에서 "육경이 모두 역사"라고 천명한 이후 학문하는 자에게 고전 연구는 역사 연구의 하나였다. 탕융퉁의 이른 역사서 읽기는 아마도 훗날 불교사 연구에 영향을 줬을 것이다.

열여섯 살이 된 1908년 베이징 공립 순톈(順天) 학당에 입학하여 처음으로 신식교육을 받았다. 탕융퉁은 그곳에서 동갑내기인 량수밍과 장선푸(張申府, 1893~1986)를 만났다. 장선푸는 나중에 칭화 대학에서 서양철학을 가르쳤고, 러셀을 중국에 전파한 인물이다. 장선푸의 동생이 중국철학을 유물론으로 해석한 걸로 유명한 장다이녠(張岱年, 1909~2004)이다. 량수밍은 현대 신유가의 대표다. 그의 출발은 불교에 있었다. 탕융퉁을 순톈 학당에서 만난 그때도 한창 불교에 심취해 있었다. 탕융퉁은 량수밍과 함께 인도철학 저작과 불교 전적을 읽었다. 량수밍은 1917년부터 베이징 대학에서 인도철학사를 가르쳤고, 탕융퉁은 1930년부터 베이징 대학에서 인도철학사와 불교사를 가르쳤다. 1911년 여름에 탕융퉁의 부친이 사망했다. 내성적인 성격 탓에 충격이 컸다. 10월 우창에서 신군이 봉기했고 신해혁명으로 확산됐다. 어수선한 분위기 속에서 1912년 칭화(淸華) 학당에 입학했다.

칭화 학당의 입학 동기로 우미(吳宓, 1894~1981)가 있었다. 나중에 칭화 대학 외국어과 교수로 근무한 영문학자다. 그들은 교내에서 적극적으로 활동했다. 잡지를 만들고 문장을 발표했다. 탕융퉁은 1917년 학교를 졸업하고 관비 유학생으로 선발됐다. 하지만 곧바로 떠나지 못했다. 눈병 치료 때문에 어쩔 수 없이 연기했다. 우미는 그해 미국 버지니아 대학에 입학해서 문학 공부를 시작했다. 탕융퉁은 이듬해인 1918년 미국 유학길에 올랐다. 미네소타 주(洲)에 있는 햄린(Hamline) 대학에 입학해서 철학 공부를 시작했다. 신문화운동이 발발한 1919년 6월에 보스턴에 도착했고 하버드 대학 대학원에 입학했다. 그는 계속 철학을 공부했다. 그는 미국 유학 이전에 무엇을 할 것인지 결정했다. "나는 조금 자라서 마음을 온통 철학에 두었고 불교 경전을 즐겨 읽었다."(「발문」) 그곳에서 중국인 유학생 천인커(陳寅恪, 1890~1969)와 함께 인도학 교수 찰스 랜먼(Charles R. Lanman, 1850~1941)에게 산스크리트와 팔리어를 배웠다. 미국의 시인 T. S. 엘리엇도 대학 시절 랜먼에게 산스크리트와 팔리어를 배우고 불교에 심취한 적이 있었다.

탕융퉁은 이때 중국에 있을 때와 전혀 다른 방식으로 불교를 접했다.

　　탕융퉁과 함께 공부한 천인커는 1920년대 중반 량치차오, 왕궈웨이(王國維, 1877~1927)와 함께 칭화 대학 국학연구원을 이끈 고대 역사와 언어 연구가다. 최근 중국에서 천인커 열풍이 불기도 했다. 진정한 학술가로 정평이 난 인물이다. 고대 불교사와 관련된 기념비적 논문을 발표하기도 했다. 탕융퉁은 하버드에서 매우 체계적인 교육을 받았다. 근대 중국 학자 가운데 동양과 서양의 학문을 관통한 사람은 몇몇 있지만 인도철학까지 망라한 경우는 거의 없다. 탕융퉁이 유일하다고 할 수 있다. 그는 불교를 공부하기 위해서 먼저 뭘 해야 할지를 알고 있었다. "불교사를 연구하기 위해서는 반드시 먼저 서역의 언어와 문자를 익히고 중국과 인도의 역사지리에 통달해야 한다."(「발문」) 탕융퉁은 좀처럼 비약하지 않았다. 자기가 밟은 만큼, 움켜쥔 만큼만 조심스럽게 이야기했다. 이런 태도 때문에 그는 학문하는 데 먼저 기초를 놓아야 했다. 그래서 산스크리트와 팔리어를 배웠다. 그는 적어도 기본에 충실하고 싶었다. 하버드 대학 중국인 유학생 사회에서는 탕융퉁과 천인커, 우미를 '하버드 3걸'이라고 치켜세웠다.

어빙 바빗과 중국 지식인

1919년 7월 어느 날 저녁 탕융퉁과 천인커는 친구 우미를 따라 나섰다. 우미는 자신의 선생인 어빙 바빗(Irving Babbitt, 1865~1933) 교수를 소개했다. 그는 당시 저명한 문학비평가였고 하버드 대학에서 프랑스 문학을 가르쳤다. 아울러 인도 사상과 불교를 공부했고 서구 문화를 비판적으로 다뤘다. 그는 일찍이 하버드 대학을 졸업하고 프랑스 파리에서 불교학자 실뱅 레비(Sylvain Lévi, 1863~1935)에게 배우고 다시 하버드로 돌아와서 찰스 랜먼에게 동방학을 배웠다. 팔리어 『법구경』을 번역한 『The Dhammapada, Translated from the Pali with an Essay on Buddha and the Occident』를 출간했다. 「붓다와 서양」이라는 자신의 글도 실었다. 어빙 바빗은 당시 신인문주의자로 분류된다. 그는 그날 공자의 나라에서 온 젊고 총명한 학생들에게 자신의 학문 역정을 소개했다. 그리고 천인커와 불교에 대해 토론하기도 했다. 바빗은 인문이라는 면에서 보면 동양이나 서양의 문화 전통은 서로 표리관계일 뿐이라고 했다. 특히 그는 공자를 위대한 인문학자로 숭상했다. 바빗 교수는 탕융퉁 등에게 동서 문화를 제대로 배워서 나라를 구하고, 더불어 서양의 잘못된 전철을 밟지 않기를 당부했다.

탕융퉁은 바빗 교수의 이런 태도에 깊은 감명을 받았다. 그는 이제 '중국의 발전은 서양적 근대의 추구'라는 무지막지한 단순화를 도저히 용납할 수 없었다. 자신들의 조국 중국에서는 신문화운동을 통해서 전통을 전복하고 공자를 어두운 창고로 몰아넣는 상황이었다. 중국과 서양 가운데 어느 하나에 극단적 가치를 부여하는 것이 아니라 그 둘에 대해 충분히 이해하고 정당히 평가하는 것, 이렇게 해야만 새로운 것이 출현한다고 생각했다. 나중에 잡지 『학형』(學衡)을 이끈 학형파 지식인들은 이렇게 탄생했다.

1921년 귀국해서 난징 둥난(東南) 대학에 근무하고 있던 우미는 하버드 대학 동문인 메이광디(梅光迪, 1890~1945)와 함께 잡지 『학형』을 창간했다. '형'(衡)은 저울질을 말한다. 그래서 '학형'이라는 말을 글자 그대로 풀면 '학술을 통해서 저울질한다'는 정도가 된다. 저들은 창간 취지를 밝혔다. "학술을 연구하여 진리를 찾고, 국수(國粹)를 드러내어 새로운 지식과 결합한다. 중립적인 태도로 비평의 임무를 수행하며 한 쪽으로 쏠려 무리 짓지도 않을 것이고 무작정 따라다니지도 않을 것이다."(「학형잡지간장」) 저들이 하버드에서 바빗 교수에게 받은 감명이 이 선언에 많이 드러났다.

『학형』 그룹은 당시 진행된 신문화운동에 부정적이었다. 그들이 보기에 신문화운동은 전통문화에 대한 무조건적 비난이었다. 학형파 지식인들은 여전히 고문으로 글을 썼다. 우미는 탕융퉁에게 『학형』을 보냈다. 잡지가 창간되고 한 달여가 지난 2월 9일 신문화운동의 날선 영혼 루쉰이 『학형』을 향해 포문을 열었다. 그는 『신보부간』(晨報副刊)에 '바람소리'(風聲)라는 필명으로 「평가 '학형'」(估學衡)이라는 글을 발표했다. 통렬한 비판을 쏟아 냈다. 루쉰이 보기에 학형파 지식인은 중국의 현재를 제대로 읽지 못하고 있었다. 봉건의 폭력이 채 가시지도 않은 사회에 근대의 폐단을 운운하는 것은 봉건 옹호와 별로 다르지 않았다. 루쉰은 글을 마치면서 『학형』 그룹에게 한마디 일렀다. "내가 선생들이 대단하다고 여기는 것은 딱 한 가지요. 이런 글도 발표할 수 있다는 바로 그 용기요." 이렇게 『학형』은 창간에서부터 벌써 신문화운동에 반대하는 전통주의 내지 보수주의로 설정됐다.

탕융퉁은 1922년 하버드 대학에서 철학 석사학위를 받고 귀국했다. 메이광디와 우미의 추천으로 귀국과 동시에 난징의 둥난 대학 철학과에 취임했다. 량치차오(梁啓超)도 둥난 대학에 근무하고 있었다. 근대 불교사에서 1922년의 난징은 매우 특별한 시공이다. 그해 10월 17일 지나내학원이 개원하여 본격적으로 활동을 시작했다. 그리고 어우양징우는 『유식결택담』을 강의하기 시작했다. 량치차오도 어우양징우의 수업을 들었고 '과학과 인생관' 논전을 이끈 장쥔마이(張君勱,

1887~1969)도 왔다. 탕융퉁의 불교 연구는 난징에서 본격적으로 시
작됐다. 스승을 만났기 때문이다. 슝스리도 지나내학원 학생으로 왔고,
나중에 탕융퉁과 베이징 대학에 함께 근무한 멍원퉁(蒙文通,
1894~1968)도 있었다. 같은 해 12월 탕융퉁은『학형』에「최근 문화
연구에 대한 평가」를 발표했다. 여기서 당시 학자들의 학술 세태에 대
해 비판했다.

요즘 학술의 폐단은 얕고 좁은 데 있다. 학술이 얕고 좁으면 시비가
전도되고 진리가 묻히고 만다. 얕으면 논의가 근원을 탐구하지 못하
고 좁으면 주장에 오류가 많다. 천박하고 쉽게 바라보는 자는 중국 문
화와 서양 문화의 차이를 과학의 유무라고 생각한다. 요즘 사람들 가
운데 그 이유를 분석해서 두 가지 이유를 드는데 하나는 중국에는 실
험 정신이 없다는 것이다.

과연 실험 정신이 박약하여 과학이 발전하지 않았을까. 탕융퉁은
서구의 과학은 실험을 통해서 발달한 것이 아님을 알고 있었다. 그것은
대부분 순수한 이론 연구를 발판으로 성취됐다. 물리학이나 화학 등도
철학의 바탕에서 성장했다. 그의 결론은 과학도 철학이 필요하다는 것
이다. 중국이 과학을 가지려면 오히려 철학을 배우고 연구해야 한다는
주장인 셈이다. 여기서도 단순한 서구 추수에 대한 불만을 엿볼 수 있
다. 탕융퉁의 눈에는 멋모르고 서구를 흉내 내는 사람이 너무 많았다.
  탕융퉁은 1923년 지나내학원에서 팔리어와 인도철학을 가르쳤
다. 지나내학원의 잡지인『내학』(內學)에 글을 발표하기 시작했다. 아
울러 서양철학을 소개하는 글을 발표하거나 번역했다. 1924년 2월 최

초 불교 논문인 「불교 상좌부 9심륜 약석」을 『학형』에 발표했다. 상좌부는 대승불교 출현 이전의 불교 유파다. 대승불교에서는 저들을 이른바 소승불교라고 폄하했다. 현재 남방불교는 이 전통에 있다. 그들은 초기불교의 전통을 지키고 있다. 상좌부에서는 '아홉 가지 마음'이 하나의 바퀴를 이루어 굴러간다고 해서 9심성륜(心成輪)을 이야기한다. 탕융퉁은 초기불교나 부파불교, 특히 중국 주석가들의 문헌들을 인용하면서 그것의 의미를 분석한다. 서구의 불교 연구 성과를 직접 끌고 왔다. 일본의 근대 불교학 성과를 조금씩 수입하고 있던 상황에서 상당히 놀라운 수준의 글을 내놓았다. 비록 분량으로는 얼마 되지 않지만 분명 인도 불교 전통과 중국 불교 전통을 관통하는 글이었다. 학술 연구가 가지는 진지함을 보였다. 그는 팔리어 학습을 통해서 상좌부 문헌에 직접 접근할 수 있었다. 이렇게 매우 구체적이고 핵심적인 개념에 대한 연구 논문이 발표되기 시작했다는 점은 불교 연구의 분명한 변화다. 이후 그는 인도철학과 남방불교에 관한 논문을 계속해서 발표했다. 승스리 같은 사람이 봤으면 쓸데없는 작업이라고 했을 것이다.

『한위양진남북조불교사』의 출간

1930년 여름 베이징 대학 문학원 원장으로 있던 후스(胡適, 1891~1962)가 탕융퉁을 철학과 교수로 초빙했다. 탕융퉁은 베이징 대학에서 중국 불교사, 인도철학사, 유럽철학 등을 가르쳤다. 주된 연구 분야는 후한과 위진남북조 시대 불교였다. 이 시대는 불교가 들어온 시기일 뿐 아니라 불교가 나름대로 소화된 시기다. 서툰 이해도 있었지만 중국을 비롯한 동아시아 불교의 방향을 결정짓는 중요한 때였다. 불교학을 개척하는 입장에 있던 탕융퉁은 이 시기에 집중할 수밖에 없었다. 이것은 중국 불교의 원형을 찾는 길이기도 했다. 당시 베이징 대학은 기라성 같은 사상가와 학자가 모였다. 서로 자극이었다. 1932년 항저우 등 남방에서 요양하고 있던 슝스리가 베이징 대학으로 돌아왔다. 그는 『신유식론』을 들고 왔다. 탕융퉁은 2년 전에 이미 슝스리의 『신유식론』에 대해 논평한 바 있다. 그는 이제 불교에서 유교로 빠르게 빠져나가고 있었다. 슝스리는 늘 자신의 주장을 강하게 드러냈기 때문에 여러 가지로 논란을 일으켰다. 탕융퉁의 동료인 유명한 국학자 첸무(錢穆)는 이렇게 회고했다.

> 슝스리와 멍원퉁은 불학이나 이학과 관련해 논쟁을 그치지 않았고, 량수밍과 슝스리는 정치 문제를 이야기하면 늘 다툼이 있었다. 탕융퉁 혼자만 한마디도 내뱉지 않고 침묵했다.
> ―「친구 스리·시쉬를 기억하며」(記憶十力錫序諸友)

탕융퉁이라고 어찌 생각이 없었겠는가. 불교를 비판하고 심하게 고집을 피우는 슝스리가 불편하기도 했을 테고, 늘 현실에 마음 졸이는 량수밍이 안타까울 수도 있었을 테다. 하지만 자신의 생각을 누구에게 관철시키는 것은 그의 방식이 아니었다. 가급적 말을 아꼈지만 학문에 대한 열정만큼은 아낌이 없었다. 탕융퉁은 1933년 『한위양진남북조불교사』 집필을 시작했다. 미국에서 귀국한 이후 자신이 관심을 갖고 연구한 이 분야에 다시 한 번 도전했다. 이제 한 고비를 넘어야 했다.

1937년 『한위양진남북조불교사』의 초고가 완성됐다. 초고를 가장 먼저 읽어 준 사람은 자신을 베이징 대학에 초청한 후스였다. 후스는

탕용퉁의 역작 『한위양진남북조불교사』다. 최근 베이징 대학 출판부에서 찍어낸 판본이다. 이 책은 하나의 이정표다. 그래서 계속 기억하고 확인한다. 중국 근대 불교학이 한 굽이를 돌았음을 알린다. 학형파 지식인답게 백화문이 아니라 고문으로 작성했다. 그래서 읽기가 그리 수월치 않다.

놀랐다. "선생과 천인커가 이 방면에서는 가장 엄밀하고 또한 성취 또한 가장 뛰어나오." 후스도 신문화운동 이후 역사 사료에 대한 고증 작업을 진행했다. 특히 그는 중국 선종사와 관련해서 「보리달마고」(菩提達摩考, 1927), 「선학고사고」(禪學古史考, 1928) 등의 논문을 발표했다. 기존의 도식을 과감하게 뒤엎는 가설로 유명했다. 그의 십자진언(十字眞言)인 "대담한 가설, 엄밀한 고증"에서도 잘 나타난다. 후스가 보기에 탕용퉁은 엄밀한 고증 부분이 뛰어났다. 하지만 탕용퉁은 함부로 가설을 세우지 않았다. 바로 이 점에서 후스와 달랐다. 후스는 신문화운동 기간 수많은 논쟁에 참여했고 하나의 사조를 이끌었지만, 상대방에 대해서 합리적인 태도를 취했다. 중국 문화에 대한 태도에서 탕용퉁과 많이 달랐지만 적어도 어떤 것의 가치에 대해서는 누구보다도 바르게 평가했다.

원고가 거의 끝나갈 무렵인 1937년 중일전쟁이 일어났다. 일본군은 손쉽게 북방을 장악했다. 탕용퉁이 베이징을 떠나 우여곡절 끝에 도착한 곳은 후난의 남악(南岳)이었다. 이곳은 불교 성지이자 도교 성지다. 당대 석두희천(石頭希遷)은 남악에 머물면서 장시(江西)의 마조도일과 선기(禪機)를 다투었다. 탕융퉁은 남악의 성경서원(聖經書院)에서 『한위양진남북조불교사』를 최종 탈고하고 1938년 정월에 창사(長沙)에서 출판했다. 탕융퉁의 학문 방법은 이 책에서도 고스란히 드러난다. 그는 「발문」(跋文)에서 말한다.

중국 불교사는 쉽게 이야기할 수 없다. 불법은 종교이자 철학이다. 종교는 인심의 깊은 곳에 자리한다. 그래서 단지 드러난 역사적 사실에만 붙잡혀서 아무런 정서나 감응이 없다면 전혀 진실을 장악할 수 없다. 철학의 핵심은 실상을 깨닫는 것이다. 그래서 만약 마음으로 실감하는 점이 없이 문자 고증만을 일삼아 뭔가를 찾으려 한다면 얻는 거라곤 조잡한 것뿐이다.

불교를 공부하는 사람이라면 단 한 명도 빠짐없이 만나는 문제가 있다. 과연 불교가 연구의 대상일 수 있는가 하는 의문이다. 불교는 붓다의 수행을 통해서 시작됐기 때문이다. 이것은 불교사를 연구할 경우도 마찬가지다. 수행을 담보하지 않고서 수행의 내용을 이러쿵저러쿵 이야기한다는 게 이율배반이다. 탕융퉁도 이런 생각을 가지고 불교사를 연구했다. 그래서 늘 조심스러웠다. 그는 분명 매우 정교한 근대 교육을 받았다. 합리주의나 실용주의로 무장하고 신비롭거나 모호하게 보이는 불교의 많은 부분을 삭제할 수도 있으련만 그는 그런 용기를 부리지 않았다. 뭔가의 가치를 충분히 인정할 때야 비로소 그것의 충분한 의미가 드러난다고 믿었다. 뭔가 연구한다는 건, 그것에 다가선다는 것일 게다. 결코 그것을 나무라거나 잘못을 찾으려는 게 아니다. 그래서 실감이 필요하다. 낡은 종이 위를 까맣게 채운 글자 속에서 실감을 가지려면 많은 노력이 필요하다. 그것이 학자의 몫이다.

탕융퉁은 다시 말한다. "불법을 체득하는 데 마음은 있었지만 도달하지 못했다. 어문이나 역사 지리에 대해서도 아는 게 턱없이 부족하다. 그래서 나의 진술이 얕고 보잘것없으며 성글어서 자주 차례를 놓쳐 백에 하나도 제대로 된 게 없음을 나는 안다." 그는 먼저 자신의 한계를 인정하고 불교 연구를 시작한다. 불완전하지만 결국 길을 가는 자다. 탕융퉁이 살던 시대 대부분 학자들이 중국 문화와 서구 문화의 관계 설정을 고민했다. 탕융퉁은 중국 불교의 형성이라는 점에서 문화의 이식과 조화를 설명한다. 그가 중요하게 생각한 불교 개념은 격의(格義)다. 격의는 낯선 것을 익숙한 것에 바탕해서 이해하는 방식을 말한다. 중국 역사에서 두 차례 대대적인 문명 충돌이 있었다. 첫째는 불교로 대표되는 인도 문화와 만남이다. 두번째는 19세기 말부터 본격적으로 진행된 서구 문명과 만남이다. 좀더 가 보면 맑스주의의 중국화를 이야기할 수도 있다. 문명 간 거대한 만남이라는 사실은 동일하지만 두 사건은 많은 점에서 달랐다.

> 불법은 외래 종교다. 처음 들어왔을 때 믿음을 일으키기가 무척 힘들었다. 그래서 늘 본국 고유의 의미나 방식으로 불교가 결코 허무맹랑하지 않음을 설명했다. 그리고 불교가 이미 널리 알려지자 격의는 자연스레 불필요한 공구가 됐다.
>
> —『한위양진남북조불교사』「축법아의 격의」(竺法雅之格義)

불교의 중국 전래 이후 열반을 '지극'(至極)이라거나 공을 '무'(無)로 이해하는 방식이 사용됐는데 이런 것이 격의다. 격자를 가지고 의미를 판단하는 행위다. 특히 위진 시대에는 『노자』나 『장자』의 이야기를 격자로 자주 사용했다. 그래서 초기 중국 불교는 도가사상과 많이 섞였다. 당시 지식인은 도가사상을 발판으로 손쉽게 불교를 이해할 수 있었다. 여기서 그들은 불교와 도가 사이에 존재하는 유사성을 발견했다. 이렇게 점점 불교가 중국 사회에 소개되고 연구가 진척되자 불교 본래의 의미를 찾으려는 시도가 나타났다. 4세기 말 서역 출신인 구마라집(Kumārajīva)의 등장을 통해서 '공'에 대한 정확한 이해가 가능해졌다. 더구나 중국인 제자 승조(僧肇)의 빛나는 문장으로 더욱 뚜렷해졌다. 이때부터 불교와 기존 사상의 차이가 부각되기 시작했다. 격의는 자신의 역할을 하고 점차 사라졌다. 탕융퉁은 위진 시대 사상계에서 일어난 '격의'를 통해서 문화의 부딪침과 섞임을 설명하려 했다.

문화의 만남을 설명하려면 반드시 같음과 다름을 긍정해야 한다. 탕융퉁이 살던 시대에 바로 서구 문명의 격의가 일어나고 있었다. 량수밍이나 슝스리의 철학에서 보이는 서양철학 개념도 그랬고, 심지어 마오쩌둥의 맑스주의도 그랬다. 탕융퉁의 말처럼 '나름의 원류와 곡절'을 함께 가지고 있었다. 탕융퉁의 『한위양진남북조불교사』를 읽다 보면 빈번하게 서양철학자를 만난다. 그는 개념이나 이론을 설명하면서 서양철학의 예를 곁들이고 있다. 매우 자연스러운 손놀림으로 논의를 전개하기 때문에 그런 것이 어색하지 않다. 그래서 우리는 '격의' 개념을 탕융퉁 자신에게 돌려줄 수도 있다. 허린(賀麟)은 "탕융퉁의 불교 연구는 서양의 철학사 연구 방법에 청대 고증학 방법을 더했다"고 평가했다.

공산 중국과 학술가의 곤혹

중일전쟁으로 베이징에서 출발한 피난길은 윈난의 쿤밍에서 끝이 났다. 피난 과정에서 두 상자 분량의 『대정신수대장경』을 분실했다. 그것은 일본 다이쇼(大正) 시대(1912~1926)에 출간된 20세기 가장 권위 있는 한문 대장경이다. 대장경의 분실은 탕융퉁에게 지속적인 불교 연구가 힘들 정도의 타격이었다. 연구는 상상으로 하는 게 아니라 텍스트와 대화를 통해서 하는 것이다. 대화 상대가 사라진 것이다. 그는 이때부터 자료 입수가 비교적 쉬운 위진 현학 연구에 매진했다. 위진 시대 왕필이나 하안, 곽상 등은 『노자』와 『장자』, 『주역』 등을 통해서 존재와 비존재 등 철학 주제에 관한 매우 깊은 사유를 전개했다. 이런 철학 사조를 현학(玄學)이라고 부른다. 탕융퉁이 1957년 출간한 『위진현학논고』는 이런 노력의 결과다. 대를 이어서 베이징 대학 철학과에 근무한 아들 탕이제(湯一介)는 부친의 이런 위진 현학 연구를 계승했다. 그의 『곽상과 위진현학』은 부친에 대한 호응인 셈이다.

1948년 12월 중국의 국공내전은 이미 큰 흐름이 결정됐다. 인민해방군은 중국 북부 지역을 빠르게 장악하고 베이징을 포위했다. 국민당 군대는 베이징 포기를 결정하고 신속하게 빠져나갔다. 당시 베이징 대학의 교장이자 가까운 동료였던 후스는 난징으로 떠나면서 탕융퉁에게 대학을 부탁한다는 편지를 남긴다. 며칠 후 난징에서 비행기가 왔다. 탕융퉁은 그 비행기를 타지 않았다. 공산 중국에 남겠다는 그의 결정은 중국공산당에 대한 기대 때문이 아니라 오히려 국민당에 대한 실망 때문이었다. 또한 더 중요한 이유는 학교와 학생을 버릴 수 없기 때문이었다. 사실 탕융퉁은 정치와 무관했다. 단일한 가치의 고집이나 상대에 대한 강한 반대는 그의 성정에는 맞지 않았다. 하지만 역사는 특별히 누군가를 비켜 가지 않는다. 그러던 그에게도 일이 닥쳤다.

1954년 유명한 '후스 비판'이 시작됐다. 후스로 대표되는 '자유주의'를 정치적으로 처단하겠다는 중앙 정부의 방침이 관철되고 있었다. 『인민일보』에서 개최한 후스 비판 회의가 진행됐다. 탕융퉁은 첫 좌담회에 초청됐다. 후스와 친밀했기 때문에 당국은 의도적으로 그를 토론자로 지목했다. 나중에는 후스의 아들까지 동원해서 후스 비판을 감행했다. 탕융퉁은 좌담회를 마치고 돌아와 저녁에 뇌일혈로 쓰러졌다. 이후 몇 달 동안 정신이 혼미한 상태로 있었다. 점차 상태가 호전됐지만 그가 사망하기까지 이후 10년간 건강은 제대로 회복되지 않았다. 아마도 그날 좌담회 자리에서 그는 친구를 비판했을 것이다. 현실 정치에 떠밀려 그는 자신을 왜곡했을 것이다. 이런 혼돈이 결국 그를 덮쳤고, 그는 버티지 못했다. 어려서부터 말이 극히 적었던 그가, 더구나 남을 비판하거나 나무라는 일에 서툰 그가 자신을 가장 인정해 준 친구를 공개적으로 비판해야 했다. 그는 무너졌다. 1964년 5월 1일 노동절의 어수선함 속에서 심장병이 발작해서 절세했다.

천위안은 『사고전서』를 통해서 중국 고전을 장악한 인물이다. 정면 승부로 문헌학을 훈련한 셈이다. 아울러 문헌 고증을 주로 하는 청대 학술을 그대로 계승했다. 청대 학술과 불교사 연구를 완벽하게 결합했다. 중국 근대 불교 학이 단순 이식이 아님을 보였다.

19_ 고증학 전통과 불교사 연구, 천위안

독서의 기술

중국에서 근대 불교학은 불교사 연구에서 출발한다. 불교를 역사적으로 기술할 수 있다는 생각 자체가 사실 근대적이다. 역대 고승의 활동을 기술한 여러『고승전』이나 불교 문헌을 계통적으로 해설한 경전 목록 등에서 보이는 역사 기술은 인물이나 사건의 연대기적 배열이다. 그것을 역사 연구라고 할 수는 없다. 경전의 성립은 선후가 있고 불교 이론 또한 역사적 맥락을 가진다는 생각이야말로 전통적 불교를 매우 불안하게 했다. 이런 불안함은 근대 이전 존재가 근대를 거치면서 어쩔 수 없이 치러야 할 고통이었다. 고통 속에서 탄생한 분야가 불교사다. 중국 근대 불교사 연구에서『한위양진남북조불교사』를 저술한 탕융퉁과는 다른 맥락에서 주목해야 할 인물이 천위안(陳垣, 1880~1971)이다. 탕융퉁이 불교의 철리(哲理)에 관심을 가지고 불교사를 기술했다면, 천위안은 철저하게 역사 고증에 집중했다. 그는 불교사 연구를 역사학의 반석 위에 올렸다. 기독교를 신앙했지만 불교의 가치를 누구보다도 잘 알고 있었다.

천위안은 근대 사학의 개창자인 량치차오와 같은 광둥 성 신후이

(新會) 출신이다. 조부 때부터 약재 회사를 경영했기 때문에 어린 시절 상당히 유복한 생활을 했다. 부친의 손에 이끌려 여섯 살 때부터 광저우에서 공부했다. 그는 열 살 이전에 벌써 중국의 중요한 고전을 섭렵했다. 전통 학교를 다니면서 공부했지만 계승할 만한 대단한 스승이 있었던 것은 아니었다. 그는 학교 선생님의 서가에서 우연히 장즈둥(張之洞, 1837~1909)이 편찬한 『서목답문』(書目答問)을 발견했다. 장즈둥은 청말 양무운동의 지도자이자 학술가였다. 그는 여기서 독서인이 어떤 책을 어떻게 읽어야 하는지 안내했다. 다량의 고전 작품에 대해 저자, 분량, 판본, 내용 등을 부기했다. 텍스트 비평이었던 셈이다.

천위안은 그제야 세상에는 자신이 상상할 수 없을 만큼 많은 책이 있음을 알았다. 내 눈앞에 펼쳐진 세계 말고도 훨씬 너른 세계가 책 속에 있음을 감지했다. 바로 그 속에 무수한 생각이 넘실대고 있음을 알고서 또 놀랐다. 그는 책 속에서 스승을 알현했다. 그때쯤 광저우 지역에 전염병이 돌았다. 천위안이 다니던 학교도 전염병 때문에 수업을 멈췄다. 천위안은 어쩔 수 없이 집에 머물면서 혼자 공부했다. 사실 그에게는 더없는 기회였다. 그는 『서목문답』에 소개된 책을 구해서 하나씩 읽었다. 주위에서는 그런 책들이 과거 공부에 별로 도움이 되지 않는다고 우려했지만 천위안의 부친은 이런 이야기에 개의치 않고 아들이 원하는 책을 빠짐없이 구해 주었다.

1897년 열일곱 살이 된 천위안은 베이징으로 가서 향시에 참가했다. 자신은 시험 답안에 만족했지만 시험관은 만족하지 않았다. 그의 문장은 당시 공식적 글쓰기 틀인 팔고문(八股文)에서 한참 벗어나 있었다. 시험에 낙방하고서야 이런 사실을 현실로 깨달았다. 어린 천위안은 상처를 받았지만 과거를 포기하지는 않았다. 고향으로 돌아온 그는 수년간 팔고문을 연습했다. 그리고 몇 차례 더 과거에 응시했지만 소득이 없었다. 그래도 여전히 글공부를 계속했다. 하지만 1905년 청 정부는 과거 자체를 폐지했다. 천위안은 만년에 "몇 년 세월을 허비했지만 그래도 독서의 방법을 체득했다"고 회상했다. 청 정부가 과거를 폐지하자 젊은이들은 각자 다양한 방법으로 자신의 진로를 개척했다. 지방 정부의 관리 시험에 응시하거나 아니면 신식 학문을 익혔다.

천위안은 1907년 광저우의 보지(博濟) 의학원에 입학했다. 이곳은 미국 교회에서 세운 의학 학교였다. 당시 서양 의학은 중의학과 비교되는 근대 문명의 대명사였다. 쑨원도 일찍이 의학 학교를 다녔다. 천위안이 서양 의학을 배운 것은 약재상을 하는 집안의 영향도 있었다. 그는 보지 의학원에서 여러 가지 경험을 했다. 기독교에 대한 초보적 이해가 생겼고 서양 과학이 무엇인지를 배웠다. 아울러 미국인들이 중국인을 대하는 태도에서 중국인의 지위를 새삼 생각했다. 일 년 뒤 광화(光華) 의학원으로 옮겼다. 1911년 광화 의학원을 졸업하고 학교에 남아 해부학과 세균학 등을 가르쳤다. 그리고 이런 학문을 통해서 전체를 이루는 부분의 역할과 그것의 의미를 깨달았다. 의미 없어 보이는 한 조각 역사적 사실도 실은 엄청난 사건임을 알았다. 천위안은 광저우에 있는 동안 여러 가지 방법으로 반청(反淸) 혁명운동을 도왔다. 중화민국 건국의 아버지 쑨원이 바로 광저우 출신인지라 다른 지역에 비해 훨씬 혁명의 기운이 짙었다. 그런 분위기 속에서 나름대로 노력했다.

사고전서(四庫全書)와 대결

1913년 천위안은 신해혁명에 참여한 공로를 인정받아 중의원에 뽑혀서 베이징에서 열린 국회에 참석했다. 과거시험을 보러 왔던 베이징에 정치인이 되어 다시 왔다. 그해 6월 대총통 위안스카이는 신해혁명 이후 폐지된 존공(尊孔) 의식을 부활시켰다. 공자의 부활은 봉건 복귀를 향한 수순이었다. 위안스카이는 황제를 꿈꾸고 있었다. 중의원 천위안은 의회에서 격렬하게 반대했다. 신앙의 자유는 시대정신이었다. 물론 그에게는 기독교의 영향이 있었다. 하지만 단지 그것만은 아니다. 위안스카이의 의도는 너무 뻔했다. 결국 이듬해 위안스카이는 국회를 해산하고 노골적으로 황제 부활을 시도했다. 이런 황당한 상황에서 천위안은 정치 일선에서 조금씩 멀어졌다. 1915년 허베이 러허(熱河)의 피서 산장에 있던 『사고전서』를 베이징으로 옮겨 왔다. 러허는 청대 황제가 베이징의 여름 더위를 피해 도망치듯 달려가던 곳이다. 역대 황제는 이곳에 희귀한 동식물이나 귀중한 서적을 보관하고 그 귀함을 즐겼다. 이곳은 우리에겐 연암 박지원의 『열하일기』로 유명한 곳이다. 박지원도 이곳에서 진귀한 것을 많이 보았다. 신해혁명 이후 어수선한 사회 분위기에서 지방까지 행정력이 미치지 않자 귀한 자료를 베이징으로 많이 옮겨 왔다. 『사고전서』도 마찬가지였다.

　『사고전서』란 무엇인가. 중국에선 전통적으로 서적을 경(經)·사(史)·자(子)·집(集)으로 분류한다. 이것은 지식의 분류표이기도 하다. '경'은 쉽게는 사서오경 같은, 경전의 권위를 가진 글이다. 성현의 말씀이다. '사'는 역사와 관련된 책을 말한다. 역사 기술뿐만 아니다. 목록류, 금석문, 지리학 관련 글을 망라한다. '자'는 한 가(家)를 이룬 사상 체계를 말한다. 유가나 도가, 불교 등이 여기에 해당된다. 청대에 유행한 제자학은 이것과 관련된다. '집'은 개인의 문장이나 문집을 말한다. 『사고전서』는 이렇게 네 개의 커다란 지식 창고를 하나로 묶어

놓은 것이다. 중국 역사상 가장 거대한 제국을 건설한 청나라 건륭제가 수많은 학자를 동원해서 이룩한 국책 사업이었다. 1915년 10월에는 『사고전서』를 다시 자금성 북쪽 국자감 근처의 베이징 수도 도서관으로 옮겼다. 이 소식을 접한 천위안은 할 일이 생겼다. 그는 새벽같이 일어나 수레나 도보로 베이징 성을 빙 돌아서 도서관을 찾았다. 도서관 문이 열리기 무섭게 들이닥쳤고 폐관 시간이 되어서야 아쉽게 빠져나왔다. 이런 시간을 통해서 그는 망망대해 같은 고전 문헌을 계통적으로 파악할 수 있었다. 또한 중국 고전 학술의 흐름을 장악할 수 있었다. 『서목답문』을 끼고 놀던 아이는 이제 『사고전서』와 대결하는 어른이 되었다. 1917년 발표한 「원대 예리커원 연구」(元也里可溫考)는 대결의 첫 결과였다.

원나라 이전에는 예리커원이라는 명칭은 보이지 않는다. 『원사』를 읽을 때 예리커원 넉 자가 연결된 것을 자주 보았다. 예리커원이란 명칭이 보이는 저술은 하나가 아니다. 도대체 무슨 말일까?

천위안은 『사고전서』의 『원사』(元史)를 보다가 '예리커원'이라는 말을 발견했다. 인명인지, 지명인지, 또 어느 나라말인지도 도무지 종잡을 수 없었다. 그는 도저히 그냥 넘길 수가 없었다. 직접 이 말의 의미를 규명하고자 했다. 천위안은 원(元)나라의 역사 기록인 『원사』(元史)를 다시 뒤지고 그것의 용례를 분석했다. 한 줄씩 베껴 썼다. 무슨 보물단지처럼 들고 집으로 와서는 다시 분석했다. 『원사』 외에도 지방지(地方志)나 금석문 자료를 동원해서 결국 그것의 의미를 밝혔다. '예리커원'은 히브리어 'Erkeunor Arkaim'에서 온 말이다. '상제를 신봉하는 자' 라는 뜻으로 원나라 당시 기독교인을 일컫는 말이었다. 『원사』에 떠돌던 이 암호가 풀리자 난해한 퍼즐은 한꺼번에 맞춰졌다. 천위안의 이 작품은 일종의 원대 기독교사 연구다. 원대 기독교는 경교라고 불린 네스토리우스 교파와 로마 가톨릭이 존재했다. 몽고족의 종교 포용 정책에 힘입어 당시 원제국 곳곳에 퍼졌다. 천위안은 바로 이 연구를 통해서 사학계에서 일약 스타가 되었다. 특별히 역사학을 배운 것도 아니고 정규 대학을 다닌 것도 아니지만 그의 연구는 손색이 없었다. 이후 그는 계속해서 중국 기독교사 연구에 몰두했다.

천위안은 종교사 연구로 역사학을 시작했다. 기독교사 연구에서 유대교, 배화교, 마니교, 회교 연구까지 뻗어 나갔다. 학계에선 저런 비주류 종교에 별로 주목하지 않았다. 1920년대와 30년대에 역사학을 이끈 후스나 천인커도 마찬가지였다. 하지만 이슬람교나 경교, 마니교 등은 중국 종교사에서 매우 중요한 지위를 점한다. 천위안에서부터 관심이 시작됐다. 구석에서 볼품없이 처박혀 있던 것이 중심으로 수렴되는 과정이다. 그것은 주변의 축소이자 중심의 확장이다. 물론 이것은 중국이라는 근대국가가 성립되는 과정에서 일어난 상황이다. 민족의 정체성은 정치가 아니라 문화에 의해 결정된다. 정체성을 좁히는 게 아니라 오히려 그것을 넓힘으로써 민족 자체를 확대했다. 한국 근대도 마찬가지였다. 『조선 불교 통사』로 유명한 이능화(李能和, 1869~1943)는 불교사 연구뿐만 아니라 비주류 종교와 풍속에 대해서도 선구적인 작업을 진행했다. 그는 『조선 기독교 및 외교사』, 『조선 도교사』, 『조선 무속고』, 『백교회통』 등을 출간했다. 종교사 연구는 한 문화를 이해하는 데 필수적인 분야다.

역사학 자체로 보자면 천위안은 종교사를 역사학으로 끌어 옴으로써 역사학의 지평을 넓혔다. 그는 종교사 연구로 역사학을 진행했다.
1940년 천인커는 천위안을 위해서 『명계전검불교고』(明季滇黔佛教考)
의 서문을 썼다. 그는 말한다. "엄격하게 말하면 중국 역사 연구에서
온전한 의미의 종교사는 거의 없었다. 만약 있다면 최근 신후이 천위안
선생의 저술에서 시작할 것이다." 종교사를 연구한 점에서 천인커도
동일하지만 그는 언어 연구에 기반해서 연구를 진행했다. 이렇게 종교
사 연구는 근대 역사학의 중요한 영역이 되었다. 전통 종교는 이제 성
소(聖所)에서 나와 대학의 연구실로 걸어 들어갔다. 천위안의 고대 종
교 연구는 고대에 있었던 문명 교류를 매우 분명하게 드러냈다. 사람들
은 중국 문화의 전형이 오래 전부터 있었던 것처럼 이야기하지만 사실
그렇지 않다. 문명의 전형은 늘 만들어진다. 진행형인 셈이다. 아울러
그것은 늘 착종(錯綜)이다. 1923년 발표한 『원대 서역인의 중국화에
대한 연구』(元西域人華化考)는 이 점을 매우 적나라하게 드러냈다. 서
역인의 중국화를 단지 그들이 중국 문화에 용해됐다고 이해하면 곤란
하다. 전혀 다른 것이 무엇에 용해되면 전체 성분은 당연히 바뀌는 법
이다.

불교사 연구의 한 전형

1925년 천위안은 고궁박물원 도서관장에 취임했다. 20년대 중반 베이
징을 둘러싼 중국 북부는 군벌 간의 전쟁으로 혼란했고, 곧이어 들이닥
친 국민당 북벌군에 의해 또 소란스러웠다. 이런 와중에 다치는 건 인
간만이 아니었다. 발 없고 말 못하는 숱한 문화재는 포화 속에서 속수
무책 당했다. 수백 년 된 경판은 부락민처럼 끌려 나와 땔감으로 사라

졌고, 천년 고찰은 적의 아지트가 될까 봐 불길 속에서 폐허가 됐다. 제행무상이란 게 정말 이런 걸까. 전쟁 중에는 승리라는 가치 외에 그 어떤 것도 발언권이 없다. 생명이 웬 말이고 문화유산이 웬 말인가. 결국 가치는 싸워서 지킬 수밖에 없다. 천위안도 진귀한 장서를 지키기 위해 싸우자고 주장했다. 한 사람의 노력으로 만 사람의 노력을 지켰다. 전쟁통에 살아남은 합천 해인사의 고려대장경도 한 사람의 엄청난 결단과 용기가 선조의 노력을 지킨 경우다. 이런 게 불교에서 말하는 불사(佛事)가 아니겠는가.

천위안의 많은 사학 저술 가운데 불교 방면의 첫 저작은 『석씨의년록』(釋氏疑年錄)이다. 1938년에 완성했다. '석씨'는 '석가씨'라는 말이다. 출가한 승려는 세속의 성을 버리고 석가모니의 성으로 산다는 뜻에서 '석씨'라고 한다. 중국 동진(東晉) 때 고승 도안(道安, 312~385)이 제안한 것이다. '의년'은 의심스런 생몰 연대 등을 말한다. 천위안은 오랫동안 『고승전』과 불교 사서를 연구하는 과정에서 역대 승려의 생몰 연대가 문헌마다 다름을 발견했다. 천위안은 각각 문헌에서 상이한 내용을 엄밀하게 고증했다. 생몰 연대의 고증이 무슨 의미가 있느냐고 질문할 수도 있다. 그것이 불교적 가치와 무슨 관계가 있느냐고 궁금해할 수도 있다. 바로 이 점에서 근대적 불교사 연구가 시작한다. 단순해 보이는 하나의 사실을 확인하기 위해서 엄청난 문헌을 섭렵하고 생각하고 또 생각하는 과정은 그 자체가 '사실의 추구'라는 방법론을 보여 준다. 연구의 내용이 말하지 않고 연구의 방법이 말하는 셈이다. 완벽하게 학(學)으로서 불교사 연구가 시작된 것이다.

『석씨의년록』은 전체 12권으로 되어 있다. 진(晉)부터 청(淸) 초기까지 고승 2,800명을 수록하고 있다. 엄청난 분량에 저명한 고승을 거의 망라했다고 할 수 있다. 법명의 특수성 때문에 동명이인이 참 많다. 그래서 천위안은 출신 지명과 주석한 사찰을 기재함으로써 분명한 구분을 시도했다. 『고승전』 같은 인물 품평은 없다. 하지만 천위안의 이 저술은 마치 색인집이나 사전처럼 하나의 공구서가 되었다. 인명사전의 역할을 담당하게 된 것이다. 천위안은 『석씨의년록』에서 자신이 이 분야에 몰두하게 된 이유를 밝히고 있다.

동일한 승려라도 문헌마다 기재하는 게 다르고, 같은 문헌이라고 하더라도 판본에 따라 또 달랐다. 달마의 입적 시기는 다섯 가지 설이 있고, 현장의 경우 네 가지 설이 있다. 보는 게 많을수록 혼란함은 더해만 간다. 하지만 이런 사실을 알았기 때문에 그냥 내버려 둘 수가 없었다. 그래서 그것의 같고 다름을 고증하는 걸로 내 자신 기쁨으로 삼았다. 같은 내용이면 옛것을 취하고 상이하면 사실을 추적했다. 거짓된 것은 고치고 의심나는 것은 따져 살폈다. 검증이 끝났더라도 새로 믿을 만한 증거를 발견하면 다시 고쳤다.

— 『석씨의년록』「소인」(小引)

여기서 방법으로서 역사학이 등장했음을 알 수 있다. 그것은 근대적 학술이 겪은 '과학'의 수용과도 관련된다. 자연과학 지식의 획득이 아니라 방법으로서 과학을 운용한 것이다. 만약 이런 과학 정신을 수용하면 잘못된 것을 알고서 그냥 지나치지 못하고, 불분명한 것을 함부로 말하지 않는다. 그리고 사실을 밝히려고 밤잠을 설친다. 이런 태도가 바로 역사학자의 생명이다. 1939년부터 천위안은 『가흥장』(嘉興藏)을 1년에 걸쳐 열독했다. 『가흥장』은 명말 만력제 때 시작해서 청초 강희제 때인 1676년 완성된 대장경이다. 여러 군데서 판각이 이루어졌는데 결국 저장 성 자싱(嘉興) 능엄사(楞嚴寺)에서 완성해 유통시켰다. 그래서 보통 『가흥장』이라고 한다.

『가흥장』은 다른 대장경판과 달리 명말 윈난(雲南)과 구이저우(貴州) 지역 승려의 많은 어록을 싣고 있다. 불교사 연구의 두번째 작품인 『명계전검불교고』(明季滇黔佛教考, 1940)는 바로 『가흥장』 읽기의 결과물이다. '전'과 '검'은 각각 윈난과 구이저우를 가리킨다. 천인커가 서문(序文)을 썼다. 이 책은 천위안의 대표작이기도 하다. 제목을 풀면 '명나라 말기 윈난 지역과 구이저우 지역의 불교 연구'다. 이 글에서 다루는 내용은 명말 청초에 해당한다. 그는 명말 청초 두 지역에서 불교가 기이하게 흥성한 점을 문제로 삼았다. 매우 후미진 곳이자 지식의 기반이 없던 곳에서 어떻게 이런 일이 가능했을까? 그는 세 가지 이유를 댔다. 첫째는 동남 지역 불교 부흥의 연쇄반응이었다는 점이다. 두번째는 이 지역이 비교적 늦게 개발됐는데 승려들이 앞장섰다는 점이다. 다음은 세번째 이유다.

중원의 혼란 때문이다. 명말 중원이 만주족의 수중에 떨어졌기 때문에 윈난이나 구이저우에서만 명나라 유신들이 안전할 수 있었다. 도피한 자들은 궁벽한 산간에 머물길 즐겼다. 그래서 불교는 더욱 각광을 받았다. 마지막 두 권에서 이 점을 다룬다.

— 『명계전검불교고』 「목차」

천위안은 『가흥장』에 실린 어록에서 뜻밖의 사실을 발견했다. 지역 승려들이 당시 지식인과 밀접하게 관련돼 있음을 알았다. 명말 청초에 만주족이 전국을 장악하자 사대부 지식인은 유민이 되어 서남쪽 변방인 윈난과 구이저우로 이동했다. 청 정부에 등용되길 거부하고 입산하는 경우가 많았다. 출가한 이후에도 저들의 정치적 지향은 소멸되지 않았기 때문에 지속적으로 다른 지식인과 교류했다. 천위안은 명말 청초 윈난과 구이저우의 불교 부흥을 이렇게 이해할 수 있었다. 그의 이런 작업은 종교사 연구가 단지 종교 영역의 것이 아님을 극명하게 보여 준 예이기도 하다. 천인커는 「서문」에서 말한다.

> 사람들은 더러 종교와 정치는 다른 거라서 둘을 함께 논의할 수 없다고 말한다. 하지만 자고이래 역사적 사실이 보여 주듯 종교와 정치는 결코 무관하지 않다. ―『명계전검불교고』「서문」

1941년 천위안은 불교사 연구의 세번째 작품인 『청초승쟁기』(淸初僧諍記)를 완성했다. 이때도 『가흥장』에서 초록한 많은 선종 어록을 이용했다. 당시까지 학자들도 『가흥장』에 도대체 무슨 자료가 있는지 전혀 감지하지 못했다. 천위안의 이 작업으로 그냥 뿌옇게 있던 청 초기 불교가 전모를 드러냈다. 청초 불교계에서도 이민족 황실을 인정할 것인가 불복할 것인가 때문에 한동안 분란이 있었다. 100여 년 전 조선에서도 아마 이런 난처함이 있었을 것이다. 지금도 마찬가지지만 불교라고 해서 국가나 민족을 무시할 수 있는 건 아니다. 한족이라는 종족 의식은 승려라고 쉽게 벗어날 수 있는 게 아니다. 더구나 만주족이 세운 청(淸)을 따른다고 해서 대단한 벗어나기를 한 것도 아니다. 당시 불교계 내부의 논쟁은 비록 외형적으로는 이론적인 다툼처럼 보이지만 실제는 정치적 엇갈림이 자리하고 있었다. 청초 선종을 중심으로 한 불교계에서 전국 규모의 논쟁이 있었다. 어떤 문파도 비켜 갈 수 없을 정도로 광범위했다. 결국 논쟁의 주도권은 청 황실을 인정하고 순순히 동조한 쪽이 쥐게 됐다. 훗날 불교 거사 옹정제도 논쟁의 한쪽을 편들었다. 정치 문제가 개입됐음을 분명히 알 수 있다.

이듬해인 1942년 여름 천위안은 『중국불교사적개론』(中國佛敎史籍槪論)을 완성했다. 중국에서 출간된 불교 텍스트에 대해 엄밀한 문헌 비평을 수행했다. 『중국불교사적개론』 「연기」(緣起)에서 말한다. "이 글은 육조(六朝) 이후 사학 연구에서 반드시 참고해야 할 불교 사적(史籍)을 분류하고 그것의 대의를 기술해서 사학 연구의 보조 자료로 삼고자 했다. 감히 '불교사'라고는 하지 못하겠다." 무슨 일의 동기를 밝힐 때 흔히 '연기'라는 말을 많이 쓴다. 책 앞에 부친 경우는 출판이나 집필의 동기나 사연을 소개하는 글이기 쉽다. 책의 인연인 셈이다. 천위안은 중국에서 역사 연구는 불교 사적을 도외시하고는 불가능하다고 말한다.

청대 고증학과 근대 학술

천위안은 후스나 천인커처럼 근대적인 학문 훈련을 받은 적이 없다. 전통 학문의 바탕 위에 자신의 노력으로 역사학을 일궜다. 그래서 그의 역사학 방법론이 주목된다. 그의 방법론은 청대 학술을 계승했다. 청대 학술 전통에서 역사학은 분명한 흐름이었다. 건륭제 때 역사학자인 장학성은 "육경(六經)은 모두 역사"라는 말로써 경서(經書)가 곧 역사적 사실을 싣고 있음을 선언했다. 이렇게 해서 경전 연구는 곧바로 역사학 연구가 된다. 청대 경학 전통에서 동원된 보조 학문은 여전히 역사학 연구에 사용됐다. 당시 전통적인 역사학 연구법은 교감학, 목록학, 연대학, 변위학 등이다. 천위안은 장학성과 같은 시대 활동한 전대흔(錢大昕, 1728~1804)을 숭상했다. 전대흔은 청대 고증학을 종합적으로 사용하여 역사를 연구했다. 천위안은 1958년 『피휘거례』를 다시 출간하면서 후기에 "이 책은 1928년 전죽정(竹汀, 전대흔의 호) 선생의 탄생 200주년을 기념해서 지었다"(『피휘거례』「중간 후기」(重刊後記))고 적었다. 그의 작업이 학술의 계승임을 밝혔다.

교감학은 문헌의 착오를 바로잡는 것이다. 천위안은 말한다. "교감은 역사서를 읽는 데 가장 먼저 해야 할 일이다. 매일같이 잘못된 글을 읽으면서 알지 못하면 제대로 학문을 할 턱이 없다."(『통감호주표징교감편』) 목록학은 문헌의 성격을 분류하고 저자와 내용을 파악한다. 한마디로 말하면 문헌의 자기 자리를 잡아 주는 작업이다. 『사고전서』나 『대장경』의 출판도 먼저 목록 작업을 수행해야 가능하다. 그의 『중국불교사적개론』이 목록학의 좋은 예다. 연대학은 인물의 생몰 연대나 사건 발생의 시기를 확정하는 작업이다. 천위안의 초기작에 해당하는 『석씨의년록』의 경우다. 이것은 여러 가지 점에서 전대흔의 『의년록』의 영향을 받았다.

변위학은 문헌의 진위를 판별하는 작업이다. '원효 찬(撰)'이라는 말을 믿고 밤을 새워 읽은 책이 가짜임이 밝혀진다면 얼마나 황당할까. 더구나 그걸 가지고 이러쿵저러쿵 세상에 떠들었다면 아마 세상에서 사라지고 싶을 것이다. 그래서 고대 문헌을 살필 때는 진위 여부를 따지게 된다. 캉유웨이가 『신학위경고』를 써서 세상을 들쑤셔 놓은 것도 이런 식이었다. 그리고 천위안이 중시한 역사학의 한 방법론은 피휘학(避諱學)이다. '피휘'는 글을 쓸 때 군왕이나 성현의 이름을 기피하는

제도다. 지금도 우리나라 한문 서당에서 글 가르치는 어르신은 공자의
이름인 구(丘)나 맹자의 이름 가(軻)가 나오면 그냥 모(某)라고 읽고 만
다. 고리타분하다고 놀릴 일이 아니다. 그들에게는 성인의 함자를 그냥
내뱉길 주저하는 당연한 거부권이다. 아버지 이름 불러 보라고 괴롭힐
일이 아니다. 중국 지식인은 신해혁명 전까지 이런 방식을 엄격하게 지
켰다. 당나라 때 출판된 불경에서 '관세음보살'(觀世音菩薩)은 '관음보
살'로 표기했다. 당태종의 이름이 이세민(李世民)이었기 때문이다. 이
런 경우는 허다하다. 천위안은 역사를 연구할 때 이 점을 고려하지 않
으면 결정적인 잘못을 범할 수 있다고 말한다. 그는 『사휘거례』(史諱擧
例)에서 이 점을 집중적으로 다룬다. 이 책은 역사서에서 보이는 피휘
의 사례를 든 것이다. 피휘 때문에 전대의 서명을 고친 예로 중국 불교
초기 문헌에 해당하는 『이혹론』(理惑論)을 든다.

> 『북산어록주해수함』(北山語錄注解隨函) 상권에서는 모자(牟子)가 지
> 은 『이혹론』을 『치혹론』으로 인용한다. 여기서 '이'(理)자는 당나라
> 사람들이 피휘하기 위해 고친 것임을 알 수 있다. 원래 서명은 마땅히
> '치혹'이라고 해야 한다.
> —『사휘거례』「피휘개전대서명례」(避諱改前代書名例)

『북산어록주해수함』은 당나라 승려 신청(神淸)이 지은 『북산어록』
에 북송 때 덕규(德珪)가 주석한 것이다. '수함'은 동봉 내지 첨부의 의
미다. 당대 작품을 송대에 주석한 경우다. 당 고종의 이름이 이치(李治)
다. '치' 자를 피휘해서 마찬가지로 다스리거나 바로잡는다는 의미인
'이' 자를 사용했다. 아울러 '논'이라는 말도 후대에 첨부된 것일 확률

천위안은 신중국 성립 이후 급격하게 정치화했다. 상당수 학자가 공산당과 애써 거리를 유지하려 할 때 그는 공산당에 입당했다. 어쩌면 이 때문에 그가 학술가로 오래 남았는지도 모른다. 사진은 마오쩌둥과 함께한 장면이다.

이 높다. 그런데 시대가 바뀌면 본래 이름을 되돌려야 하지만 어느 시간이 지나면 원본이 잊혀지고 만다. 현재도 학계에선 보통 '이혹론'이라고 명명한다. 틀린 사실이 승리한 경우다. 이런 예는 부지기수다. 『이혹론』이 수록된 『홍명집』(弘明集)은 청대에는 『굉명집』(宏明集)이라고 했다. 중국어로는 발음과 뜻이 동일한 '굉'를 쓴 것이다. 역시 피휘다. 지금도 그냥 『굉명집』으로 기록된 책이 꽤 있다. 이렇게 천위안은 전통적 학술 방법론을 근대 역사학 연구에 도입했다. 근대 학문이 모두 서구에서 유입된 것만은 아니다.

신중국 성립 이후 천위안은 후스나 천인커와 많이 달랐다. 후스는 미국을 거쳐 결국 타이완에 정착했고, 천인커는 1949년 베이징을 떠나 광저우에 거주하면서 중앙 정부의 호출을 거부했다. 후스나 천인커 둘은 어떤 식으로든 사회주의 정권을 회피했다. 천위안은 1949년 4월 29일 『인민일보』에 후스에게 보내는 공개 서한을 실었다. 정확히는 후스 비판인 셈이다. 이 비판을 통해서 후스와 선을 그었다. 또한 이 비판에는 천인커도 등장했다. 국민당이 보낸 비행기를 타고 베이징을 빠져나간 두 사람에 대해서 자신의 베이징 잔류가 의미 있었음을 항변했다. 역사학자이자 국학자로서 셋은 이렇게 결별했다. 중국 공산화 이후 천위안은 많이 변했다. 실제야 어떻든 간에 맑스주의를 공개적으로 수용했다. 그리고 1959년 중국공산당에 입당했다. 이런 이유 때문인지 그는 정치적으로 매우 안정된 상태에서 학술 활동을 지속했다. 1952년부터 사망 때까지 베이징 사범대학 총장을 역임하기도 했다. 베이징 사범대학이 역사학의 산실이 될 수 있었던 데는 그의 노력이 컸다. 천위안은 아흔의 나이에 문화혁명을 겪었다. 역사학자로서 역사의 진동을 느꼈을 것이다. 신해(辛亥)혁명이 회갑을 맞은 1971년 6월 21일 절세했다. 세수 아흔둘이었다.

중국 근대 불교를 이해하기 위해 더 읽을 자료

『근대 중국 사상가의 불교관』(정세현 편역, 동국대학교 역경원, 1982).

중국 근대 불교와 관련해서 출판된 국내 유일의 책이라고 할 수 있다. 캉유웨이, 탄쓰퉁, 장타이엔, 량치차오의 저술 가운데 불교 관련 부분을 뽑아서 번역했다. 적은 양이지만 중요한 부분을 선별했기 때문에 도움이 된다. 해설에서 중국 근대 거사 불교의 부흥에 대해서 설명했다. 그리고 해제를 대신해서 량치차오의 『청대학술개론』에서 제30장 불학 부분을 번역해서 실었다. 적절한 배치라고 생각한다.

캉유웨이, 『대동서』(이경애 옮김, 『대동서』, 을유문화사, 2006).

중국 근대 철학을 공부할라치면 『대동서』부터 읽는다. 꼭 맞는 것 같지는 않지만 그것은 분명 이정표다. 무심히 지나치면 나중에 실수한다. 캉유웨이의 『대동서』는 공상적 사회주의자 생시몽을 생각나게 한다. 그야말로 이상사회다. 여기서 그는 가족의 경계까지 돌파한다. 유학자가 이런 글을 지었다는 게 믿기지 않을 정도다. 『대동서』를 통독하기는 쉽지 않다. 이상사회에 대해 다소 지루할 정도로 길게 묘사하기 때문이다. 하지만 이런 지겨움을 견디면 근대 지식인의 상상 능력을 엿볼 수 있다. 아울러 불교적 이상과 유교적 이상이 어떻게 결합되는지도 알 수 있다.

탄쓰퉁, 『인학』(『탄쓰퉁 전집』譚嗣同全集, 중화서국, 1998)

탄쓰퉁은 생각만 해도 가슴이 뛴다. 꼭 저렇게 살아야 했나 싶다. 하지만 그는 그렇게 살 수밖에 없었다. 그의 『인학』을 보면 그게 이해가 된다. 이 책은 50편의 글로 구성됐다. 니체의 잠언마냥 특별한 체계 없이 강한 힘만 보여 준다. 어울릴 것 같지 않은 사유가 뒤섞이고 넘친다. 불교의 유식철학이나 화엄철학을 이야기하는가 하면, 성경의 말씀을 들이밀기도 한다. 왕부지의 기학을 운운하다가 조잡한 과학 지식으로 자신의 주장을 증명하기도 한다. 탄쓰퉁은 봉건의 끝 무렵 새로운 윤리를 창안한다. 그것은 전복의 윤리이자 소통의 윤리다. 그래서 『인학』은 윤리학 책임이 틀림없다. 아직 국내 번역본이 없다. 번역된 원고 뭉치가 어느 구석에서 썩고 있는지도 모르겠다. 제발 그것이 찬란한 태양 아래 나서길 바란다.

량치차오, 『청대학술개론』(전인영 옮김, 『중국 근대의 지식인』, 혜안, 2005).

량치차오는 복잡한 내용을 간단명료하게 정리하는 데 탁월하다. 신동 소리를 들을 만하다. 더구나 정답게 이야기할 줄도 안다. 『청대학술개론』 자체가 대단한 사상을 갖춘 건 아니다. 하지만 청대 학술을 개괄하는 데 이보다 훌륭한 책은 없다. 더구나 량치차오 자신이 바로 청대 학술에 속한다. 물론 사실 관계를 따지면 내용에 미비한 부분도 있겠지만, 그것은 우리 몫이다. 여기 등장하는 사람과 문헌만 하나씩 뒤져도 청대 학술의 지형도를 그릴 수 있다. 훌륭한 번역서도 나와 있다.

량수밍, 『동서 문화와 철학』(강중기 옮김, 『동서 문화와 철학』, 솔, 2005).

량수밍이 신문화운동 기간 강연한 원고를 책으로 묶은 것이다. 그래서 내용이 복잡하지 않다. 하지만 매우 분명한 주제의식을 가지고 있다. 량수밍

은 중국, 인도, 서양 문화의 각각 차이를 지적하고 그것의 가치를 평가한
다. 무엇보다도 그는 당시 맥락에서 중국인은 과연 어떤 문화를 지행해야
하는지 고민한다. 다행히 량수밍의 이 글이 국내에 번역됐다. 필자가 본문
에서 인용한 글은 대부분 이 번역본을 참고했다.

펑유란, 『중국 현대 철학사』(정인재 옮김, 『현대 중국 철학사』, 이제이북스, 2006).

현대 철학사라고 했지만, 1949년 이전 논의를 주로 다룬다. 우리가 흔히
근대라고 하는 시기를 중국에선 현대라고 한다. 펑유란은 20세기 가장 뛰
어난 중국의 철학사가다. 불교와 관련해서는 캉유웨이, 장타이옌, 량수밍,
슝스리를 다루는 부분을 참고할 수 있다. 펑유란은 저들의 철학을 옆에서
지켜본 세대다. 자신의 실감으로 근대 철학사를 기술한다. 번역본 머리에
부친 딸 펑쭝푸의 회상이 인상적이다.

슝스리, 『신유식론』(중화서국, 1985).

슝스리는 현대 신유학의 대표다. 그는 바로 이 책을 통해서 불교에 대한 반
동을 보여 줬다. 불교 유식학을 통해 형이상학 체계를 건립하고 나서 다시
그 위에 『주역』의 운동 원리를 올렸다. 그는 생명의 본질이 끊임없는 운동
임을 간파했다. 생멸하는 것에 대한 부정이 아니라 그것을 오히려 긍정함
으로써 그는 『주역』을 현실 철학으로 만들었다. 바로 이 점에서 불교와 갈
린다. 슝스리는 비교적 완정한 철학 체계를 세웠다. 슝스리 연구로 박사 학
위를 받은 김제란의 번역이 조만간 출판된다고 한다.

리쩌허우, 『중국 근대사상사론』(임춘성 옮김, 『중국 근대사상사론』, 한길사, 2005).

리쩌허우는 「계몽과 구망의 이중 변주」라는 글로 우리를 놀라게 한 철학자

이자 미학자다. 이 책은 그의 사상사론 시리즈 가운데 하나다. 실제 내용은 상당한 시차를 두고 쓰여진 10편의 논문이다. 불교와 관련해서는 캉유웨이, 탄쓰퉁, 장타이옌, 량치차오 등의 글을 볼 만하다. 이 책은 사회철학적 입장이 강한데, 그것은 시대 영향이다. 리쩌허우의 견해는 중국뿐만 아니라 한국에서도 중국 근대 철학 연구에 많은 영향을 끼쳤고, 여러 가지 단서를 제공했다. 필독서라고 할 만하다. 국내 번역서가 나왔는데, 이런 책을 번역한 분에게는 늘 고맙다. 안타깝게도 탄쓰퉁이나 장타이옌 부분에 등장하는 불교 관련 역자주는 대부분 심각하게 틀렸다. 독자는 이 점을 고려해야 할 것이다.

천샤오밍 외, 『중국 근대사상사 약론』(광둥인민출판사, 1999).

중국 근대사상을 공부하는 사람에게 꽤 알려진 책인데 아직 번역되지 않았다. 이 책은 근대사상사를 크게 세 부분으로 나눴다. 경학, 불학, 서학이다. 바로 여기서 탁월함이 드러난다. 근대사상사에서 가장 또렷하게 자신을 드러낸 사유가 이 셋이다. 한국 같으면 당연히 '유학과 나머지' 정도로 줄기를 잡았을 것이다. 이런 억지가 근대사상의 다양한 실험을 곧잘 왜곡한다. 불학 부분에서는 탄쓰퉁, 장타이옌, 슝스리, 량수밍을 주로 거론한다. 저자는 '삼식론'이라는 개념으로 저들 사유를 관통한다. 필자는 이 책에서 많은 아이디어를 얻었다.

Benjamin A. Elman, *From Philosophy to Philology*(양휘웅 옮김, 『성리학에서 고증학으로』, 예문서원, 2004).

학술사의 관점에서 중국 근대 불교를 다룰 경우 청대 학술의 이해는 필수적이다. 청대 학술의 분위기와 내용을 이해하는 데 가장 훌륭한 책이다. 명대 형이상학 전통이 어떻게 청대 고증학 전통으로 탈바꿈하는지를 끈기 있게 다룬다. 그리고 고염무나 대진 등 학술가가 어떻게 지식을 구성하고, 그것이 어떻게 번지는지를 소상하게 알려준다. 강남 지식인이 구축한 학술 공동체의 사회적 역할까지 추적한다. 장타이엔 같은 인물은 바로 이런 학술 공동체 출신으로 고증학과 불교 유식학을 결합했다. 천위안 같은 경우 고증학을 도구로 불교사를 개척했다. 너무도 많은 사람이 등장하고 그보다 더 많은 책이 등장하는 이 책이 번역됐다. 대단한 일이다. 꼭 사서 읽어야 한다.

심재관, 『탈식민시대 우리의 불교학』, 책세상, 2001.

불교학을 근대성이나 식민성과 관련해서 다룬 국내 유일의 책이 아닌가 생각한다. 신라의 불교가 지금 불교와 직접 연결된 것 같지만, 사실 그렇지 않다. 더구나 우리의 불교학은 20세기 초에야 이루어진 다분히 근대적인 학문이다. '기지촌 지식인'의 패턴은 여기도 있었다. 저자는 근대 시기 한국의 불교학이 형성되는 과정을 꽤 다양한 방면에서 해부한다. 서구 불교학의 정초나 일본의 근대 불교학 학습, 불교학의 한국 상륙 등을 과감하고 논쟁적으로 다룬다.

찾아보기